AYURVEDA KUREN

Reiner und Monika Schacker

AYURVEDA KUREN

EIN VERWÖHNPROGRAMM FÜR GESUNDHEIT UND SCHÖNHEIT

Praktischer Leitfaden für Ayurveda-Kuren in einer Kureinrichtung, Praxis und zu Hause

IRIS
Bücher & mehr

Inhaltsangaben, aktuelle Informationen
zu unseren Titeln und Artikeln?

Besuchen Sie unsere virtuelle Bühne:

www.irisbuch.com

Umschlaggestaltung: Studio Paul C. Pollmann
Umschlagbild © Zen Ichnow / Corbis / TCA

ISBN 90 6361 029 7

Inhalt

Danksagung

OM SAHA NAAVAVATU SAHA NAU BHUNAKTU
SAHA VIRYAM KARAVAAVAHAI
TEJASVINAAVADHITAMASTU
MAA VIDVISHAAVAHAI
OM SHANTI, SHANTI, SHANTI

OM, möge ER uns beschützen, Lehrer und Schüler.
Möge ER uns dazu verhelfen, die Freuden der Befreiung zu genießen.
Mögen wir beide - Lehrer und Schüler - die wahre Bedeutung der Schriften erkennen.
Möge unser Studium erfolgreich sein.
Mögen wir - Lehrer und Schüler - nie miteinander streiten.
OM, Friede, Friede, Friede.

Ich möchte meine Dankbarkeit zum Ausdruck bringen für die Unterstützung all derer, ohne die dieses Buch nicht zustande gekommen wäre.
Zuerst möchte ich **Gott** danken, daß er mich mit Gesundheit, Wissen, Inspiration und Ausdauer gesegnet und mich auf allen meinen Wegen durch dieses Leben beschützt und geführt hat.

Weiter gilt mein Dank **meinen spirituellen Lehrern** in der Vaishnava-Tradition, durch deren Segen ich Zugang und Verständnis für die vedische Religion, Philosophie und Kultur bekommen habe.
Padmanabha Prabhu danke ich dafür, daß er mir in verschiedenen Seminaren das erste grundlegende Wissen über Ayurveda vermittelt hat.

Shivananda Swami und **Vishnudevananda Swami** und seinen Schülern verdanke ich das Wissen über Yoga und die Ausbildung zum Dipl. Yoga-Lehrer.

Besonders danken möchte ich meinen Lehrern von der **SEVA-Akademie** in **München, Dr. H. H. Rhyner, Prof. Dr. Ranade, Prof. Dr. Rai** und **Prof. Dr. Deshpande** für die Vermittlung von qualifiziertem und fundiertem Wissen über Ayurveda, und dafür, daß sie mir das Herz und den Verstand für Ayurveda geöffnet haben.
Prof. Dr. Avinash Lele von der **International Academy of Ayurveda** und dem **Atreya-Hospital in Pune/Indien** gilt mein spezieller Dank, da er mir während des Praktikums einen tiefen Einblick in die Arbeit eines ayurvedischen Arztes (Vaidya) gewährt hat. Sein herzlicher Umgang mit seinen Patienten hat mich sehr beeindruckt.
Vielen Dank auch an **Prof. Dr. Gupta** vom **Ayurveda-College in Nadia/Indien** für seine lehrreichen Unterweisungen in Konstitutionslehre und Prakriti-Analyse.
Ich möchte von ganzem Herzen meine Dankbarkeit **all den Wissenden** gegenüber zum Ausdruck bringen, deren Bücher mich inspiriert, informiert und mir wichtige Erkenntnisse vermittelt haben.
Danken möchte ich auch **Brigitte Schönborn** für ihre wertvollen Ratschläge zu den Wellness-Kuren und **Sina Specht** für ihre liebevolle Aufmerksamkeit beim Korrekturlesen.

Mein Dank gilt auch **meiner Frau Monika**, die viel Zeit, Liebe und Geduld eingebracht hat, dieses Buch in den Computer zu tippen und ihm eine schöne Form zu geben. Außerdem hat sie den Bereich Wellness und Schönheitspflege verfaßt und gestaltet.

Vorwort

Lieber Leser!

Als ich begann, das Manuskript des Buches über die Ayurveda-Kuren zu lesen, war ich sehr gespannt, wie zwei unserer europäischen Studenten diese beschreiben würden.
Reiner und Monika lernte ich vor einigen Jahren (1996) in Pune kennen, als Reiner ein Praktikum in unserer Klinik absolvierte und Monika ihn dabei begleitete.
Ich bin sehr glücklich zu sehen, wie Reiner und Monika jetzt die Methoden des „Ayurveda Chikitsa" (Ayurvedische Therapien) in einfacher und leicht verständlicher Weise zu Papier gebracht haben.

Heute ist Ayurveda ein wichtiger Teil der neuen Bewegung hin zu einer natürlichen Medizin, die für alle Erdteile nützlich ist. Es ist eine gute Entwicklung, die darüber hinaus alle Länder vereint.

Die Informationen, die das erste Buch, „Das *Ayurveda Lebensbuch*" von Reiner Schacker gibt, decken die wichtigsten Bereiche des ayurvedischen Medizinsystems ab. Es ist wertvoll für jeden Menschen, der seine Gesundheit durch die Hinweise zur gesunden Lebensführung, wie Dinacharya und Ritucharya, erhalten möchte.

Für jene jedoch, bei denen sich ein Ungleichgewicht der Doshas oder Krankheit manifestiert hat, sind die verschiedenen Anwendungen der **Ayurveda-Kur** wichtig.
Die Informationen über die Pancha Karma-Therapie, die Sie in diesem zweiten Buch beschrieben finden, sind sehr wichtig. Sie umfassen alle wesentlichen Punkte der Pancha Karma-Therapie. Pancha Karma ist genau so nützlich für die Heilung von Krankheiten, wie zur Stärkung des Immunsystems und zur Vorbeugung.

Die Ayurveda-Kur wurde traditionell in Kliniken durchgeführt, aber in letzter Zeit treten mehr und mehr Wellness-Hotels hinzu, die sich um die individuelle Gesundheit der Menschen bemühen.

Als letztes möchte ich Reiner und Monika beglückwünschen für ihre Mithilfe, Ayurveda – die außergewöhnliche Wissenschaft der indischen Geist/Körper-Medizin – nach Europa zu bringen. Ich bin sicher, daß die beschriebenen Pancha Karma-Therapien als auch die Hinweise für die Behandlung zu Hause von allen Lesern geschätzt werden.

Ich wünsche Reiner und Monika mit diesem Buch viel Erfolg.

Prof. Dr. med. Avinash Lele
Director, International Academy of Ayurveda
Nand-Nandan, Atreya Rugnalaya - Hospital
Erandwana, Pune, India.
Juni 2003

ॐ

EINLEITUNG

Lieber Leser!

Wie bereits in meinem ersten Buch, dem „Ayurveda Lebensbuch", erwähnt, lernte ich bei meiner Ausbildung zum Yogalehrer 1983 in Rishikesh/Indien auch Ayurveda kennen und schätzen. Diese alte, traditionelle Medizin hat ihren Ursprung in den Veden, den Heiligen Schriften der Inder. Mein Interesse daran ließ mich nicht mehr los, ich war begeistert vom ganzheitlichen Ansatz dieses Medizinsystems. Das führte letztendlich dazu, daß ich mich zum Ayurveda-Spezialisten ausbilden ließ.

Ayurveda ist ein Begriff aus der alten indischen Sprache Sanskrit und bedeutet „Wissen vom Leben". „Ayus" heißt leben und „Veda" das Wissen oder die Wissenschaft. Mit Ayurveda bezeichnen wir ein Medizinsystem, das alle Aspekte des Lebens von der Zeugung bis zum Tod beinhaltet. Es ist daher eines der umfassendsten Medizinsysteme der Welt, sowohl im körperlich/materiellen als auch im geistig/spirituellen Sinn.
Es betrachtet den Menschen als unteilbare Einheit von Körper, Geist und Seele. Ziel des Ayurveda ist, daß wir ein gesundes, zufriedenes und erfülltes Leben in der materiellen Welt führen, ohne unsere Wurzeln in der spirituellen Welt zu vernachlässigen.
Die Therapien umfassen daher neben der medizinischen Versorgung mit Medikamenten auch den Einsatz von Musik, Düften und Farben bis hin zu spirituellen Methoden, Yoga, Meditation sowie den Einsatz von Heilmantren und Gesängen.

Aber das Besondere, gleichsam das Herzstück der ayurvedischen Medizin, sind die Ayurveda-Kuren mit den Öltherapien und Pancha-Karma, den Ausleitungsverfahren. Sie sind eine Wohltat für Körper, Geist und Seele und führen zu einer tiefgreifenden Reinigung des Körpers, zur allgemeinen Harmonisierung, Regeneration und damit zur Stabilisierung der Gesundheit. Damit sie aber zum gewünschten Erfolg führen, sollen sie unter den richtigen Voraussetzungen begonnen werden. Es herrschen aber in weiten Kreisen noch viele Unklarheiten und falsche Vorstellungen darüber. Das habe ich während meiner Ayurveda-Vorträge, Seminare und Beratungen immer wieder feststellen können, als an mich diesbezügliche Fragen herangetragen wurden. Das große Interesse an Ayurveda-Kuren hat mich zum Schreiben dieses Buches motiviert, und ich möchte Sie in leicht verständlicher Art und Weise über den Ablauf einer Ayurveda-Kur informieren und Sie über alles Wichtige unterrichten, was dabei zu beachten ist. Ich werde aber auch beschreiben, wie Sie zu Hause, in Ihrer gewohnten Umgebung und mit einfachen und risikolosen Methoden, eine solche Reinigungs- und Entschlackungskur durchführen und sich mit Ölmassagen verwöhnen können.

Der Inhalt dieses Buches gliedert sich in drei Kapitel:
1. Kapitel: Allgemeine Grundlagen der ayurvedischen Medizin.
2. Kapitel: Die Ayurveda-Kur in einer Kureinrichtung. Dieses Kapitel ist unterteilt in folgende Abschnitte:
   1. Die Wellness-Kur zur Erholung, Verjüngung, Regeneration und zum Streßabbau.
   2. Die klassische Reinigungs- und Regenerationskur (Pancha Karma), unterteilt sich in
      A) Purva Karma, die vorbereitenden Maßnahmen und Ölbehandlungen.
      B) Pancha Karma, die individuellen Reinigungs- und Ausleitungstherapien.
      C) Aufbauende Maßnahmen nach der Panchakarma-Therapie.
      D) Begleitende Maßnahmen während der Panchakarma-Therapie.
3. Kapitel: Methoden, eine ayurvedische Wellnesskur sowie eine Reinigungskur zu Hause selbst durchführen zu können bzw. Tipps, wie man krankmachende Faktoren, z. B. akute Störungen der Doshas, erkennen und mit einfachen Mitteln ausgleichen kann.

Im **ersten Kapitel** wird Ihnen das **Grundlagen-Wissen** über die ayurvedische Medizin vermittelt, das nötig ist, um die Zusammenhänge zu verstehen. Bevor man eine solche Kur beginnt, ist es auf jeden Fall günstig, seine eigene Konstitution zu kennen. Außerdem ist es vorteilhaft, aus ayurvedischer Sicht die Anatomie und die inneren Vorgänge im Körper zu verstehen.

Da es für einige Sanskrit-Begriffe im Ayurveda keine eindeutigen deutschen Übersetzungen gibt, ist es sinnvoll, sich von Anfang an mit diesen Fachausdrücken vertraut zu machen. Dieser Abschnitt ist gedacht zum Vertiefen spezieller Begriffe sowie zum Nachschlagen. Sollten Sie bereits über das nötige Grundwissen verfügen, sind Sie natürlich eingeladen, sofort mit dem zweiten Kapitel zu beginnen.

Das **zweite Kapitel** umfaßt 2 Teile und darin werden die beiden Formen der Ayurveda-Kur – die **Wellness-Kur** und die **Pancha Karma-Kur** — und deren Behandlungen vorgestellt.
Im Teil 1 wird die Wellness-Kur mit den Ölmassagen und Bädern für Schönheit, Entspannung und Regeneration beschrieben. Dieser Teil wurde von meiner Frau Monika verfaßt.
Im Teil 2 wird der gesamte Ablauf einer klassischen ayurvedischen Reinigungs- und Regenerationskur (Pancha Karma) mit allen Therapien geschildert:
Abschnitt A befaßt sich mit den Behandlungen, die in einer ayurvedischen Pancha Karma-Kur getroffen werden, um den Körper des Patienten auf den Hauptteil der Kur, die Ausleitungsmaßnahmen, vorzubereiten. Dabei handelt es sich vorwiegend um Ölmassagen und die speziellen Ölanwendungen.
Abschnitt B beschreibt die reinigenden Therapien (Pancha Karma), die den Körper von Schlacken und anderen krankmachenden Faktoren, wie gestörten Doshas (Bioenergien), befreien. Mit diesem Wissen kann man eine gewisse Vorstellung von den Maßnahmen gewinnen, die bei dieser Kur getroffen werden und sich dann mit der richtigen inneren Einstellung der Kur zuwenden.
Abschnitte C und D sind den regenerierenden und verjüngenden Maßnahmen während und nach der Kur gewidmet. Hier finden Sie auch eine Beschreibung der wichtigsten ayurvedischen Heilpflanzen.

Das **dritte Kapitel** enthält praktische Anleitungen für **Wellness zu Hause** oder im Urlaub und für eine **ayurvedische Reinigungskur zu Hause,** damit Sie diese für sich selbst durchführen können.
Den Wellness-Teil mit wertvollen Hinweisen zur Schönheitspflege und Entspannung hat wiederum meine Frau gestaltet.
Bei der ayurvedischen Reinigungskur zu Hause liegt der Schwerpunkt auf den Yogakriyas, den Reinigungstechniken aus dem Hatha-Yoga und Atemübungen. Aber auch Anleitungen für Ölmassagen mit Hinweisen zur Herstellung eigener Massageöle und Ernährungshinweise zur Reduzierung und Harmonisierung der Doshas werden Sie hier finden. Sie bekommen auch Hinweise, wie Sie krankmachende Faktoren erkennen und beseitigen können.
Dieses Buch, vor allem dieses letzte Kapitel, sollte Sie aber keinesfalls davon abhalten, bei schwerwiegenden gesundheitlichen Problemen einen Arzt Ihres Vertrauens zu konsultieren!

In meinem ersten Buch über Ayurveda, dem „*Ayurveda Lebensbuch*", ging es mir vorerst um die Vermittlung von Wissen, wie Sie sich durch richtige Lebensweise gemäß Ihrer Konstitution gesund erhalten können.
Es ist ein praktischer Ratgeber für eine gesunde und ganzheitliche Lebensführung mit zahlreichen wertvollen Anregungen zur Gestaltung der Tages-, Jahres- und Lebenszeiten.
Es umfaßt alle Bereiche des täglichen Lebens, wie Ernährung, Kleidung, Körperpflege, Schönheit, Yoga, Partnerschaft, Beruf, Spiritualität usw.

Dieses Buch hingegen widmet sich einem speziellen Bereich von Ayurveda, den Ayurveda-Kuren. Es soll Ihnen ein diesbezüglicher Ratgeber sein, Ihnen in leicht verständlicher Weise Einblick in den Ablauf von Ayurveda-Kuren geben und diesbezügliche Unklarheiten beseitigen.

Desweiteren eröffnet sich für Sie durch dieses Buch mit seinen praktischen Anleitungen die Möglichkeit, sich zu Hause ein Ayurveda-Verwöhnprogramm zu gönnen oder eine ayurvedische Reinigungskur durchzuführen.

Möge Ihnen dieses Buch zum Nutzen und Segen sein!

Sommer 2003

Reiner Schacker mit seiner Frau Monika.

ॐ

ॐ

1. KAPITEL: GRUNDLAGEN DER AYURVEDISCHEN MEDIZIN

GESCHICHTE UND URSPRUNG

Der Ursprung von Ayurveda läßt sich zeitlich nicht genau fixieren. Der Ayurveda basiert jedoch erwiesenermaßen auf den Veden – den ältesten heiligen Schriften des alten Indiens, die als zeitlos und ewig gelten. Besonders im Rigveda (ca. 3.000 v. Chr.) und Atharva-Veda (ca. 1.200 v. Chr.) finden wir die ersten Erwähnungen in Form von Hymnen und Anrufungen an bestimmte Pflanzen, Mineralien und Heilkräfte der Natur, wie z.B. Wasser, Wind oder Feuer. Zu dieser Zeit waren die Priester zugleich auch Ärzte – Ärzte für Körper, Geist und Seele!

Die ältesten, rein ayurvedischen Medizintexte werden im allgemeinen auf ca. 1.500 v. Chr. datiert. Etwa im 5. Jahrhundert v. Chr. versammelten sich die einflußreichsten Gelehrten der damaligen Zeit, um die Lehre des Ayurveda zu entmystifizieren, die Texte zu sammeln, neu zu ordnen und auf ihre Wissenschaftlichkeit zu überprüfen.
Daraus entwickelten sich **drei *Sampradayas* oder Lehrrichtungen**, die nach ihren Gründern benannt wurden. Auch ihre Lehrwerke – *Samhitas* genannt – sind bis heute erhalten und werden in der Ausbildung der heutigen ayurvedischen Ärzte verwendet. Man bewundert ihre Aktualität, die sie trotz ihres hohen Alters haben.

1. Die Schule nach **Caraka** mit dem Haupttext ***Caraka-Samhita*** und dem Schwerpunkt der Inneren Medizin.
2. Die Schule nach **Sushruta** mit dem Haupttext ***Sushruta-Samhita*** und dem Schwerpunkt auf der Kunst der Chirurgie.

Eine exakte Datierung der Lebenszeiten von Caraka und Sushruta ist nicht möglich, da es im alten Indien keine genaue Geschichtsschreibung gab. Der Legende nach sind beide zur Zeit des großen Krieges der Mahabharata anzusiedeln, was nach unserer Zeitrechnung etwa 1.000 bis 2.000 Jahre v. Chr. entspricht. Die Caraka- bzw. Sushruta-Samhita, wie sie heute erhalten sind, datieren aus dem 1. Jahrhundert v. Chr. bzw. 1. Jahrhundert n. Chr.
Caraka und Sushruta führten ihr Wissen auf Brahma, den „Schöpfergott", zurück. Über dessen Schüler, wie z.B. den *Aswinis* – Ärzte der *Devas* (Halbgötter) und Indra – dem König der *Devas* – ging das Wissen später
a) über Atreya und Agnivesha zu Caraka und
b) über Dhanvantari (den vedischen Gott der Heilkunst) zu Sushruta.

3. Im 7. Jahrhundert n. Chr. begann **Vagbhata** erneut den Ayurveda zu aktualisieren. Er führte z.B. neue Heilkräuter ein und beschrieb neue Krankheiten. Außerdem schuf er eine Synthese aus den Lehren von Sushruta und Caraka. Sein Hauptwerk ist die ***Astanga-Hridaya-Samhita.***

Alle drei Lehrrichtungen des Ayurveda haben eine große Gemeinsamkeit. Sie teilen den Ayurveda in **acht Fachrichtungen** ein, die ***Astanga-Ayurveda*** genannt werden. Sie umfassen Innere Medizin, Chirurgie, Krankheiten der Augen und des Kopfes (HNO), Kinderheilkunde und Geburtshilfe, Toxikologie, Psychiatrie sowie Methoden zur Stärkung, Verjüngung und Regeneration nach Krankheit und im Alter.
Der Ayurveda-Arzt (Vaidya) muß alle diese Fachbereiche beherrschen. Er begleitet den Patienten gleichsam von Geburt bis zum Tode, wie es unserem „guten, alten" Hausarzt entspricht.

Als in der buddhistischen Zeit viele Pilger aus China nach Indien reisten, um alte buddhistische Urschriften zu suchen, berichteten sie über große Universitäten, an denen die ayurvedische Medizin gelehrt wurde, wie z.B. Taxila und Nalada, und in deren Campus etwa 6000 Studenten lebten. Diese Pilger brachten das ayurvedische Wissen mit in ihre Heimat und beeinflußten dadurch nachhaltig die chinesische und tibetanische Medizin.
So stammt z.B. die Pulsdiagnose – Nadi Pariksha – aus dem Ayurveda!
Nach der Invasion der Mogulen in Indien begann die Zeit der Unterdrückung der alten indischen Kultur und damit auch des Ayurveda. Trotzdem ist der Einfluß des Ayurveda in der persisch/pakistanischen Medizin – Unani Medizin – noch heute sichtbar.

Auch die englischen Besatzer Indiens taten alles, um die ayurvedische Medizin auszurotten. Trotz dieser Unterdrückung blieb dieses Wissen in alteingesessenen, traditionellen Vaidya (Ärzte)-Familien, vor allem im Kerala, erhalten.

Nach der indischen Unabhängigkeit im Jahre 1947 gab es eine Wiederbelebung der indischen Kultur und damit auch des Ayurveda. Trotz größter Bemühungen der internationalen Pharmakonzerne, den indischen Arzneimittelmarkt zu erobern, werden heute etwa 80% der indischen Bevölkerung nach ayurvedischen Heilmethoden behandelt. Auch wird Ayurveda inzwischen wieder an etwa 105 Universitäten und Schulen in Indien gelehrt.
Es ist nicht nur ein Aufschwung in Indien erkennbar, sondern immer mehr Menschen in aller Welt erkennen den Nutzen der sanften, indischen Ganzheitsmedizin.

DER MENSCH NACH DER VEDISCHEN VORSTELLUNG

Die ayurvedische Medizin gründet auf dem Verständnis der Schöpfung aus den Heiligen Schriften der vedischen Kultur.
Der Mensch wird nach der vedischen Philosophie als eine Einheit von Körper, Geist und Seele verstanden. Die Seele hat ihren Ursprung in der spirituellen Welt, bei Gott. Die Seele als spirituelles Wesen kann nicht in der materiellen Schöpfung existieren.
Daher muß sie bei ihrer Geburt in die materielle Welt einen **materiellen, grobstofflichen Körper** – *Sthula-Sharia* – annehmen.
Der physische Körper besteht aus den 5 großen Elementen, den *Mahabhutas*: Erde (*Prithvi*), Wasser (*Jala* oder *Ap*), Feuer (*Agni* oder *Tejas*), Luft (*Vayu*) und Äther/Raum (*Akasha*).
Nur die Kräfte des feinstofflichen Astralkörpers und die Seele erhalten den physischen Körper am Leben. Beim Tode, wenn sich die Seele und der Astralkörper vom physischen Körper abtrennen, lösen sich die Elemente wieder auf („Asche zu Asche, Staub zu Staub").

Die Seele ist während ihrer Zeit in dieser materiellen Schöpfung außer von dem grobstofflichen, physischen Körper noch von zwei feinstofflichen Hüllen umgeben:

1. Vom **Astralkörper** – ***Linga Sharira.***
   Der Astralkörper setzt sich aus drei Schichten zusammen:
   a) Zunächst der Energieschicht (*Prana* – Lebensenergie) mit ihren Energiebahnen (*Nadis*/Meridiane) und den Energiezentren (*Chakren*),
   b) der emotionalen und mentalen/geistigen Schicht (*Manas* – Geist oder Verstand). Hier ist der Sitz des Verstandes, des Unterbewußtseins (*Citta*) und der niederen Emotionen.
   c) Der Intelligenzschicht (*Vijnana* – höheres Wissen). Diese ist sozusagen die oberste Kontrollinstanz des Verstandes und prüft und analysiert anhand der Erfahrungen und der gespeicherten Erinnerungen sinnvolles und unsinniges Handeln.

Intelligenz (*Buddhi*) und Ego (*Ahamkara*) arbeiten mit dem Geist (*Manas*) und dem Unterbewußtsein zusammen und bilden gemeinsam das „innere Instrument" (*Antakarana*). Diese werden in der vedischen Kultur als die drei feinstofflichen Elemente bezeichnet, im Gegensatz zu den 5 grobstofflichen Elementen, den *Mahabhutas*.

2. Vom noch feineren **Kausalkörper** – ***Karana-Sharia***, der auch „Schicht der Glückseligkeit" oder „Ursachenkörper" genannt wird. Denn in ihm sind alle unsere Bemühungen, unsere Wünsche, unsere karmischen Reaktionen als Anlagen nach dem Gesetz von Ursache und Wirkung gespeichert, die sich gestaltend auf den neuen, physischen Körper und sein Schicksal bei der nächsten Reinkarnation auswirken.

Mit dem Astralkörper denken und fühlen wir, von ihm bekommen wir erst die Fähigkeit zum Handeln. Gedanken und Emotionen befinden sich zuerst auf astraler Ebene. Alles, was wir schaffen, findet zuerst seinen geistigen Entwurf auf feinstofflicher Gedankenebene, um sich dann im Materiellen zu gestalten. Jeder Gedanke hat die Tendenz zur Manifestation im Materiellen. Gedanken und Emotionen verdichten sich auch im physischen Körper und dieser wird Ausdruck unserer Gedanken und Emotionen, je nach ihrer positiven oder negativen Beschaffenheit und Intensität. Hier liegt bereits die Wurzel zu Gesundheit oder Krankheit, Glück oder Unglück!
Wenn sich beim Tode die Seele mit dem Astral- und Kausalkörper vom physischen Körper trennt, verfällt nur der physische Körper. Die feinstofflichen Körper leben weiter in der astralen Welt, bis sich die Seele in einen neuen physischen Körper inkarniert.

Die meisten Menschen identifizieren sich während ihres Lebens vollständig mit ihrem Körper und ihrer Rolle, die sie im Leben spielen. Sie beziehen ihr Selbstbewußtsein und ihren Wert vorwiegend aus ihrem materiellen Dasein (Karriere, gesellschaftliche Position, Besitz etc.) und vergessen dabei ihre wahre Identität als spirituelle Seele. Sie entwickeln dadurch ein falsches Ego (*Ahamkara*) und vergessen ganz ihren göttlichen Ursprung. Denn **die Seele** – ***Jivan-Atman*** – **unser wahres Ich**, ist unsterblich und ewig, voller Wissen und voll unendlicher Glückseligkeit (*Sat-Cit-Ananda-Vigraha*).
Die Seele ist von göttlichem Wesen und qualitativ eins mit Gott. Nur quantitativ unterscheidet sie sich von der Allmacht Gottes.

Unser Verhältnis zu Gott läßt sich deshalb am ehesten vergleichen mit dem Verhältnis eines Tropfens zum Meer oder eines Feuerfunkens zum Feuer, die von gleicher Qualiät, aber nicht von gleicher Quantität sind.
Der Mensch verfügt daher über schöpferische Qualitäten und sollte mit seinen Gedanken- und Gefühlskräften sorgsam umgehen. Der Körper stellt das Werkzeug der Seele dar, und deshalb ist es eine wichtige Aufgabe, gut für diesen Körper zu sorgen.
Gott (oder der innere Meister) spricht zu uns in Form unserer Intuition, deren Stimme wir aber nur in der Stille vernehmen. Nur so können wir Führung von Ihm bekommen, Sein Werkzeug sein und Seinen Willen erfüllen. Gott weilt im Herzen als Überseele (*Param-Atman*). Sie ist der göttliche Begleiter auf unserem Weg im Kreislauf der Geburten.

Wenn in diesem Zusammenhang von Gott die Rede ist, so ist kein spezielles Gottesbild gemeint. Es bleibt jedem Leser frei, seine eigene Auffassung und seine eigene Beziehung zu Gott zu haben.
Möchten Sie Ihr Wissen über die Beziehung zu Gott vertiefen, darf ich Ihnen die „Autobiographie eines Yogi" von Paramahansa Yogananda empfehlen. Dieser indische Heilige lebte sowohl in Indien als auch im Westen und kann uns das Verständnis Gottes sowohl aus der indischen als auch der christlichen Sicht vermitteln.
Alle großen Heiligen lassen uns durch ihr Wirken das Göttliche erkennen, das durch sie strahlt. Dazu gehört zum Beispiel der Hl. Franziskus, bekannt durch seine Liebe zu allen Geschöpfen.

Die ayurvedische Medizin ist eine **Ganzheitsmedizin**, was heißt, daß sie den Körper als eine untrennbare Einheit von Körper, Geist/Gemüt und Seele betrachtet. Man muß verstehen, daß sich Seele, Geist/Gemüt und Körper immer gegenseitig beeinflussen. Wenn man ein einseitig materialistisches Leben führt, so wird die Seele lei-

den und man verliert seine innere Zufriedenheit. Dies wird zwangsläufig dazu führen, daß der Geist unruhig und unzufrieden wird.
Dies wird sich auch durch Gemütsschwankungen zeigen, und man verliert seine geistig/mentale Stabilität. Darunter muß der Körper zwangsläufig leiden, was zu Störungen und Ungleichgewicht in den Doshas und damit im Organismus führt.

Wenn die Seele gesund ist, sind Geist und Gemüt gesund und auch der Körper. Ist jedoch die Seele unzufrieden, so verlieren Geist und Gemüt ihre Ruhe und Stabilität und der Körper leidet und wird krank.
Deshalb ist die ayurvedische Medizin bestrebt, immer eine ganzheitliche, also eine seelische, geistig/mentale und körperliche Gesundheit zu gewährleisten.

Dies (der Körper) ist der Tempel, in dem der Geist Gottes lebt
Neues Testament

Ich weile im Herzen eines jeden Lebewesens
und von mir kommt Wissen, Erinnerung und Vergessen
Bhagavat Gita

CHAKREN - DIE FEINSTOFFLICHEN ENERGIEZENTREN DES KÖRPERS

Wie aus dem vorangegangenen Text hervorgeht, ist der Mensch ein irdisches und himmlisches Wesen. In ihm ist der göttliche Kern verankert. Unsere Lebensaufgabe besteht darin, daß wir unser göttliches Potential zur Entfaltung bringen. Alles ist in uns angelegt. Die Chakren sind feinstoffliche Energiezentren, die sich in der Energieschicht des Astralkörpers befinden. Die ersten drei Chakren dienen der Lebenserhaltung, die oberen drei Zentren, also Hals-, Stirn- und Kronenchakra, dienen der spirituellen Entfaltung.
Das vierte Chakra, das Herzzentrum, ist gleichsam der Vermittler zwischen den oberen und unteren Chakren. Erst wenn der Mensch Herzensqualitäten entwickelt, sich selbst annehmen und Liebe geben und empfangen kann, werden die oberen Zentren immer mehr zur Entfaltung kommen und der Mensch entwickelt höhere Wahrnehmung und spirituelles Bewußtsein.

Die Menschen durchlaufen verschiedene Entwicklungsstadien in vielen Leben, bis sie sich ihrer göttlichen Wurzeln bewußt werden und letztendlich Gottesbewußtsein entfalten.

Aus der folgenden **Chakren-Aufstellung** können wir ersehen, wie der Entwicklungsweg eines jeden Menschen von Geburt bis zum Tode verläuft. Zuerst geht es um die lebenserhaltenden Aspekte, wie Nahrungsaufnahme, Sexualität und Durchsetzung im Leben. Durch die liebevolle Hinwendung vom Ich zum Du entfaltet sich das Herzchakra und der Mensch wird für höhere Wahrnehmungen offen und sich seiner spirituellen Wurzeln bewußt.

Jedes Chakra regiert ein bestimmtes Element, bestimmte Organe und Drüsen, entspricht Bewußtseinsstufen und beinhaltet eine Lernaufgabe.

1. Wurzel- oder Basis-Zentrum – ***Muladhara-Chakra***

Lage:	Zwischen Anus und Genitalien
Farbe:	Rot
Element:	Erde
Sinn:	Riechen
Körperliche Zuordnung:	Knochen, Wirbelsäule, Zähne, Nägel, Anus, Dick-, Mast- und Enddarm, Prostata, Blut- und Zellaufbau
Zugeordnete Drüse:	Nebennieren
Bewußtsein:	Nahrungsbewußtsein, Erdverbundenheit
Thema/Lernaufgabe:	Urvertrauen, Erdung, Stabilität, Durchsetzungskraft, Lebenswillen.

2. Sakral- oder Sexual-Zentrum – ***Swadhistana-Chakra***

Lage:	Zwischen Bauchnabel und Schambein
Farbe:	Orange
Element:	Wasser
Sinn:	Schmecken
Körperliche Zuordnung:	Beckenraum, Fortpflanzungsorgane, Niere, Blase, alles Flüssige: Blut, Lymphe, Verdauungssäfte, Sperma
Zugeordnete Drüse:	Keim- oder Geschlechtsdrüsen
Bewußtsein:	Sexualbewußtsein, Kreativität, Lebensfreude
Thema/Lernaufgabe:	Sinnlichkeit, Erotik, Kreativität, Selbstwertgefühl, Begeisterung.

3. Solar-Plexus oder Sonnengeflecht – ***Manipura-Chakra***

Lage:	Bauch, knapp oberhalb des Nabels
Farbe:	gelb
Element:	Feuer
Sinn:	Sehen
Körperliche Zuordnung:	unterer Rücken, Bauchhöhle, Verdauungssystem, Magen, Leber, Milz, Galle, vegetatives Nervensystem
Zugeordnete Drüse:	Bauchspeicheldrüse (Pankreas)
Bewußtsein:	Energiebewußtsein, Körperbewußtsein
Thema/Lernaufgabe:	Entfaltung der Persönlichkeit, Einfluß und Macht, Kraft und Fülle, Verarbeitung von Gefühlen und Erlebnissen.

4. Herz-Zentrum – ***Anahata-Chakra***

Lage:	Mitte Brustbein
Farbe:	grün/rosa
Element:	Luft
Sinn:	Tasten
Körperliche Zuordnung:	oberer Rücken, Herz, Brustraum, unterer Lungenbereich, Blutkreislaufsystem
Zugeordnete Drüse:	Thymusdrüse. Es verbindet die 3 oberen Chakren mit den 3 unteren und es ist das Heilungszentrum
Bewußtsein:	Gefühlsbewußtsein (Emotionen)
Thema/Lernaufgabe:	Entfaltung der Herzensqualitäten, Selbstannahme, bedingungslose Liebe, Heilung.

5. Hals-Zentrum – ***Vishuddha-Chakra***

Lage:	zwischen Halsgrube und Kehle
Farbe:	türkis, hellblau/silbrig
Element:	Äther

Sinn:	Hören
Körperliche Zuordnung:	Hals-, Nacken-, Kieferbereich, Ohren, Sprechapparat (Stimme), Luftröhre, Bronchien, oberer Lungenbereich, Speiseröhre, Arme
Zugeordnete Drüse:	Schilddrüse
Bewußtsein:	gelehrter Austausch, Sprache
Thema/Lernaufgabe:	Loslassen, Wissensaustausch, Kommunikation, kreativer Selbstausdruck, Inspiration, Zugang zu den feineren Ebenen des Seins.

6. Stirn-Zentrum oder 3. Auge – *Ajna-Chakra*

Lage:	in der Mitte der Stirn, zwischen den Augenbrauen
Farbe:	weiß/dunkelblau
Element:	Mahat-tatwa
Sinn:	übersinnliche Wahrnehmung
Körperliche Zuordnung:	Gesicht, Augen, Ohren, Nase, Nebenhöhlen, Kleinhirn, Zentralnervensystem, Hormonsteuerung
Zugeordnete Drüse:	Hypophyse
Bewußtsein:	spirituelles, geistiges Bewußtsein
Thema/Lernaufgabe:	höhere Sinneswahrnehmung, Hellsehen, Hellhören, Telepathie. Sitz von Willen, Geist und Verstand, Imagination und Intuition.

7. Kronen-Zentrum, Scheitelchakra – *Sahasrara-Chakra*

Lage:	Schädeldecke, Scheitel
Farbe:	gold/violett
Element:	Spirituell
Sinn:	reines Sein
Körperliche Zuordnung:	Großhirn, Fontanelle (Brahmarandra)
Zugeordnete Drüse:	Zirbeldrüse
Bewußtsein:	kosmisches Bewußtsein, Gottesbewußtsein
Thema/Lernaufgabe:	Gelassenheit, Gotteserkenntnis, Vollendung, Vereinigung mit dem All-Seienden.

MAHABHUTAS – DIE „GROSSEN" ELEMENTE

Im *Bhagavad-Purana* finden wir eine Geschichte, in der die **Schöpfung** anhand der **Entstehung der Elemente – *Mahabhutas*** – geschildert wird:

* Zuerst war das *Mahat-tatwa* – die unmanifestierte Materie. Durch Gottes Schöpfungsgedanke kam Bewegung in das *Mahat-tatwa*,
* und es entstand *Akasha* – das Äther- oder Raumelement.
* Aus der Verdichtung des Äthers bildete sich das *Vayu* oder das Luftelement.
* Aus der Reibung der Luft entstand *Tejas*, das Feuerelement.
* Aus der Hitze des Feuers kondensierte sich *Jala* oder *Ap*, das Wasserelement und
* aus der Dichte des Wassers entstand *Prithvi*, das Erdelement.

Dieses Modell ist deshalb bemerkenswert, weil es eine Parallele zur menschlichen Entwicklung zeigt. Bei der Entwicklung des Kindes im Mutterleib verbindet sich der feinstoffliche Körper immer mehr mit dem physischen Körper, und so entwickelt sich nach und nach die Wahrnehmung des Körpers. Zuerst bildet sich der Sinn des Hörens, und es werden Klänge (das Äther-Element) wahrgenommen.

Das werdende Kind ist sich daher über alle Geräusche, wie Musik, Lärm und Gespräche oder Streit, die in der Gegenwart der Mutter geführt werden, bewußt. Dies gibt ihm die erste Prägung, z.B. ob es geliebt oder abgelehnt wird!

Im Fall des Sterbens ist die umgekehrte Reihenfolge zu beobachten. Hier trennt sich nach und nach der feinstoffliche Körper vom physischen Körper. Dabei schwindet zuerst der Geruchssinn, (wir nehmen das Erdelement nicht mehr wahr), dann der Geschmackssinn (Wahrnehmen des Wasserelements) u.s.w., bis zum Gehörsinn (Wahrnehmen des Äther-Elements), der am längsten erhalten bleibt.
So ist es wichtig und zum Vorteil des Sterbenden, mit ihm bis zuletzt zu sprechen, auch wenn er, oberflächlich gesehen, nichts mehr wahrnimmt. Auch bei Komapatienten ist die liebevolle Kontaktpflege durch Mitteilung wichtig, um ihnen zu zeigen, daß sie für uns noch leben und präsent sind.

Für das Verstehen der ayurvedischen Medizin sind die **5 grobstofflichen „großen" Elemente** – *Mahabhutas* – sehr wichtig, da hiermit die Wirkung von Medizin, Nahrung etc. auf den Körper erklärt wird. Zum besseren Verständnis werde ich nun auf die *Mahabhutas* genauer eingehen:

Erde: Mit Erde oder Prithvi bezeichnen wir alle festen Substanzen. Sie besitzen folgende Gunas oder Eigenschaften: schwer, hart, träge, rauh, fest/stabil, dicht und grob.
Die Sinneswahrnehmung von Erde ist der Geruch.

Wasser: Mit Wasser oder Ap bzw. Jala bezeichnen wir alle flüssigen Substanzen.
Ihre Gunas oder Eigenschaften sind: Kalt, flüssig, träge, klebrig, schleimig und ölig.
Die Sinneswahrnehmung von Wasser ist der Geschmack.

Feuer: Mit Feuer oder Tejas bezeichnen wir alle leuchtenden, heißen bzw. tranformierenden Substanzen.
Ihre Gunas oder Eigenschaften sind: Heiß, scharf, durchdringend, leicht, rauh, subtil und beweglich.
Die Sinneswahrnehmung von Feuer ist das Sichtbare bzw. die Form.

Luft: Mit Luft oder Vayu bezeichnen wir alle leichten, beweglichen Substanzen.
Ihre Gunas oder Eigenschaften sind: Kalt, leicht, rauh, subtil und beweglich.
Die Sinneswahrnehmung von Luft ist die Berührung.

Äther: Bei Äther oder Akasha denken wir an den Begriff Äther, wie ihn der Funker versteht, im Sinne von Raum/Ausdehnung.
Die Gunas oder Eigenschaften sind: Leicht, weich, subtil, zusammenziehend und ausdehnend.
Die Sinneswahrnehmung von Äther ist der Klang.

DOSHAS – BIOENERGIEN: KAPHA, PITTA, VATA

Mit ***Doshas*** bezeichnen wir bestimmte ***Bioenergien*** oder ***Grundkräfte***, die unseren Körper regeln bzw. beherrschen, sie heißen **Kapha**, **Pitta** und **Vata**.

Aus einer Verbindung von Erde und Wasser entsteht das ***Kapha-Dosha.***
Aus der Verbindung von Feuer und etwas Wasser entsteht das ***Pitta-Dosha*** und
aus der Verbindung von Luft und Raum/Äther entsteht das ***Vata-Dosha.***

Die Funktionen von *Kapha*, *Pitta* und *Vata* sind:
Kapha hat die Funktion der Stabilisierung, dient dem Aufbau und dem Zusammenhalt,
Pitta hat die Funktion der Transformation, Umwandlung (Verdauung) und
Vata hat die Funktion der Koordination für alle Bewegungen.
Ohne diese Funktionen könnte kein Leben bestehen.

Diese *Doshas* wirken nicht nur in unserem Körper, sondern in der gesamten Natur, in Tieren, Pflanzen und Früchten – in allen Körpern der Schöpfung, bis hinein in jede Zelle.
In der Natur arbeiten alle **Bioenergien** – ***Kapha***, ***Pitta*** und ***Vata*** zusammen.
Der **Regen** spendet der **Erde** Feuchtigkeit (*Kapha*). Die **Sonne** bringt mit ihrer Wärme (*Pitta*) alle Früchte zum Reifen. Der **Wind** (*Vata*) trägt zur Befruchtung der Pflanzen bei. Wenn diese Bioenergien harmonisch zusammenarbeiten, tragen sie zum Leben auf der Erde bei.
Umgekehrt, wenn diese Bioenergien in ein **Ungleichgewicht** kommen, können Überschwemmungen (Kapha) das Land verwüsten, zu große Hitze (*Pitta*) läßt die Erde austrocknen, und Stürme (*Vata*) können verheerende Zerstörungen anrichten.

Das gleiche gilt auch für unseren Körper: Arbeiten Kapha, *Pitta* und *Vata* harmonisch zusammen, sind wir gesund. Der Name dieser Bioenergien „*Dosha*" heißt eigentlich „Fehler" („das, was verdirbt") und kommt daher, daß diese Bioenergien die Fähigkeit haben, die *Dhatus* (Körpergewebe) „zu verderben" und damit den Körper krank zu machen, d.h., ein Ungleichgewicht oder eine Störung der *Doshas* bildet letztendlich die Ursache von Krankheiten.

Die *Doshas* im Körper werden beeinflußt durch die Anteile der *Mahabhutas* (der Elemente) und dem *Virya* (der thermischen Potenz = erhitzend oder kühlend) in der **Nahrung** bzw. in den Medikamenten, sowie durch das **Klima**, die **Jahres- und Lebenszeiten**, durch **persönliches Verhalten** und **Umfeld.**

Jedes *Dosha* hat im Körper einen **Hauptsitz** und einige **Nebensitze.** Der Hauptsitz ist der geeignete Ort, um zur Harmonisierung eines gestörten *Doshas* therapeutisch einzugreifen. Wird hier das angeschwollene *Dosha* ausgeschieden oder reduziert, so hat dies eine ausgleichende Wirkung auch auf die weiteren Sitze des *Doshas.* Dies geschieht z.B. bei den **Ayurveda-Kuren** mit ihrer *Pancha Karma*-Therapie und einigen *Yoga-Kriyas* (Yoga-Reinigungsübungen). In den Kapiteln 2 und 3 wird darauf ausführlich eingegangen.
Ist z.B. im Körper das *Kapha-Dosha* angeschwollen und wir leiden unter Schnupfen oder Verschleimung der Lunge, so hilft ein künstlich erzeugtes Erbrechen, um aus dem Magen - dem Hauptsitz von *Kapha* - Schleim auszuscheiden. Dadurch reduziert sich *Kapha* in den weiteren Sitzen, um es im Hauptsitz wieder aufzufüllen.

Im nächsten Kapitel werde ich daher etwas näher auf die Sitze der *Doshas* im Körper eingehen und die wichtigsten Eigenschaften erläutern.

AUFGABEN UND SITZE DER DOSHAS IM MENSCHLICHEN KÖRPER UND IHRE EIGENSCHAFTEN

1. KAPHA:

Sorgt im Körper für **Stabilität**, Festigkeit, Ruhe und Ausgeglichenheit. *Kapha* steht für **Anabolismus – Aufbau.**
Die beherrschenden Elemente sind **Erde** und **Wasser**.
Die **Hauptsitze** im Körper sind der Kopf, der Brustbereich und der Magen.
Die **Eigenschaften** sind: Kalt, schwer, stabil/unbeweglich, statisch, ölig/fettig, feucht, weich, langsam, klebrig/trübe.
Kapha wirkt im Körper im zellulären Bereich, bei der Schmierung des Körpers, bei Wachstum und Regeneration, gibt der Haut den Glanz und sorgt für angenehmes Befinden.

Es gibt 5 spezielle Bereiche oder „Sitze" von *Kapha* im Körper:
***Kledaka-Kapha* im Magen**: Zerlegt und befeuchtet die Speisen, schützt den Magen vor *Pitta* und Agni (Magensäure) und nährt alle *Kapha*s im Körper.
Avlambaka-Kapha in der Brust: Kühlt, schützt und nährt das Herz und die Lunge und steuert den psychischen Antrieb.
Bodhaka-Kapha im Mund und Zunge: Sorgt für Geschmacksempfindung und Speichelfluß. Es regelt den Appetit und die Gelüste.
***Tarpaka-Kapha* im Kopf**: Ernährt und kühlt die Sinne und bringt uns zur Ruhe. Es schützt die Nerven im Wirbelkanal.
***Sleshaka-Kapha* in den Gelenken**: Schmiert und festigt die Gelenke und stabilisiert die Bänder und Sehnen. Es macht Knochen elastisch.

2. PITTA:

Sorgt im Körper für Temperatur, Temperament und **Umwandlung**. *Pitta* steht für **Metabolismus – Stoffwechsel**. Die beherrschenden Elemente sind **Feuer** und **Wasser** (z.B. bei Säuren).
Die **Hauptsitze** von *Pitta* sind der Zwölffingerdarm und die Leber.
Die **Eigenschaften** sind: Heiß, scharf, leicht, ölig/weich, flüssig, klar/nicht klebrig, beweglich und durchdringend.
Pitta wirkt im Körper durch das Blut, durch hormonelle Prozesse und steuert Pigmentierung, Verdauuung, Abwehrkräfte und Vitalität. Es regelt die Körpertemperatur und stärkt die Intelligenz.

Es gibt 5 spezielle Bereiche oder „Sitze" von *Pitta* im Körper:
***Pacaka-Pitta* im Zwölffingerdarm**: Bewirkt die Verdauung durch Zerlegung der Nahrung.und unterscheidet brauchbare von unbrauchbaren Nahrungssäften.
***Ranjaka-Pitta* in Leber und Milz**: Färbt das Blut rot, gibt ihm Wärme und fördert die Blutbildung.
***Sadhaka-Pitta* in Herz und Kopf**: Stärkt den Verstand und das Gedächtnis, vertreibt Tamas (Geisteszustand der Trägheit), führt zu Begeisterung und unterstützt die Erfüllung unserer Wünsche, unsere Auffassungsgabe und künstlerische Kreativität.
***Alocaka-Pitta* in den Augen**: Bewirkt die Sehkraft und übermittelt Eindrücke und Informationen. Es hilft auch bei der Wahrnehmung aller Sinneseindrücke.
***Brajaka-Pitta* in der Haut:** „Verdaut" Stoffe durch und in der Haut (Öle, Salben etc.) und sorgt für die Hautfarbe und -temperatur sowie für Schweißabsonderung und für den Tastsinn.
Während der Ayurveda-Kur wird bei den Ölmassagen die Fähigkeit des *Brajaka-Pitta*, medizinische Substanzen im Öl durch die Haut aufzunehmen und zu „verdauen", genutzt.

3. VATA:

Sorgt im Körper für **Bewegung/Spontanität.** *Vata* steht für **Katabolismus – Abbau.** Die beherrschenden Elemente sind **Luft** und **Äther/Raum.**
Die **Hauptsitze** von *Vata* sind der Dickdarm und die Beine.
Die **Eigenschaften** sind: Kalt, leicht, beweglich, trocken, rauh, locker, hart und nicht klebrig.
Vata wirkt im Körper durch die nervalen Prozesse, *Vata* ist zuständig für Bewegung, Atmung, Emotionen, Empfindungen, Absorption der Nahrung im Darm und für die Ausscheidungen.

Es gibt 5 spezielle Bereiche oder „Sitze" von *Vata* im Körper:
***Prana-Vayu* in Kopf und Brust**: Regelt die Einatmung und Aufnahme von Lebensenergie und bewirkt aufsteigende Bewegungen und die Herztätigkeit.
***Apana-Vayu* im Dickdarm**: Bewirkt die Ausscheidung sowie alle Bewegungen nach unten bzw. außen. Es unterstützt den Geburtsvorgang.
***Udana-Vayu* in Brust und Hals**: Bewirkt das Sprechen und Vitalität sowie die Ausatmung, fördert unsere Begeisterung und unterstützt das Gedächtnis. Beim Tod führt es die Seele aus dem Körper.

***Samana-Vayu* im Magen und Nabel:** Setzt die Verdauung in Gang und prüft die Verdaulichkeit der Speisen. Es bewirkt Nervenimpulse von der Peripherie zum Gehirn.
***Vyana-Vayu* im ganzen Körper und Herz:** Regelt den Kreislauf, den Muskeltonus sowie den Puls. Es bewirkt die Erweiterung und das Zusammenziehen im Körper. Es steuert die Bewegungen der Gliedmaßen und bewirkt Nervenimpulse vom Gehirn zur Peripherie.

BEEINFLUSSUNG ODER STÖRUNG DER DOSHAS

Caraka beschreibt in seinem Werk, der *Caraka-Samhita*, was die *Doshas* beeinflußt oder stört. Wichtig ist dabei, daß wir die Störung, die durch Nahrung oder körperliche Tätigkeit hervorgerufen wird, durch Therapie beeinflussen können, während die Störung, die durch Tageszeit, Jahreszeit und das Lebensalter hervorgerufen wird, nur schwer oder gar nicht beeinflußbar ist.

KAPHA wird gestört durch: Mangel an Bewegung, disharmonisches Umfeld (bewirkt den Aufbau eines körperlichen „Schutzpanzers"), Schlaf während des Tages, feuchte Kälte, zu viel Fett, Milch und Milchprodukte, Zucker, süße Früchte, Meeresnahrung und zu viel süßem, saurem und salzigem Geschmack.
Ein Gefühl der Schwäche, Schwere, starke Gewichtszunahme, Benommenheit, Müdigkeit, Juckreiz und Blässe sind Zeichen von gestörtem *Kapha.*

PITTA wird gestört durch: übertriebene Anstrengung, Leistungs- und Zeitdruck, Ärger, Wut und Kummer, zu viel Hitze oder Sonne, zu viel Nahrung mit scharfem, saurem und salzigem Geschmack, zu viel erhitzendem Öl (Sonnenblumen-, Sesam-, Senfsamenöl) sowie durch zu viel Alkohol.
Übler Körpergeruch, übermäßiger Schweiß, Gereiztheit, starker Durst und Verlangen nach Kaltem sind Zeichen von gestörtem *Pitta.*

VATA wird gestört durch: Maßlosigkeit, Unterdrückung von körperlichen Bedürfnissen, Streß- und Angstsituationen, lange Reisen bzw. Autofahrten, plötzlichen Wetterwechsel, kaltes, windiges Wetter, trockene Nahrungsmittel, zu viel Nahrung mit bitterem, scharfem und herbem Geschmack, Auslassen von Mahlzeiten und zu wenig Schlaf.
Durch verstopfte Kanäle (Shrotas/Nadis) und bei der Reduzierung von Körpergewebe (Dhatus), z. B. beim Fasten, erhöht sich *Vata.*
Schmerz hat immer eine Ursache in gestörtem *Vata.* Zittern, Nervosität, Unkonzentriertheit, mangelnde Koordinationsfähigkeit im Körper, Vergeßlichkeit und brüchige Fingernägel sind Zeichen von gestörtem *Vata.*

Gesundheit kommt aus der natürlichen Ausgewogenheit der Doshas.
Daher trachten die Weisen danach, sie im Gleichgewicht zu halten.

Caraka Samhita

GUNAS – EIGENSCHAFTEN UND IHRE WIRKUNG

Im Ayurveda ist eines der wichtigsten Instrumente für die Behandlung und Therapie **das System der Eigenschaften** – ***Gunas***. Es hilft uns bei der Bestimmung, wie Elemente, Bioenergien, Nahrung oder Medizin auf unsere Befindlichkeit wirken.
Mit diesem System ist es sehr leicht, die Elemente – *Mahabhutas* – in der Nahrung und ihre Wirkung auf den Körper zu beschreiben.
Fehlt dem Körper z.B. das Element Erde, die Festigkeit, müssen wir dieses durch die Nahrung hinzufügen. In diesem Fall soll die Nahrung all die „erdigen" Eigenschaften, wie schwer, kompakt oder dicht und hart haben. Besitzt die Nahrung jedoch mehr „luftige" Eigenschaften, wie leicht, rauh, trocken und ist von feiner Struktur, wird sie eine nachteilige Wirkung hervorrufen und den Mangel an Festigkeit noch mehr verstärken.

Weitere Beispiele: Ein schwerer Körper braucht leichte Nahrung, eine trockene Haut braucht ölig/feuchte Substanzen und bei heißem Wetter hilft ein kühles Bad.
Besonders bei Medikamenten ist es wichtig, ihre Eigenschaften genau zu kennen. So muß z.B.
ein Fiebermedikament kühlende Eigenschaften haben, um entsprechend wirken zu können.

Im Ayurveda werden die **Eigenschaften** (*Gunas*) in **10 Gegensatzpaare** eingeteilt:

schwer	–	*Guru*	leicht	–	*Laghu*
kühlend	–	*Sita*	erhitzend	–	*Ushna*
ölig	–	*Snigda*	trocken	–	*Ruksha*
mild	–	*Manda*	scharf	–	*Tikshna*
glatt	–	*Shlakshna*	rauh	–	*Kara*
fest	–	*Sandra*	flüssig	–	*Drava*
hart	–	*Kathina*	weich	–	*Mridu*
starr	–	*Sthira*	beweglich	–	*Sara*
grob	–	*Sthula*	subtil	–	*Sukshma*
schleimig	–	*Pichila*	klar	–	*Vishida*

Für ein allgemeines Grundwissen reicht jedoch die Kenntnis von den folgenden **drei Gegensatzpaaren**, und deshalb möchte ich sie etwas genauer beschreiben.

Guru	–	schwer	*Laghu*	–	leicht
Ushn	–	heiß	*Sita*	–	kalt
Snigda	–	ölig (feucht)	*Ruksha*	–	trocken

***Guru* – schwer:** Verstärkt *Kapha*, reduziert Agni (das Verdauungsfeuer), und vermittelt ein Gefühl der Schwere und Trägheit, verstärkt das Körpergewicht, und es ist schwieriger, Guru zu verdauen.

***Laghu* – leicht:** Verstärkt *Vata* und Agni, gibt ein Gefühl der Leichtigkeit und Beweglichkeit und reduziert das Körpergewicht. Wird gut vom Körper verdaut.

***Ushna* – heiß:** Verstärkt *Pitta* und Agni. Wird gut verdaut und reduziert das Gewicht. Es kann aber auch Entzündungen verschlimmern und Zorn und Ärger verstärken.

***Sita*- kalt:** Verstärkt *Vata* und *Kapha*, reduziert Agni und die Körpertemperatur, gibt ein Gefühl der Kälte und reduziert die Sensibilität. Führt zu Gewichtszunahme.

***Snigda* – ölig:** Verstärkt *Kapha* und *Pitta* und Agni, befeuchtet das Körpergewebe und stabilisiert den Wasserhaushalt. Macht den Körper weich und geschmeidig, führt zu Gewichtszunahme.

***Ruksha* – trocken:** Verstärkt *Vata* und vermindert Agni, reduziert das Gewicht, es gibt ein Gefühl von Trockenheit, verstärkt die Flüssigkeitsaufnahme im Dickdarm und führt daher leicht zu Verstopfung.

Unter ***Agni*** verstehen wir den Aspekt von *Pitta*, der die nötige Energie für unsere Verdauung, Stoffwechsel und Zellstoffwechsel liefert. Es wird auch das „Verdauungsfeuer" bezeichnet.

PRAKRITI – DIE VERSCHIEDENEN KONSTITUTIONSTYPEN

In jedem Körper ist immer ein Zusammenspiel der *Doshas Kapha*, *Pitta* und *Vata* zu beobachten. Aus dem Verhältnis der *Doshas* zueinander bzw. der Dominanz eines *Doshas* bestimmen wir einen sogenannten **Konstitutionstypus – Prakriti.**
Hierbei finden wir den ***Kapha***-, ***Pitta***- und den ***Vata*-Typ** und die **Mischtypen.**
So sprechen wir beispielsweise von einem *Kapha*-Typen, wenn der Anteil von *Kapha* um die 50% liegt und von *Pitta* und *Vata* z.B. bei 20% oder 30%. Hier gibt das **dominierende Dosha** die Bezeichnung des Prakriti bzw. Konstitutionstypus.
Finden wir etwa je 40% von *Kapha* und *Pitta* und 20% *Vata*, so sprechen wir von einem **Mischtyp**, da hier zwei *Doshas* den gleichen Anteil haben. Hier werden wir Eigenschaften beider *Doshas* vorfinden und berücksichtigen müssen. Es ergeben sich also die Mischtypen *Kapha/Pitta*, *Kapha/Vata* und *Pitta/Vata.*
Ganz selten finden wir die totale Harmonie aller drei *Doshas*, und diesen Prakriti-Typ nennen wir ***Sama-Dosha*** – Gleichheit der *Doshas.*
Die Konstitution ist von Geburt an fixiert und unterliegt nur geringen Änderungen.

Die Konstitution wird **vor der Geburt** von folgenden Faktoren bestimmt:
1. Beschaffenheit von Samen bzw. Eizelle der Eltern,
2. körperlicher Zustand der Eltern, ihre Ernährung und ihr Bewußtsein,
3. Jahreszeit der Empfängnis,
4. Zusammensetzung der Mahabhutas (Elemente),
5. karmische (schicksalhafte) Vorbestimmung.

Faktoren, welche die Konstitution **während des Lebens** beeinflussen:
1. Allgemeines soziales, gesellschaftliches und familiäres Umfeld,
2. räumliche und zeitliche sowie klimatische Faktoren,
3. Ernährung und Lebensweise, die Lebenszeitabschnitte und das Alter.

DETAILLIERTE BESCHREIBUNG VON KAPHA, PITTA UND VATA

Körperbau und allgemeines Erscheinungsbild
1. Kapha: Der Körper ist stämmig, untersetzt, groß und oft dick, aber im allgemeinen wohlproportioniert. Er ist dem pyknischen Typ zuzuordnen. Der Brustkorb ist breit, stark entwickelt und meist vorgewölbt. Der Körper besitzt schwere, starke und kräftig ausgebildete Muskeln und Knochen, was ihm viel Kraft und gute Ausdauer verleiht. *Kapha*-Typen neigen allerdings zu Übergewicht. Die Bewegungen sind langsam bis träge.
2. Pitta: Der Körper ist von mittlerer Statur und von durchschnittlichem Gewicht, er besitzt unauffällige und nicht so stark ausgebildete Muskeln und Knochen, hat daher nicht so viel Kraft und geringere Ausdauer wie

Kapha. Er ist der athletische Typ. Der Brustkorb ist flach und selten muskulös. Die Bewegungen sind schnell und effektiv.
3. Vata: Der Körper ist entweder sehr groß, schlank bzw. dünn oder sehr klein und von zierlicher Gestalt. Er gehört zum leptosomen, hochaufgeschossenen Typ. Er hat ein unscheinbares Äußeres. Der Brustkorb ist flach und oft eingefallen (Trichterbrust) und schmal. Der Körper ist schwach entwickelt mit geringem Gewicht und schmalen, aber hervorstehenden Gelenken und hervortretenden Adern.
Die Knochen sind deutlich sichtbar und von geringer, sehniger und schwacher Muskulatur bedeckt. Hier finden wir wenig Kraft und geringe Ausdauer.
Die Bewegungen sind fahrig bis zittrig, weisen aber eine ausgezeichnete Schnellkraft aus.

Haut
1. Kapha: Die Haut ist dick, feucht/ölig, glänzend, elastisch, weich und glatt, sie ist unempfindlich und fühlt sich kühl oder kalt an. *Kapha*-Typen frieren allerdings wegen der isolierenden Fettschicht nicht so leicht. Sie schwitzen wenig, der Schweiß hat dann einen angenehmen Geruch. Die Hautfarbe ist heller und blasser als üblich.
2. Pitta: Die Haut ist glänzend, glatt und warm. Da *Pitta*-Typen schnell und oft schwitzen, finden wir meist eine feuchte, ölige Haut. Hauptmerkmale sind Sommersprossen, Pickel, Akne, rötliche Muttermale und Falten. Die Hautfarbe ist rot, rosa oder gelblich. Die *Pitta*-Haut verträgt nicht viel Sonne und neigt zu Sonnenbrand.
3. Vata: Die Haut ist dünn, trocken, rauh bis rissig, empfindlich, oft faltig bzw. runzelig. Sie weist oft dunkle Muttermale auf. *Vata*-Typen haben eine kalte Haut, schwitzen wenig und frieren leicht. Die Hautfarbe ist matt, glanzlos, bräunlich bis dunkel, oft mit Grauton.

Haare
1. Kapha: Die Haare sind stark, gelockt oder dicht gekräuselt, oft fettig, fest, aber weich. Wir finden selten Haarausfall und nie Glatze. Die Haarfarbe ist meist dunkel.
2. Pitta: Die Haare sind fein, dünn, seidig, weich, glatt, aber mäßig, sie ergrauen sehr früh. Wir finden bei *Pitta*-Typen frühzeitig Haarausfall und Glatze. Die Kopfhaut ist dann sehr sonnenempfindlich! Die Haarfarbe ist braun, rötlich oder kupferfarben.
3. Vata: Die Haare sind spärlich, trocken, glanzlos, leicht gewellt und oft brüchig.

Kopf und Gesicht
1. Kapha: Der Kopf ist groß, quadratisch, aber mit weichen Formen. Das Gesicht ist rund und groß mit weichen Zügen und einem blassen Teint. Die Stirn ist breit und fleischig, die Augen sind groß, klar und rund, offen und oft hervorstehend, mit sanftem, ruhigen Blick. Meist finden wir dicke, buschige Augenbrauen und starke, dichte, geschwungene Wimpern. Die Nase ist groß, dick, fest und breit (Knollennase). Die Lippen sind dick, weich und fest und die Zähne groß, weiß und stark.
2. Pitta: Der Kopf ist mittelgroß mit runder Form. Das Gesicht ist rund oder oval, von durchschnittlicher Größe, zeigt oft markante Züge. Der Teint ist rosa, rot und leuchtend. Deutlich rote Wangen sind ein *Pitta*-Merkmal. *Pitta*-Typen erröten auch leicht. Die Stirn ist durchschnittlich groß und zeigt Falten. Die Augen sind mittelgroß, oval oder schmal, mit durchdringendem Blick. Sie sind oft rot und entzündet. Die Augenbrauen sind mäßig stark, aber fein und die Wimpern klein, dünn und sehr fein. Die Nase ist mittelgroß, mit oft scharfem Nasenrücken und spitzer Nasenspitze. Der Mund zeigt mittelgroße Zähne und oft blutendes Zahnfleisch. Die Lippen sind durchschnittlich stark, weich und sehr rot.
3. Vata: Der Kopf ist klein, schmal und lang, das Gesicht ist länglich, oval, schmal, klein, oft zerfurcht und ausdruckslos. Wir finden hervorstehende Wangenknochen. Der Teint ist fahl, die Stirn klein oder hoch und gerunzelt. Die Augen sind klein, oft verkniffen, trübe, trocken, unruhig, mit ängstlichem, nervösem und scheuen Blick.

Die Augenbrauen und Wimpern sind schwach, dünn und brüchig. Die Nase kann klein oder lang sein, schmal, meist gebogen oder unregelmäßig geformt (Hakennase). Der Mund ist schmal, oft finden wir verkniffene, blasse, trockene und rissige Lippen und ungerade Zähne. Große Zwischenräume der vorderen Schneidezähne sind ein *Vata*-Merkmal.

Nacken/Schultern
*1. **Kapha:*** Der Nacken ist stark und dick, der Kopf sitzt oft direkt auf den Schultern. Diese sind überdurchschnittlich breit und stämmig.
*2. **Pitta:*** Der Nacken ist von mittlerer Stärke und die Schultern zeigen eine durchschnittliche Breite.
*3. **Vata:*** Der Nacken ist lang, schmal und sehnig. Markant ist auch der hervortretende Kehlkopf. Die Schultern sind sehr schmal und klein, mit flachen Schulterblättern und oft gekrümmt.

Arme, Hände, Finger
*1. **Kapha:*** Die Arme sind stark und lang, dick, aber wohlgeformt mit großen starken, festen, meist kühlen Händen. Die Finger sind dick und groß mit dicken, festen, aber elastischen und hellen Fingernägeln. Der Händedruck ist fest, meist feucht, ölig und kühl.
*2. **Pitta:*** Die Arme sind von mittlerer Stärke und Länge und weisen meist eine weiche Muskulatur auf. Die Hände sind mittelgroß, weich, feucht und warm mit rosa Haut. Die Finger sind mittelgroß mit weichen, rosafarbenen und nicht sehr großen Nägeln. Der Händedruck ist fest und warm.
*3. **Vata:*** Die Arme sind dünn und sehnig, entweder sehr lang oder sehr kurz. Die Hände sind klein und schmal, kalt, rauh und rissig, ruhelos – sie halten selten still –, mit langen, dünnen Fingern. An den Händen treten Adern und Sehnen deutlich hervor. Die Fingernägel sind klein, dünn, rauh und brüchig. Nägelkauen ist ein *Vata*-Merkmal! Der Händedruck ist kraftlos und unruhig.

Beine, Füße
*1. **Kapha:*** Die Beine sind stämmig, rund und fest, mit dicken, starken Oberschenkeln und großen, breiten und kräftigen Füßen.
*2. **Pitta:*** Die Beine sind von mittlerer Stärke und Länge mit weicher Muskulatur und durchschnittlichen Oberschenkeln. Die Füße sind mittelgroß, weich, feucht und rosa.
*3. **Vata:*** Die Beine sind schlank und dünn, überdurchschnittlich lang oder kurz, mit hervorstehenden Kniegelenken und sehnigen, dünnen Oberschenkeln, die nur mäßige Muskulatur aufweisen. Die Waden sind klein und hart und weisen die Tendenz zu Krämpfen auf. Die Füße sind schmal, lang oder klein, mit trockener, rauher und rissiger Haut, und sie stehen selten still (*Vata*-Typen reden mit Händen und Füßen).

Gelenke
*1. **Kapha:*** Alle Gelenke im Körper sind groß, stark, fest und gut geschmiert.
*2. **Pitta:*** Alle Gelenke im Körper sind durchschnittlich gebaut, nicht so stabil und oft locker.
*3. **Vata:*** Alle Gelenke im Körper sind schmal, treten aber deutlich hervor, sind schlecht geschmiert, trocken. Knackende Gelenke sind ein typisches *Vata*-Zeichen.

Kreislauf
*1. **Kapha:*** Der Kreislauf ist langsam und beständig, der Puls langsam, stetig und regelmäßig.
*2. **Pitta:*** Der Kreislauf ist gut und bewirkt einen gut durchbluteten, warmen Körper. Der Puls ist stark und springend.
*3. **Vata:*** Der Kreislauf ist unregelmäßig, was oft zu Durchblutungsstörungen führt. *Vata*-Typen bekommen leicht Herzklopfen. Der Puls ist schnell, unregelmäßig, kann aber auch dünn und schwach sein.

Verdauung, Stoffwechsel, Appetit
*1. **Kapha:*** *Kapha*-Typen haben eine langsame bis träge Verdauung, einen langsamen, aber effektiven Stoffwechsel und sind daher gute Futterverwerter. Sie benötigen wenig Nahrung, nehmen schnell zu und so gut wie nicht ab. Sie können daher ohne Probleme einmal eine Mahlzeit ausfallen lassen.

2. Pitta: Pitta-Typen können große Mengen und alle Arten von Nahrung gut verdauen und nehmen dabei kaum zu. Ihr Stoffwechsel ist gut. Sie sollten nur bei scharfen und sauren Speisen vorsichtig sein. Sie essen gerne gut, viel und oft und haben starken Durst. Sie benötigen unbedingt 3 regelmäßige Mahlzeiten täglich. Sie vertragen Hungern allgemein schlecht. Sie bevorzugen kühle Speisen und Getränke.
3. Vata: Vata-Typen neigen zu unregelmäßigem Appetit, unregelmäßiger Verdauung und zu Gewichtsabnahme. Sie nehmen schwer zu. Ihr Stoffwechsel ist unregelmäßig. Sie sollten sich unbedingt angewöhnen, regelmäßig 3 Mahlzeiten zu sich zu nehmen und keine Mahlzeiten auszulassen. *Vata*-Typen essen oft zu schnell und kauen ungenügend. Daher neigen sie zu Blähungen und Verstopfungen. Sie sollten warme Mahlzeiten und Getränke bevorzugen.

Stimme und Sprechweise
1. Kapha: Die Stimme klingt wohltuend, angenehm, tief und volltönend. Die Sprache ist langsam, deutlich, folgerichtig, behäbig, oft wortkarg.
2. Pitta: Die Stimme klingt scharf, schrill und aggressiv. Die Sprache ist klar, argumentativ, treffend, fließend und kraftvoll und die Wortwahl kann sehr verletzend sein. *Pitta*-Typen sind gute Redner mit bestechenden Argumenten und Überzeugungskraft.
3. Vata: Die Stimme ist schwach, leise, oft heiser. Die Sprache ist schnell, oft geschwätzig, teils zusammenhangslos und sprunghaft.

Innere Einstellung
1. Kapha: entschieden, beständig, langsam, aber gewiß.
2. Pitta: bestimmt, hitzig, wetteifernd, verbissen, entschlossen.
3. Vata: unentschlossen, schnell, Tätigkeiten werden schnell begonnen, aber nur mit Unterbrechungen und verspätet abgeschlossen.

Verhalten/Charakter/Emotionen
1. Kapha: Vom Charakter her sind *Kapha*-Typen ruhig, zufrieden, geduldig, gütig, sanft, vergebend, tolerant, harmoniebedürftig, zärtlich, anhänglich, respektvoll gegenüber Älteren, zuverlässig und sentimental. Sie haben ein ausgeglichenes Gemüt und sind daher schwer reizbar.
Allerdings neigen sie auch zum Klammern, zu geistiger Unbeweglichkeit, Neid und Gier. Sie können auch zögerlich, antriebsschwach, unflexibel sein und wirken oft lethargisch.
2. Pitta: Vom Charakter her sind *Pitta*-Typen mutig, aber auf Sicherheit bedacht, entschlossen, hilfsbereit, scharfsinnig, selbstsicher, fröhlich und unternehmungslustig und ehrgeizig. Sie haben Führungsqualitäten. Sie können aber auch nachtragend (auch über längere Zeit), jähzornig, ungeduldig, unbeherrscht, streitsüchtig und zerstörerisch sein. Sie sind schnell ärgerlich und schnell wieder erfreut, gütig zu Untergebenen, streng bei Widerspruch. *Pitta*-Typen sind nicht leicht zu überreden, aber experimentierfreudig und neugierig. Sie lieben ihre Freiheit und lassen sich nicht gerne an die „Kette" legen.
3. Vata: Vom Charakter her sind *Vata*-Typen einfallsreich, spontan, heiter, fröhlich (Luftikus), flexibel, empfindsam. Durch ihre Sensibilität fühlen sie sich vortrefflich in jede Situation ein. Sie können mit wenig Besitz auskommen und trotzdem rundum zufrieden sein. Eine gewisse Losgelöstheit vom Materiellen ist ihnen eigen. Sie haben ein gutes Vorstellungsvermögen.
Sie neigen jedoch auch zu Unzuverlässigkeit und ängstlichem Zaudern. Sie schieben gerne Verantwortung von sich und zeigen eine unruhige, unsaubere Handschrift. Oft sind sie auch unkonzentriert, vergeßlich, wankelmütig, unberechenbar, rebellisch, ungeduldig, überheblich, nervös (Zappelphilipp), sorgenvoll, ängstlich. Ihre Gefühlswelt ist instabil.

Intelligenz/Gedächtnis
1. Kapha: Der Verstand arbeitet langsam bis träge, ist jedoch sehr gut entwickelt. *Kapha*-Typen sind wenig entscheidungsfreudig und wägen sehr lange ab. Die Entscheidungen sind dann jedoch wohldurchdacht und wer-

den konsequent ausgeführt. Sie halten allerdings oft stur an falschen Entscheidungen fest. Das Gedächtnis ist sehr gut, vor allem das Langzeitgedächtnis.
2. Pitta: Der Verstand zeigt eine schnelle Auffassungsgabe, er ist intelligent, kritisch und konsequent. *Pitta*-Typen hinterfragen gerne, können gut analysieren und sind nicht leicht zufriedenzustellen. Das Gedächtnis ist sehr gut, scharf und vergleichend.
3. Vata: Der Verstand arbeitet sehr spontan und ist anpassungsfähig, spontane Auffassungsgabe, wir finden schnelles Verstehen, doch kein kontiunierliches Umsetzen. Allerdings kann sein Arbeiten auch unentschlossen, zögernd bis ängstlich sein. *Vata*-Typen verlieren leicht den Faden, auch fehlt es manchmal an Willenskraft. *Vata*-Typen haben ein schwaches Gedächtnis – sie verstehen schnell, vergessen aber genauso schnell.

Schlaf
1. Kapha: Der Schlaf der *Kapha*-Typen ist schwer, tief und ohne Unterbrechungen. Sie benötigen wenig Schlaf, und sollten idealerweise nicht mehr als 6 Stunden schlafen. Sie haben allerdings Schwierigkeiten mit dem Aufwachen.
2. Pitta: Der Schlaf ist mäßig tief und nicht von langer Dauer. *Pitta*-Typen wachen leicht auf, schlafen aber ohne Probleme schnell wieder ein. Sie brauchen mehr Schlaf als der *Kapha*-Typ (ca. 7 Stunden).
3. Vata: Der Schlaf ist leicht mit Unterbrechungen, mit der Tendenz zur Schlaflosigkeit und Zähneknirschen. *Vata*-Typen benötigen mehr Schlaf als *Kapha* und *Pitta* (ca. 8 Stunden).

Empfindlichkeiten, Krankheiten, Abwehrkraft
1. Kapha: Empfindlich gegen Kälte. *Kapha*-Typen neigen zu Übergewicht, Mattigkeit, Ödemen, Verschleimungen, vor allem der Atemwege, Depressionen und Antriebsschwäche. Sie haben allerdings ein sehr gutes Immunsystem und erkranken daher nur selten. Sie reagieren langsam auf Medikamente und Therapie und benötigen daher hohe Dosierungen.
2. Pitta: Empfindlich gegen Hitze und Sonne. *Pitta*-Typen neigen zu Entzündungen, Infektionen und fiebrigen Erkrankungen. Sie haben eine durchschnittliche Abwehrkraft. Sie reagieren durchschnittlich schnell auf Medikamente und Therapie und benötigen eine mittlere Dosierung.
3. Vata: Empfindlich gegen Kälte und Wind. *Vata*-Typen tendieren zu Spannungszuständen, Muskelkrämpfen, Allergien, Schmerzzuständen, Arthrosen und Erkrankungen des Nervensystems. Sie haben ein schwaches Immunsystem und hohe Krankheitsanfälligkeit. Sie reagieren allerdings schnell und gut auf Medikamente und Therapie und benötigen nur geringe Dosierung. Jedoch zeigen sie häufig unerwartete Nebenwirkungen. *Vata*-Typen vergessen „gern" die Einnahme von Medikamenten.

Das Leben allgemein:
1. Kapha-Typen lieben das Meer, Wasser und Wassersport. Sie brauchen Sonne und Wärme und mögen bunte Blumen und Farben, gute Düfte und schminken sich gerne. Sie können gut mit Geld umgehen und sind meist gute, erfolgreiche Geschäftsleute. Sie erfreuen sich guter, stabiler Gesundheit mit hoher Lebenserwartung. Sie sind als Freunde beliebt, da sie zuverlässig und nicht streitsüchtig sind. Als Feinde sind sie jedoch auch nicht angenehm, da sie ein langes Gedächtnis haben, nachtragend sein können und ihre Meinung nicht so leicht ändern („vergeben, aber nicht vergessen").
Zum Ausgleich benötigen *Kapha*-Typen viel Bewegung und vor allem Begeisterung bzw. Motivation, da sie leicht dazu neigen, träge und lethargisch zu werden.

2. Pitta-Typen lieben Sport, Spiel, Jagd und Wettkampf, aber auch Tanz, Gesellschaft und Politik. Sie gehen keiner Herausforderung aus dem Wege, und sie stehen gerne im Mittelpunkt, sei es in Gesellschaft oder Wettbewerb. *Pitta*-Typen bevorzugen kühleres Klima und sollten sich im Sommer bei Hitze möglichst im Schatten aufhalten.
Da sie sehr verbissen sein können, überschätzen *Pitta*-Typen leicht ihre Grenzen und ihr Energiepotential und neigen daher leicht zum „Ausbrennen" (Burned-out-Syndrom). *Pitta*-Typen sind „Arbeitstiere" und geben eine begonnene Arbeit nicht gerne ab, auch unterbrechen sie sich ungern dabei. *Pitta*-Typen sind sehr von sich

selbst überzeugt, selbstherrlich und leicht reizbar, sie lieben und verteidigen ihre Freiheit. Ihre Launen wechseln oft sehr spontan! Zum Ausgleich sollten *Pitta*-Typen unbedingt lernen, sich zurückzunehmen, zu sich und anderen „nein" zu sagen und sich nicht zu überfordern. Für sie sind Regenerationspausen sehr wichtig. Für sie sind Entspannungsübungen, Meditation und Yoga von Vorteil.

3. Vata-Typen bewegen sich gerne und sind deshalb oft auf Reisen. Sie sind verspielt, erzählen gerne Witze und Geschichten, sie sind gerne künstlerisch und gestaltend tätig. Sie lieben Theater und Schauspielerei, allerdings sind sie oft sehr exzentrisch. Sie lieben die Natur und Parks, sie suchen die Sonne und die Wärme. Da sie unstetig und unzuverlässig sind, haben sie selten viele Freunde.
Als Ausgleich benötigen *Vata*-Typen konsequent Regelmäßigkeit und Beständigkeit, Entspannung, Ruhe, Meditation und Yoga.

ZUSAMMENFASSUNG DER KONSTITUTIONSTYPEN

Ich möchte nun die Konstitutionstypen in einer kurzen Zusammenfassung skizzieren und dabei auf die markantesten Merkmale der einzelnen Konstitutionen eingehen, und zwar sowohl auf die reinen Typen als auch auf die Mischtypen.

Kapha:
Da *Kapha* für Fülle steht, hat der *Kapha*-Typ meist einen großen und fülligen Körperbau. Da *Kapha* für den Aufbau des Körpers steht, wird man nur ganz selten schlanke *Kapha*-Typen finden. Das Besondere an *Kapha* ist jedoch, daß, selbst wenn sie übergewichtig sind, die Proportionen harmonisch bleiben. Der *Kapha*-Typ hat einen kräftigen Knochenbau, er ist muskulös, hat aber keine kantigen, sondern weiche Formen. Sehr typisch für ihn sind eine ölige, fette Haut, große Augen und üppiges Haar.
Der *Kapha*-Typ hat von allen Konstitutionstypen den langsamsten Stoffwechsel und tendiert daher zu Verstopfung. Allerdings ist er der beste Futterverwerter, der aus den kleinsten Mengen Nahrung ausreichend Nährstoffe gewinnen kann. *Kapha* nimmt sehr schnell zu, aber hat große Probleme, Gewicht zu reduzieren. Deshalb ist es für *Kapha*-Typen kein Problem, eine Mahlzeit ausfallen zu lassen.
Beim *Kapha*-Typ sind im allgemeinen die Körperfunktionen langsam. Er reagiert deshalb auch am langsamsten auf äußere Einflüsse.
Auch geistig ist der *Kapha*-Typ langsam, aber sehr genau. Er fällt seine Entscheidungen spät, aber wohl durchdacht. Hat er seine Meinung gebildet, so bleibt er sich treu und man kann sich auf ihn verlassen. Er ist sehr verläßlich, wenn er etwas verspricht.
Der *Kapha*-Typ hat einen ruhigen, ausgeglichenen Geist, er liebt Friede und Harmonie und verträgt keine Streitereien. In Beziehungen oder in Gesellschaft bildet er meist den ruhenden Pol, ebenso im Beruf. Er ist geduldig, ausdauernd und läßt sich auch in Streßsituationen selten aus der Ruhe bringen. Da der *Kapha*-Typ meist introvertiert ist, erscheint er oft unbeteiligt, aber er fühlt sich einfach mit sich selber wohl.
Die Gefahr für ihn liegt jedoch in geistiger Trägheit und Antriebslosigkeit, der Neigung zur Melancholie bis hin zur Depression. Er braucht Anerkennung und Begeisterung. Diese motivieren ihn zu hohen Leistungen.
Pitta-Nahrung und Wärme im allgemeinen sind für ihn wichtig zum Ausgleich für seine kalte *Kapha*-Konstitution. Leichtverdauliche Nahrung sollte er vorziehen, ebenso warme Getränke und Speisen.
Da *Kapha*-Typen meist ein hohes Reservepotential haben, haben sie im allgemeinen die größte Ausdauer und die höchste Lebenserwartung. Wenn sie im Einklang mit ihrer Natur leben, sind sie auch nur selten krank. Sonst tendieren sie zu Verschleimung, Wasseransammlung und Übergewicht bei Bewegungsmangel.

Pitta:
Der *Pitta*-Typ hat einen mittleren Körperbau, der meist athletisch und muskulös ist. Allerdings hat sein Körper mehr harte Formen. Besondere Merkmale sind seidiges, welliges Haar mit Neigung zur Glatzenbildung sowie ein rötlicher Teint mit Sommersprossen. Seine Haut neigt zu Entzündungen und Pickeln.

Pitta-Typen haben den schnellsten Stoffwechsel und die beste Verdauung. Deshalb neigen sie zu unkontrollierbarem Hungergefühl. Sie benötigen unbedingt drei Mahlzeiten am Tag, um ihre Energiereserven stabil zu halten.
Der *Pitta*-Typ hat einen leicht erregbaren Geist, reagiert schnell und neigt zu Ungeduld und Jähzorn. Er hat ein dominantes Wesen, duldet selten Widerspruch und kann auf Kritik oft überzogen reagieren. Er ist ein guter Redner mit Überzeugungskraft. Selbstzweifel sind bei ihm selten.
Er ist meist extrovertiert und vermißt oft die innere Ruhe. Wenn er sein eigenes Arbeitstempo bestimmen kann, so hat er gute Ausdauer und bewährt sich in Streßsituationen. Er neigt jedoch bei Störungen von außen zu „Ausrastern."
Er hat ein dynamisches Wesen und ist generell ein „Arbeitstier" (Workaholik) und muß immer etwas zu tun haben. Er neigt jedoch dazu, erst zu agieren und dann zu denken.
Er hat keine Probleme, mehrere Arbeiten gleichzeitig durchzuführen. Da er ein Perfektionist ist, kann er aber Arbeiten, die abgeschlossen sind, selten loslassen und grübelt, was er hätte besser machen können. Er tendiert jedoch dazu, während seiner momentanen Arbeit neue Projekte für die Zukunft zu planen.
Daher neigt der *Pitta*-Typ dazu, sich von der Arbeit getrieben zu fühlen und kommt so schwer zur Ruhe. Da der *Pitta*-Typ außerdem dazu neigt, immer an die Grenzen seiner Energiereserven zu gehen, läuft er im allgemeinen Gefahr, sich zu verausgaben, was letztendlich zum Burnet out-Syndrom führen kann.
Da Pitty-Typen dynamische Naturen sind, entstehen bei ihnen Störungen und Krankheiten recht schnell, sie haben jedoch eine gute Heilungstendenz. Typische Erkrankungen der *Pitta*-Typen sind Entzündungen. Deshalb tut ihnen alles gut, was ihr *Pitta* abkühlt. Das bezieht sich auf die Lebensweise und die Ernährung.

Vata:
Da *Vata* für Abbau steht, sehen wir bei *Vata*-Typen im körperlichen Bereich selten Fülle, sondern eher Mangel. Bei ihnen findet man meistens einen lang aufgeschossenen, schlanken bis hageren, knochigen Körperbau. Es gibt jedoch *Vata*-Typen mit einem kleinen, zierlichen und grazilen, elfenhaften Körperbau. Sie tendieren nicht zum muskulösen, sondern eher zum sehnigen Körper.
Merkmale von *Vata* sind deutlich sichtbare Adern und Sehnen, schwach ausgekleidete Gelenke, eine trockene, rauhe Haut sowie die Tendenz zu brüchigen Fingernägeln und Haaren. Da ihnen das Feuerelement fehlt, neigen sie zum Frieren und haben oft kalte Hände und Füße.
Vata-Typen haben im allgemeinen einen sehr unregelmäßigen Stoffwechsel. Es gibt Tage, da haben sie großen Hunger und eine gute Verdauungskraft. Diese wechseln jedoch häufig mit Appetitlosigkeit und schwacher Verdauung ab, die sich durch Blähungen und Verstopfung äußern. *Vata*-Typen nehmen im allgemeinen sehr leicht ab, haben es jedoch schwer, Gewicht aufzubauen, was zu Problemen bei der Regeneration nach Krankheiten führen kann.
Da sich *Vata*-Typen leicht ablenken lassen, übersehen sie oft Hungergefühl und lassen daher Mahlzeiten ausfallen. Da sie aber die geringsten Reserven haben, ist es für sie wichtig, drei warme Mahlzeiten am Tag einzunehmen.
Vata-Typen haben einen unruhigen und unstetigen Geist und reagieren sehr schnell. Sie tendieren zu Unkonzentriertheit und Fahrigkeit. Jedoch haben sie generell ein fröhliches Gemüt und Lebensfreude. Sie sind Lebenskünstler und Luftikusse. Sie sind am spontansten von allen Typen und sprühen vor Ideen. Sie haben meistens einen guten Spruch oder Witz auf Lager.
Sie haben meist künstlerische Neigungen und die Fähigkeit, sich in Situationen und andere Menschen hineinzuversetzen. Im allgemeinen sind sie sehr sensibel, einfühlsam und verletzlich. *Vata*-Typen tendieren oft zu Gegensätzen. Sind sie stabil, so gehen sie fröhlich und unbeschwert durchs Leben. Sind sie jedoch gestört, tendieren sie zu Ängstlichkeit, Sorgen und endlosem Grübeln.
Es fehlt ihnen am langfristigen Denken und Planen und sie haben meist ein schwaches Gedächtnis. Generell haben *Vata*-Typen wenig Durchhaltevermögen und Durchsetzungskraft. Streßsituationen gehen sie gerne aus dem Weg, so wie sie es auch nicht lieben, in Verantwortung eingebunden zu sein. Sie sind nicht faul, wollen aber ihr Leben genießen. Wenn man ihnen die Möglichkeit gibt, ihren eigenen Lebensrhythmus zu gestalten, so sind sie umgänglich, hilfsbereit und einsatzfreudig.

Da *Vata* für Bewegung im Körper steht, lieben es *Vata*-Typen, sich zu bewegen. Längeres Stillsitzen ist für sie im Gegensatz zum *Kapha*-Typ eine Qual. Sie lieben Tanz und Sport, jedoch ohne ehrgeizige Ziele.
Sie brauchen erhitzende *Pitta*-Nahrung und aufbauende *Kapha*-Nahrung. Alle Aktivitäten, die *Pitta* und *Kapha* stärken, tun ihnen gut.
Bei *Vata*-Typen treten Krankheiten sehr spontan auf, heilen jedoch sehr schnell. *Vata*-typische Erkrankungen sind Allergien, Nervenschmerzen, Muskelkrämpfe, Gelenksarthrosen sowie die meisten geistigen Störungen, wie Panikattacken, Psychosen etc. Bei allen Schmerzen ist ein erhöhtes *Vata* beteiligt.

Mischtyp *Kapha/Pitta*:
Hier mischen sich die äußeren Merkmale von *Pitta* und *Kapha*. Diese Typen können z. B. einen kräftigen, rundlichen Körperbau haben, aber zu Glatzenbildung neigen.
Menschen mit dieser Konstitution sind im allgemeinen sehr erfolgreich in jeder Hinsicht. Denn sie haben die Dynamik und das Temperament von *Pitta* und die Ausdauer und Kraft von *Kapha*. Der Anteil von *Kapha* dämpft das *Pitta*-Feuer. Das gibt ihnen auch die nötige Besonnenheit und Ausgeglichenheit und die Lust am Genießen. Der feurige Anteil von *Pitta* bringt Begeisterung und Drang nach Aktivitäten und ist ein guter Ausgleich für die Schwere und Trägheit des *Kapha*.
Die negative Seite dieser Konstitution kann sich zeigen, wenn Jähzorn und Unduldsamkeit von *Pitta* und die Sturheit von *Kapha* zusammenkommen. Das kann sie zu sehr schwierigen Zeitgenossen machen.
Sie müssen im Sommer auf ihren *Pitta*-Anteil achten, daß er nicht überschießt und hierzu ihre kühlenden *Kapha*-Eigenschaften pflegen und stärken. Kühlend wirkt auch *Vata*-Nahrung
Im Winter besteht die Gefahr, daß die Schwere und Kälte des *Kapha*-Anteils überhand nimmt. Deshalb sind hier ausgleichend die *Pitta*-Anteile zu pflegen und zu stärken. Das bezieht sich auf die Lebensweise, wie auch auf die Ernährung. Die Geschmacksrichtungen von salzig und sauer sind möglichst zu reduzieren, da sie *Pitta* und *Kapha* erhöhen.

Mischtyp *Kapha/Vata*:
Äußerlich kann sich dieser Typ z. B. so zeigen, daß sich die Merkmale von *Vata* in zarten Gelenken und dünnen Haaren zeigen und daß sie durch den *Kapha*-Anteil Übergewicht haben.
Durch den *Kapha*-Anteil können sie ausdauernd, geduldig und genau arbeiten. Hier wirken die stabilen Elemente Erde und Wasser ausgleichend auf den instabilen Wind des *Vata*.
Der *Vata*-Anteil bringt ihnen aber auch Spontanität und gute Ideen und hilft gegen die Schwere und Trägheit von *Kapha*. Die Sensibilität von *Vata* mischt sich mit der Friedfertigkeit von *Kapha*.
Da *Kapha* und *Vata* vollkommene Gegensätze sind, haben wir eine vielseitige Persönlichkeit vor uns. In der einen Situation kann sie schnell reagieren, in der anderen braucht sie einige Zeit zum Überlegen, bis sie sich zu einer Entscheidung durchringt, bei der sie dann auch bleibt.
Dieser Konstitutionstyp muß besonders darauf achten, daß im Winter der *Kapha*-Anteil nicht zu hoch wird. Sehr leicht kann das zu Gewichtsproblemen und Antriebsschwäche führen. Es ist ein schwieriger Balanceakt, den Ausgleich von *Kapha* und *Vata* herbeizuführen. Sinkt nämlich der Anteil von *Kapha* zu stark, wird das *Vata* zu hoch. Dann kommt es zu den typischen *Vata*-Beschwerden und die Stabilität geht verloren sowie die Ausgeglichenheit und Ruhe von *Kapha*. Darauf muß dieser Typ besonders im Herbst, der *Vata*-Zeit, achten in bezug auf Lebensweise und Ernährung. Er muß generell alles Kalte meiden.
Er braucht einen hohen *Pitta*-Anteil in seiner Ernährung, da ihm die *Pitta*-Wärme und Dynamik fehlt. Aufenthalte am Meer und Wärme tun ihm besonders gut.

Mischtyp *Pitta/Vata*:
Bei diesem Typ haben wir eine Persönlichkeit vor uns, die die äußeren Merkmale von *Pitta*, z. B. Sommersprossen und Glatze sowie die Merkmale von *Vata*, also trockene Haut und sehnigen Körperbau zeigen kann.
Dieser Typ ist eine sehr dynamische und spontane Persönlichkeit. Sie bewegt sich schnell, geistig wie körperlich, neigt aber zu Ungeduld. Sie hat aber nicht die starke Dynamik von *Pitta*, sondern wird durch das Unstete des *Vata*-Anteils in der Ausdauer gebremst.

Die beiden Elemente von Feuer und Luft feuern einander gegenseitig an. Daher sind es Menschen mit aufschäumendem Temperament, die schwer zur Ruhe kommen.
Sie haben viele Ideen, die sie auch perfekt verwirklichen wollen. Sie setzen sich dadurch sehr unter Druck und durch ihren *Vata*-Anteil neigen sie zu nervlicher Anspannung und Nervosität. Große Gefahr besteht in der Verausgabung ihrer körperlichen Energiereserven, weil ihnen das stabilisierende Erd/Wasser-Element *Kapha* fehlt. Im Sommer müssen sie darauf achten, daß ihr *Pitta* nicht agitiert und gestört wird und im Herbst müssen sie danach trachten, daß ihr *Vata* nicht zu hoch wird.
Daher brauchen sie zum Ausgleich besonders Entspannung und Nahrung mit hohem *Kapha*-Anteil, das ihnen die nötige Stabilität gibt.

Mischtyp Sama-Dosha:
Hier sind die Anteile von *Kapha*, *Pitta* und *Vata* harmonisch im Gleichgewicht. Sie ergänzen und gleichen sich gegenseitig aus, sodaß dieser Mischtyp, wenn er im Einklang mit der Natur lebt, selten zu Störungen neigt. Dieser Mischtyp ist sehr sehr selten anzutreffen.

TRIGUNA – EIGENSCHAFTEN DES GEISTES

Neben den *Gunas*, welche die körperlichen oder **stofflichen Eigenschaften** beschreiben, gibt es noch eine Einteilung, mit der die **Eigenschaften des Geistes** beschrieben werden.
Da es sich hier um drei ganz spezielle Eigenschaften handelt, werden sie ***Trigunas*** (*tri* – drei) genannt. Im einzelnen heißen sie: ***SATTVA***, ***RAJAS*** und ***TAMAS***.

Sattva beschreibt den hellen, bewußten und spirituellen Geist, ***Rajas*** den aktiven, schöpferischen und leidenschaftlichen Geist, und mit ***Tamas*** meinen wir den trägen, desinteressierten und dumpfen Geist. Bei *Sattwa* gibt es 7 Unterordnungen, bei *Rajas* 6 und bei *Tamas* 3.
Wir sollten nicht den Fehler machen, die *Trigunas* – Eigenschaften des Geistes – mit den *Doshas* in Beziehung zu setzen, auch wenn wir des öfteren bei *Pitta*-Konstitutionen einen rajasischen Geist vorfinden, aber bei *Kapha* und *Vata* würde es meist zu Fehleinschätzungen führen!

Sattva: Ein Mensch mit sattvischem Geist ist erwacht, spirituell/religiös mit freudigen, lichten und edlen Gedanken. Er liebt die Meditation, das Gebet und die Gemeinschaft von spirituellen Menschen. Er beschäftigt sich mit „Genüssen", die im Einklang mit der menschlich/seelischen Entwicklung stehen und diese fördern, oder er neigt zu Askese und Loslösung von materiellen Anhaftungen. Er ist ausgeglichen, ruhig und von heiterer Fröhlichkeit bzw. Gelassenheit. Er ist genügsam, zufrieden und sieht Dinge, die ihm zukommen, als Geschenk Gottes an. Er beneidet niemanden, und wenn ihm Übles widerfährt, so verzeiht er schnell und ist nicht nachtragend. Das kann so weit gehen, daß er die böse Absicht nicht einmal erkennt.
Er lebt nach dem Ahimsa-Ideal (Gewaltlosigkeit). Er sagt und denkt immer die Wahrheit und lügt nie. Er achtet auf geistige und körperliche Reinheit. Er ist freundlich und hilfsbereit zu Untergebenen und respektvoll zu Höherstehenden. Liebe und Weisheit leiten seine Handlungen. Er hat ein hohes ethisches Ideal.

Rajas: Ein Mensch mit rajasischem Geist ist aktiv, arbeitssam und geschäftstüchtig. Er strebt stets nach Erfolg und Anerkennung, wobei ihm die Mittel und Wege relativ egal sind. Er ist kämpferisch, überaus ehrgeizig und hat ein hohes Durchsetzungsvermögen. Er ist leidenschaftlich, strebt nach Sinnesbefriedigung und ist meist ruhelos in seinem Tatendrang. Er ist zielstrebig mit hoher Ausdauer, jedoch oft sehr verbissen. Er ist materiell orientiert, seine Interessen sind selten spirituell/religiös ausgerichtet. Er hat ein gewisses Gerechtigkeitsempfinden. Er wird diejenigen, die ihm loyal und demütig untergeben sind, immer beschützen. Bei Widerstand und Auflehnung wird er jedoch schnell aggressiv und zornig. Auch sonst ist er leicht aus der inneren Balance zu bringen. Er verzeiht schwer und haßt lange. Er liebt die Gemeinschaft von erfolgreichen Menschen und sieht geringschätzig auf Schwächere herab.

Tamas: Ein Mensch mit tamasischem Geist ist träge, faul und nicht an Wissen und Bildung interessiert. Er haßt Verantwortung und verdrängt gerne. Er flüchtet sich in übermäßigen Schlaf und jegliche Art von geistiger Betäubung wie Alkohol und Drogen etc. Er nimmt nur ungern Ratschläge und Belehrungen an, besitzt keinen Ehrgeiz und will meist in Ruhe gelassen werden. Er ist unsauber in seinen körperlichen und geistigen Gewohnheiten. Er ist oft überheblich, zynisch, selbstherrlich und hat oft eine (selbst)-zerstörerische Lebenshaltung. Er neigt zu Atheismus oder Geisterglaube, wie Spiritismus oder gar Satanismus. Er erträgt nur die Gemeinschaft seinesgleichen, und oft ist er ein Einzelgänger.

Genau wie bei der *Prakriti* der *Doshas* finden wir auch bei den *Trigunas* Mischtypen.
Obwohl wir festgestellt haben, daß wir keine Beziehung zwischen *Trigunas* und *Doshas* herstellen können, so ist doch wichtig zu wissen, daß die *Trigunas*, die Eigenschaften des Geistes, Einfluß auf unsere körperliche Verfassung nehmen können (Geist herrscht über Materie).
Der geistige Zustand ist jedoch nicht fixiert, sondern jederzeit durch geeignetes Interesse, geistiges Training, richtigen Umgang bzw. Gesellschaft, richtige geistige und körperliche Nahrung etc. veränderbar. Im Ayurveda wird die Kultivierung von sattvischer Lebensweise und sattvischer Geisteshaltung empfohlen und angestrebt.

KALA – DIE ZEIT – UND IHR EINFLUSS AUF UNSER LEBEN

Die Zeit spielt in der ayurvedischen Gesundheitslehre eine wichtige Rolle. So haben bestimmte **Tages-, Jahres- und Lebenszeiten** eine spezielle Wirkung auf die *Doshas*. Das heißt, in diesen Zeiten verspüren wir die stärkste Auswirkung auf die ***Doshas* und die Konstitutionen.**

TAGESZEIT

Kapha ist am stärksten wirksam in der Dämmerung, so daß man 6 Uhr bis 10 Uhr bzw. 18 Uhr bis 22 Uhr als *Kapha*-Zeit bezeichnet. Dies ist die Zeit der größten Ruhe und Ausgeglichenheit (günstig zum Meditieren).
Pitta ist am stärksten wirksam mittags und zu Mitternacht, so daß man 10 Uhr bis 14 Uhr und 22 Uhr bis 2 Uhr früh als *Pitta*-Zeit bezeichnet. Dies ist die Zeit, in der das Temperament und Aktivitäten angefacht werden (Stoffwechsel, Verdauung).
Vata ist am stärksten wirksam von 14 Uhr bis 18 Uhr und 2 Uhr bis 6 Uhr früh und diese Zeit nennen wir *Vata*-Zeit. Das ist die Zeit, in der wir den größten Bewegungsdrang verspüren und am kreativsten und schöpferischsten sind. Die Zeit nächtlicher Ausscheidung ist meist zwischen 2 – 4 Uhr.

JAHRESZEIT

Der **Frühling** gilt als eine Übergangszeit mit gemischtem Einfluß von ***Kapha*** und ***Pitta***.
Der **Sommer** mit seiner meist trockenen Hitze gilt als die eigentliche ***Pitta-Zeit***.
Der **Herbst** mit seinen feuchten und kalten Winden und Stürmen ist die ***Vata-Zeit***, und der **Winter** mit Schnee, Nässe und Kälte gilt als ***Kapha-Zeit***.
Im Kapitel „Die Lebensweise nach den Jahreszeiten" in meinem „Ayurveda Lebensbuch" gehe ich darauf ausführlich ein.

LEBENSZEIT

Die Kindheit bis zur Pubertät gilt als ***Kapha-Zeit***. Hier wächst der Mensch heran und baut sich die Stabilität für das ganze Leben auf. Da die Kindheit die Zeit der intensivsten Prägung ist, sollten Eltern besonders auf Harmonie, Zuwendung und Ehrlichkeit achten. Die Zeitspanne bis ca. 25 Jahre sind Übergangsjahre mit meist gleichmäßigem Einfluß von *Kapha* und *Pitta*.
Danach tritt der Mensch in die ***Pitta-Phase*** ein, welche die aktivste, kraftvollste und hoffentlich erfolgreichste Zeit des Lebens darstellt. In dieser Phase ist es wichtig, auf unsere Energie zu achten und keinen Raubbau mit dem Körper zu betreiben. Hier hilft Yoga, Qi Gong, Entspannung etc.
Ab ca. 50 Jahren beginnen *Kapha* und *Pitta* zu schwinden, und der Mensch geht in die ***Vata-Phase***. Sie gilt als die Zeit des körperlichen Abbaues und der Reduzierung, z. B. Nachlassen der Sinne, Verlust der Elastizität der Haut und der Knochen.
Spätestens jetzt sollten wir mit *Rasayana*, d.h. mit Aufbau- und Regenerationstherapie beginnen, z.B. mit spezieller Aufbaunahrung, Ölkuren, Meditation etc.

BEISPIELE ZU DEN LEBENSPHASEN

Wir haben nun einen Überblick über die ***Doshas***, ihre Eigenschaften – die ***Gunas***, die **Konstitutionstypen** und die verschiedenen **Zeitqualitäten** gewonnen.
Wenn wir **alle Faktoren** (Konstitution, Jahres- und Lebenszeiten, Nahrung, persönliches Verhalten, Klima, Umfeld) berücksichtigen, können wir somit jederzeit **ausgleichend** auf unseren Körper, unsere Konstitution einwirken und **Krankheiten schon von vornherein verhindern**.

Ich möchte einige **Beispiele** aufzeigen, wie das geschehen kann:

a) Ein **Kind** befindet sich in der ***Kapha-Phase*** seines Lebens. Hat es zusätzlich eine *Kapha*-Konstitution, wird es besonders häufig unter *Kapha*-Krankheiten, z.B. Schnupfen, Verschleimungen leiden. Erhitzende Getränke helfen hier (austrocknende Wirkung). Als Ausgleich wird es viel Bewegung an der Sonne und Ferien am Meer

brauchen (*Vata-* und *Pitta*). Allerdings werden sich diese *Kapha*-Beschwerden beim Eintritt in die *Pitta*-Phase meistens bedeutend verbessern.
Wenn wir bei den Kindern nicht darauf achten, daß sie sich in dieser Zeit die nötige Stabilität (*Kapha*) für das ganze Leben aufbauen, werden sie spätestens als Erwachsener beim Eintritt in die *Vata*-Phase mit ernsten, gesundheitlichen Problemen rechnen müssen. Das gilt besonders für schmächtige, zappelige *Vata*-Kinder, die aufbauende *Kapha*-Nahrung und Harmonie brauchen.

b) Ein 30-jähriger ***Pitta-Typ*** steht in der ***Pitta-Phase*** seines Lebens und wird im Sommer, in der *Pitta*-Zeit, viel stärker unter der Hitze leiden als ein anderer. Er wird mehr zu Entzündungen bzw. ungezügeltem Temperament neigen. Als Ausgleich wären *Kapha* und *Vata* in der Nahrung und ein Urlaub im Gebirge in frischer Luft zu empfehlen (kühlend). Für ihn wären beruhigende *Kapha*-Aktivitäten (Meditation und Entspannung) empfehlenswert.

c) ***Vata-Typen***, besonders ältere Leute, die sich sowieso in der ***Vata-Phase*** ihres Lebens befinden, brauchen aufbauende *Kapha*-Nahrung, erhitzende *Pitta*-Nahrung, viel Hautpflege mit Ölen (*Kapha*) gegen das Austrocknen und als Ausgleich einen Aufenthalt an einem See in der Sonne (*Kapha* und *Pitta*). Alle stabilisierenden, aufbauenden und wärmenden Aktivitäten sind für ihn empfehlenswert. Dazu eignet sich hervorragend eine Ayurveda-Kur mit ihren wohltuenden Ölmassagen.
Anhand dieser Beispiele kann man die verschiedenen **ausgleichenden Wechselwirkungen** der *Doshas*, der Nahrung, der Umgebung usw. auf die eigene Konstitution erkennen. Wenn man für diese Prinzipien Verständnis erwirbt, **dienen sie gleichsam als Schlüssel zur Gesundheit!**

DHATUS – DIE GEWEBE DES MENSCHLICHEN KÖRPERS

Der Körper besteht aus ***7 Dhatus***. Damit bezeichnen wir die **Körpergewebe**. Die Nebenprodukte der einzelnen Gewebe werden ***Upadhatus*** genannt.

Die ***Malas*** könnte man als „Abfallprodukte" des Körpers bezeichnen. Hierbei unterscheidet man zwischen externen und internen Malas.
Die **externen Malas** sind Abfallstoffe, die bei der Verdauung entstehen und unbedingt ausgeschieden werden müssen. Es handelt sich hierbei um Stuhl und Urin. Werden sie nicht vollständig ausgeschieden, so führt dies zu einer Erkrankung des Körpers.
Die **internen Malas** sind Abfallprodukte, die in den Geweben entstehen, die jedoch für den Körper teilweise nützlich sind und gebraucht werden. Werden sie nicht ganz verbraucht oder wird zu viel produziert, müssen wir für eine restlose Ausscheidung sorgen, um Krankheiten vorzubeugen.
Ich möchte dafür ein Beispiel geben: *Kapha* ist das Mala, das Abfallprodukt von *Rasa-Dhatu* (Plasma, Lymphe, Serum etc.). Als *Kapha-Dosha* (Bioenergie) ist es ein wichtiger Faktor für das gesunde Funktionieren des Körpers, da es für Aufbau, Stabilität und Zusammenhalt sorgt.
Wird jedoch zuviel *Kapha* gebildet oder wird *Kapha* nicht genügend abgebaut oder ausgeschieden, so schwillt das *Kapha-Dosha* an, was zu Erkrankungen, wie Verschleimung oder Schwellung führt. Da *Kapha* von *Rasa-Dhatu* gebildet wird, steht es auch mit dem Wasserhaushalt des Körpers in Verbindung.

Die Ausscheidung eines **internen *Malas*** ist für die reibungslose Funktion des Körpers enorm wichtig, nämlich des **Schweißes**. Der Schweiß ist das Mala des Fettgewebes. Da dieses Gewebe unter anderem die Aufgabe hat, im Körper anfallende Schlackenstoffe und das *Ama* zu speichern, können wir ermessen, wie wichtig die restlose Ausscheidung des Schweißes ist.

Deshalb ist auch das Schwitzen eines der **wichtigsten** Bestandteile von *Purva Karma*, den vorbereitenden Maßnahmen einer *Pancha Karma*-Kur. Diese sind im 2. Kapitel beschrieben.
Die Körpergewebe - ***Dhatus*** bauen nicht nur den Körper auf, sondern haben auch jeweils eine bestimmte **Aufgabe zu seiner Erhaltung.**
Auch hierfür ein Beispiel: Die Aufgabe von *Rakta-Dhatu* (Blut) ist die Sauerstoffversorgung des Körpers. Wenn wir bei einem Unfall oder einer Verletzung viel Blut verlieren, so verliert der Körper dabei auch Sauerstoff und *Prana* (Lebensenergie); und die Zellen werden nicht mehr ausreichend versorgt. Deshalb wird im Falle der Verletzung der behandelnde Arzt auch immer als **erstes** bemüht sein, die Blutung zu stillen, bevor er sich um weitere Verletzungen kümmert. Im Notfall müssen wir sogar mit Blutkonserven wieder für einen Ausgleich des Blutverlustes sorgen.

In einigen Ayurveda-Büchern wird noch ein 8. *Dhatu* erwähnt. Es handelt sich hierbei um ***Ahara-Rasa.*** Damit ist der „Saft" der Nahrung gemeint, der nach der Verdauung von der Darmwand aufgenommen und dem Blut zugeführt wird.

Ich werde nun kurz die einzelnen Dhatus beschreiben:

1. Rasa-Dhatu wird im allgemeinen als erstes Gewebe genannt. Wir würden dazu **Blutplasma**, **Serum** und **Lymphe** sagen, aber auch Gewebeflüssigkeit zählt zu ***Rasa-Dhatu*** Die Aufgabe im Körper ist die von *Prinana*, was so viel wie **Ernährung** bedeutet.
Die *Upadhatus* sind Muttermilch und Menstruationsflüssigkeit. Das *Mala*/Abfallprodukt ist *Kapha.*

2. Rakta-Dhatu: Damit bezeichnen wir die **Blutzellen und –körperchen.** Die Aufgabe ist *Jivanam*, was soviel wie Belebung heißt und die **Sauerstoffversorgung** des Körpers bedeutet.
Die *Upadhatus* sind die Blutgefäße, Arterien und Venen. Das *Mala* ist *Pitta.*
3. Mamsa-Dhatu: Es ist das **Muskelgewebe** und hat die Aufgabe von *Lepana*, was **Auskleidung** oder Bedeckung bedeutet. Die Muskeln bedecken unser Skelett und geben ihm Halt und Festigkeit. Muskeln formen unser äußeres Erscheinungsbild und geben uns Kraft.
Die *Upadhatus* sind die Haut, Sehnen und die Bänder der Gelenke. Die *Malas* sind Absonderungen in die äußeren Hohlräume, z.B. Ohrenschmalz.

4. Meda-Dhatu ist das **Fettgewebe.** Es hat die Aufgabe von *Snehana*, was „Zuneigung" aber auch „**Schmierung**" bedeutet. Das Fettgewebe polstert den Körper und macht ihn weich. Es polstert und „schmiert" die Nervenleitbahnen. Fettgewebe speichert viel Energie und gibt uns das Gefühl „umsorgt" zu sein! Fehlt dieses Gefühl, legen sich viele Menschen einen „Fettpanzer" zu!
Das *Upadhatu* ist das „Bauchfell" unter der Bauchdecke und das *Mala* ist der Schweiß.

5. Asthi-Dhatu ist das **Knochengewebe.** Es hat die Aufgabe von Dharana, was „**unterstützen**" heißt. Es gibt dem Körper Halt, Stütze und Stabilität. Ein gutes „Stehvermögen" hängt auch von gesunder Knochenstruktur ab („ein starkes Rückgrat haben").
Das *Upadhatu* sind die Zähne und die *Malas* sind Fuß- und Fingernägel sowie die Haare.

6. Majja-Dhatu ist das **Nervengewebe und das Knochenmark.** Es hat die Aufgabe von *Purana*, was „**Ausfüllen**" heißt. Wir unterscheiden a) das Nervengewebe, das den Wirbelkanal, die Nervenkanäle und den Schädel (Gehirn) füllt und b) das Knochenmark, das Hohlräume in den Knochen füllt. Hier werden auch die roten Blutkörperchen gebildet. *Majja-Dhatu* sorgt auch für die Gelenksflüssigkeit, Schmierung im Darm und im Auge.
Die *Upadhatus* sind Kammerwasser des Auges und Gelenksschmiere. Die *Malas* sind die Tränenflüssigkeit und der „Tränengrieß".

*7. **Shukra-Dhatu*** ist das **Reproduktionsgewebe.** Seine Aufgabe ist die von *Garbhotpadana*, was „**Hervorbringen von Leben**" heißt. Eigentlich bedeutet *Shukra* nur den männlichen Samen, es ist aber auch das weibliche Reproduktionsgewebe gemeint und heißt hier „*Arthav*" und bezeichnet die Eiproduktion in den Eierstöcken. Auch alle Flüssigkeiten, welche die Fortpflanzung ermöglichen, zählen zum Reproduktionsgewebe.
Die *Malas* von *Shukra-Dhatu* sind Aussonderungen der Fortpflanzungsorgane.
Das *Upadhatu* oder eigentlich die **Essenz** des Fortpflanzungsgewebes wird ***Ojas*** genannt, was soviel wie „die Lebenskraft" bedeutet.
Ojas ist keine körperliche Substanz, sondern feinstofflich und bewirkt die persönliche Ausstrahlung, die uns anziehend und attraktiv macht. Es ist die Schönheit von innen.
Wie gesagt, *Ojas* bedeutet „Lebenskraft" und ist enorm wichtig für unser Leben, da es unser **Immumsystem nährt und unterstützt** und die **Selbstheilungskräfte fördert**. Eine bevorzugte Heilpflanze, um *Ojas* zu stärken, ist die Heilpflanze *Ashwagandha.*
Ojas hat seinen Hauptsitz im Herzchakra (Thymusdrüse)! Es gibt uns auch das Selbstwertgefühl und läßt uns zuversichtlich auf das Leben schauen. Es gibt uns Entschlossenheit, Unverzagtheit und Widerstandskraft.
Deshalb ist es besonders wichtig, daß wir mit unseren Fortpflanzungsenergien und seinem Gewebe sehr achtsam umgehen und nicht leichtfertig unsere Lebenskraft verschwenden durch ungezügelte Lebensweise. So erhalten wir uns Jugendlichkeit und Gesundheit.

BILDUNG DER DHATUS

Um das Zusammenspiel der Dhatus genau zu verstehen, ist es wichtig zu wissen, in welchem Zeitraum sie aufgebaut und erneuert werden. In der *Caraka-Samhita* wird beschrieben, wie lange es dauert, bis sich aus einem Gewebe das nachfolgende Gewebe gebildet hat.
So dauert es 1 Tag, bis sich aus der Nahrung, die wir zu uns nehmen, *Rasa-Dhatu* gebildet hat. Aus *Rasa* wird in 2 Tagen *Rakta-Dhatu*, aus Rakta wird in 3 Tagen *Mamsa-Dhatu*, aus Mamsa wird in 4 Tagen *Meda-Dhatu*, aus *Meda* wird in 5 Tagen *Asthi-Dhatu*, aus *Asthi* wird in 6 Tagen *Majja-Dhatu* und aus diesem in 7 Tagen *Shukra-Dhatu.*
In der *Sushruta-Samhita* finden wir die Beschreibung, wie lange es dauert, bis der Körper aus der Nahrung ein Gewebe gebildet hat. So dauert es:

1 Tag, um aus der Nahrung *Rasa-Dhatu* zu bilden,
5 Tage, um aus Nahrung R*akta-Dhatu*/Blut zu bilden,
10 Tage, um aus Nahrung *Mamsa-Dhatu*/Muskelgewebe zu bilden,
15 Tage, um aus Nahrung *Meda-Dhatu*/Fettgewebe zu bilden,
20 Tage, um aus Nahrung *Asthi-Dhatu*/Knochengewebe zu bilden,
25 Tage, um aus Nahrung *Majja-Dhatu*/Knochenmark und Nervengewebe zu bilden,
30 Tage, um aus Nahrung *Shukra-Dhatu*/Fortpflanzungsgewebe zu bilden.

Dies ist sehr wichtig, da uns genaue Zeiten für **Heilungsprozesse bei Gewebedefekten** zur Verfügung stehen. So wissen wir, daß es 10 Tage dauert, bis der Körper das Muskelgewebe erneuert hat und können z. B. bei Fleischwunden eine exakte Prognose geben. Bei Knochenbrüchen wird es ca. 3 Wochen dauern, bis sich das Knochengewebe erneuert hat und der Bruch verheilt ist.
Die Angaben aus der *Sushruta-Samhita* decken sich übrigens erstaunlich genau mit den Heilungsprognosen der heutigen Schulmedizin.

MARMAS - VITALPUNKTE

Sowohl Caraka als auch Sushruta beschreiben in ihren *Samhitas* 107 *Marma*-Punkte. Diese Vitalpunkte sind in etwa vergleichbar mit den Akupunktur-Punkten der chinesischen Medizin. Wir finden diese Marma-Punkte in den verschiedenen Geweben und sie werden auch danach benannt.
So finden wir 11 Muskelmarmas, 41 Blutgefäßmarmas, 27 Bänder- bzw. Sehnenmarmas, 20 Gelenksmarmas und 8 Knochenmarmas. Einige haben eine besondere Beziehung zu Energiezentren oder -bahnen, wie etwa die 7 Marma-Punkte auf den *Chakren.*

In der **Chirurgie** und bei den **Kampftechniken** war die Kenntnis der Marma-Punkte von besonderer Bedeutung. Da z.B. die Verletzung von 9 Marmapunkten den sofortigen Tod hervorrufen und die Verletzung einiger Marmas schwerwiegende Behinderungen verursachen, muß bei den Operationstechniken die Lage der Marma-Punkte besonders bedacht werden.
Bei den Kriegs- und Kampftechniken war das Wissen um die Marma-Punkte deshalb so wichtig, da sie die effizientesten Angriffsziele waren, um seinen Gegner auszuschalten.
Deshalb galt es, sich an diesen Punkten besonders zu schützen. Die südindischen Kalari-Meister und die chinesischen Shaolin-Mönche, deren großartigen Kampfkünste und Fähigkeiten man heute bewundern kann, kennen diese Marma-Punkte und schützen diese energetisch mittels ihrer geistigen Fähigkeiten und durch Konzentration, so daß sie unverletzbar sind, selbst bei den schwersten und gefährlichsten Übungen.

Auch in der indischen Wissenschaft des gesunden Wohnens ***Vastu*** oder ***Vasati*** werden bestimmte Marmas oder Vitalpunkte im Grundrißplan der Wohnung, des Hauses und des Grundstückes berücksichtigt.

Für den Ayurveda-Therapeuten sind die Marmas wichtig, um einerseits bei den Massage-Techniken Vorsicht walten zu lassen, andererseits ist es von Vorteil, bestimmte stimulierende Punkte in die Massage mit einzubeziehen. Bei **genauer** Kenntnis der Marmas kann auch eine sehr wirksame spezielle Marma-Massage durchgeführt werden, um bestimmte Bereiche des Körpers, z.B. Organe, Nervenzentren etc. gezielt zu behandeln. Diese **Marma-Therapie** (*Marma-Chikiza*) erfordert ein spezielles Studium.
Bei den **Ölmassagen** werden die meisten Marmapunkte durch die langen Massagestriche am ganzen Körper berührt und stimuliert. Bei den sanften Massagen am Kopf- und Stirnbereich werden wichtige Marmapunkte berührt, was zu tiefgreifender Beruhigung bei nervlicher Anspannung und zu Linderung von *Vata*-Problemen führt.

SHROTAS UND NADIS - KÖRPERKANÄLE UND ENERGIEBAHNEN

Unser Körper wird von einem System von Kanälen durchzogen, die *Shrotas* genannt werden. Das Wort Shrota bedeutet soviel wie „durchströmen". Immer dort, wo etwas strömt oder etwas transportiert wird, sprechen wir von Shrotas.
Alle unsere Zellen schwimmen z.B. in der Interzellularflüssigkeit und beziehen ihre Nahrung, Energie und Informationen von dort. Dies stellt die weitläufigste Form von *Shrota* dar.
In der ayurvedischen Medizin werden ***13 Shrotas*** beschrieben.

Als erstes gibt es 3 Versorgungskanäle:
1. ***Prana Vaha Shrota*: Der Atemkanal**, der alle Bereiche umfaßt, die zur Atmung und Sauerstoffversorgung sowie der Entsorgung von Atemschlacken dienen.
2. ***Anna Vaha Shrota*: Der Verdauungskanal.** Darunter verstehen wir im Ayurveda alle Bereiche, in denen Nahrung zerlegt und aufgenommen wird, also Mund, Schlund, Magen und die Därme.
3. ***Ambu Vaha Shrota:*** Hierbei handelt es sich um ein System von Kanälen, durch die das Wasser durch den Körper geleitet wird. Im weiteren Sinn ist hier auch die Interzellularflüssigkeit gemeint.

Als nächstes gibt es 3 Entsorgungskanäle:
1. ***Sveda Vaha Shrota*: Der Ausscheidungskanal für den Schweiß.** Hierbei handelt es sich um die Verbindung vom Fettgewebe zur Haut und die Schweißdrüsen.
2. ***Purisha Vaha Shrota*: Der Ausscheidungskanal für den Stuhl.** Es handelt sich hierbei um den Dickdarm, Mastdarm und Enddarm.
3. ***Mutra Vaha Shrota*:** Es handelt sich hierbei um den **Ausscheidungskanal für den Urin**, also Harnleiter und Blase. Zu einem Teil wird auch die Niere dazu gerechnet.

Desweiteren gibt es 7 Shrotas, die mit der Ver- und Entsorgung der Gewebe in Zusammenhang stehen. Sie werden nach den jeweiligen Namen der *Dhatus* bzw. Gewebe benannt. *Rasa Vaha Shrota* für das *Rasa Dhatu*, *Rakta Vaha Shrota* für das *Rakta Dhatu* (Blutkanäle) etc..

Das einwandfreie Funktionieren der *Shrota*-Systeme ist sehr wichtig für die Gesundheit. Die bedeutendsten Störungen in den Shrotas sind die Blockaden. Sie führen sowohl zu Stauungen als auch zum Leerfließen der Kanäle. Auch ein zu starker oder zu schwacher Fluß in den Shrotas führt zu körperlichen Beeinträchtigungen.

Nadis sind **feinstoffliche Energiebahnen**, durch die das *Prana* oder die feinstoffliche Lebensenergie fließt. Durch sie werden alle Bereiche des Körpers mit Energie versorgt. Dieses System entspricht dem der Meridiane in der chinesischen Medizin. Alte Yogaschriften sprechen von etwa 72.000 Nadis, die den Körper durchziehen.
Drei davon sind jedoch besonders erwähnenswert:

1. ***Ida*** oder ***Chandra Nadi*** beginnt am linken Nasenloch, und seine Energie kühlt und beruhigt den Körper. *Ida Nadi* entspricht in etwa dem Parasympathikus des vegetativen Nervensystems.
2. ***Pingala*** oder ***Surya Nadi*** beginnt am rechten Nasenloch und seine Energie erwärmt und aktiviert den Körper. *Pingala* entspricht in etwa dem Sympathikus des vegetativen Nervensystems.

3. ***Sushumna Nadi*** entspricht dem Wirbelkanal der Wirbelsäule und stellt die energetische Verbindung zwischen den feinstofflichen **Energiezentren**, den **Chakren**, dar. Jedes dieser 7 Chakren versorgt einen bestimmten Körperbereich mit Lebensenergie. Außerdem ist ihr einwandfreies Funktionieren auch verantwortlich für die Entwicklung bestimmter Bewußtseinsstufen.

DIE VERDAUUNG

Unter ***Agni*** verstehen wir den Aspekt von *Pitta*, der die nötige Energie für unsere Verdauung, Stoffwechsel und Zellstoffwechsel liefert. Es wird auch als das „**Verdauungsfeuer**" bezeichnet.
Das Konzept von Agni oder dem Verdauungsfeuer ist einzigartig in der ayurvedischen Medizin. Agni ist das Prinzip jeglicher Verdauung oder der Umwandlung bzw. des Stoffwechsels, der zu unserem Leben beiträgt.

Es gibt drei verschiedene Arten von Agni im Körper:
1. ***Jataragni*** ist die Hauptkraft der Verdauung. Es befindet sich im Magen und Zwölffingerdarm und umfaßt die Magensäure und Fermente, Enzyme und Sekrete der Drüsen, die unsere Verdauung unterstützen, wie etwa Bauchspeicheldrüse und Leber.

2. ***Dhavtagni*** ist die Verdauungs- und Stoffwechselkraft, die hilft, daß die Dhatus oder Gewebe die ihnen zugeführte Nahrung aufspalten und aufnehmen bzw. einbauen können. Die Dhatvagni sind also für Ernährung, Aufbau sowie Abbau der Gewebe verantwortlich.

3. ***Bhutagni***: Gemeint sind hier die Verdauungs- bzw. Stoffwechselkräfte, die dafür sorgen, daß die Elemente (Mahabhutas), aus denen die gesamte Schöpfung aufgebaut ist, bei der Verdauung aus der Nahrung gelöst und im Körper an richtiger Stelle und auf gesunde Art und Weise aufgenommen und eingebaut werden können. Der Hauptsitz ist in der Leber, und die Elemente werden von hier aus direkt in die Gewebe geleitet.

Die Verdauung läuft in 3 Stufen ab:
1. ***Madhura-Paka*** ist die Verdauung, die hauptsächlich im **Mund** und teilweise im **Magen** stattfindet. Hier werden die Kohlehydrate zerlegt und in Zucker umgewandelt. Heute gilt es als erwiesen, daß Kohlehydrate nur verdaut und absorbiert werden können, wenn sie gut gekaut und durchspeichelt werden. Im Speichel spielt hier vor allem das Ptyalin eine Rolle. Hier werden vor allem die Elemente Erde und Wasser verdaut, was eine *Kapha*-vermehrende Wirkung hat. *Kapha*-Probleme resultieren aus einer mangelhaften Verdauung in diesem Bereich.

2. ***Amla-Paka*** ist die Verdauung, die hauptsächlich im **Magen** und teilweise im Zwölffingerdarm stattfindet. Hier werden von der Magensäure und einigen Enzymen die Eiweißstoffe gespalten und in die Eiweißgrundbausteine – die Aminosäuren – zerlegt.

3. ***Katu-Paka*** ist die Verdauung, die hauptsächlich im **Zwölffingerdarm** und **Dünndarm** stattfindet. Hier werden durch die Sekrete von Leber und Bauchspeicheldrüse die Fette und der Zucker zur Absorption aufbereitet. Im Magen und vor allem im Zwölffingerdarm wird das Element Feuer aus der Nahrung verdaut, was eine *Pitta*-vermehrende Wirkung hat. *Pitta*-Probleme resultieren aus einer mangelhaften Verdauung in diesem Bereich.
Im **Dünndarm** wird die vorverdaute Nahrung durch Enzyme und Darmbakterien zu Ahara-Rasa – zur Essenz der verdauten Nahrung – aufbereitet, die direkt von der Darmwand und den Darmzotten absorbiert und dem Blut zugeführt wird. Durch Ahara-Rasa werden die Dhatus – die Körpergewebe – genährt und aufgebaut.
Im **Dickdarm** wird jetzt die restliche Flüssigkeit aufgenommen und der unverdauliche Rest als Kot eingedickt. Im Dünn- und vor allem im Dickdarm werden die Elemente Luft und Äther aus der Nahrung verdaut und aufgenommen, was zu einer Vermehrung von *Vata* führt. Die meisten *Vata*-Probleme resultieren aus einer mangelhaften Verdauung in diesem Bereich.

AMA – VERDAUUNGSSCHLACKEN

Bei uns sagt man: „Du bist, was Du isst". Im Ayurveda wird jedoch mehr Wert darauf gelegt, was man verdaut. Wenn das ***Agni, das Verdauungsfeuer stark*** ist, wenn die Menge der gegessenen Nahrung mit unserem „Fassungsvermögen" übereinstimmt, wenn die Nahrung unserer Natur – dem Konstitutionstypus – entspricht und wenn wir in der richtigen Stimmung und mit Hunger essen, so sollte es keine Verdauungsprobleme geben. Stimmen einer oder mehrere dieser Faktoren nicht, so wird die Nahrung nicht vollständig verdaut. Diese nicht verdaute Nahrung kann natürlich nicht vom Körper aufgenommen und in gesundes Gewebe umgewandelt werden. Es bilden sich also Verdauungs- oder Stoffwechselschlacken! Und diese unvollständig verdauten Substanzen bzw. Schlacken werden in der Ayurveda ***Ama*** genannt.

Ama hat eine Substanz wie zäher Schleim und ähnelt in seiner Eigenschaft dem gestörten *Kapha-Dosha. Ama* gelangt nun mit dem Stoffwechsel in die Dhatus, Gewebe und verstopft diese. Das führt aber auch dazu, daß *Ama* die ***Shrotas***, – die **Körperkanäle** – sowie die ***Nadis*** – die **Energiekanäle** – verstopft und blockiert.
Wenn das Ama *nicht* aus dem Körper eliminiert wird, setzt es sich immer tiefer in den Geweben fest und wird dazu auch noch immer zäher und fester. Dadurch wird es natürlich immer schwerer, das *Ama* aus dem Körper zu eliminieren.

Es ist daher wichtig, **rechtzeitig** das Entstehen von *Ama* zu bemerken und darauf zu reagieren, d.h. es **auszuscheiden!** Geeignete Maßnahmen dazu sind in den Kapiteln 2 und 3 über die Ayurveda Kur in einer Klinik, einem Kurhotel oder bei sich zu Hause, beschrieben. Bei Vorhandensein von Ama dürfen keine Ölmassagen durchgeführt werden.

Falls Sie an weiteren Informationen über die ayurvedische Ernährungslehre Interesse haben, so verweise ich auf die entsprechenden Kapitel in meinem ersten Buch – „Das Ayurveda Lebensbuch".

DIE ENTSTEHUNG VON KRANKHEITEN

Ich möchte jetzt auf die Entstehung von körperlicher Disharmonie oder Krankheiten aus ayurvedischer Sicht eingehen.
Eine Krankheit oder eine Störung eines *Doshas* vollzieht sich in **sechs Schritten** und es geht dabei von der einfachen Störung bis zur chronischen Krankheit.
Zur Beurteilung, in welchem Stadium sich eine Störung befindet, ist die genaue Kenntnis der natürlichen Sitze der *Doshas*, und zwar sowohl der Hauptsitze als auch der Nebensitze wichtig.
Es ist ein Unterschied, ob sich etwa eine Entzündung im Auge (Nebensitz des *Pitta-Doshas*, also zweites Stadium) oder im Kniegelenk befindet.
Im Kniegelenk hat *Pitta* natürlicherweise nichts zu suchen, also hat hier das *Pitta-Dosha* seinen Sitz verlassen und sich in einer Schwachstelle des Körpers „niedergelassen", also viertes Stadium. Eine Entzündung im zweiten Stadium ist natürlich leichter zu heilen als im vierten Stadium.
Die **erste** Stufe wird ***Chayavastha*** oder ***Sanchaya*** genannt und es handelt sich um eine **einfache Störung.** Hierunter versteht man die Störung einzelner *Doshas* und des harmonischen Gleichgewichts der *Doshas* im Körper. Dies geschieht entweder durch klimatische Änderungen oder durch verschiedenstes Fehlverhalten im täglichen Leben.

Für die ayurvedische Medizin zählt das mentale, geistige und seelische Gleichgewicht zu den wichtigsten Faktoren für Gesundheit. Unbewältigter Streß, Aufregung und aufgewühlte Gefühle, unterdrückte Emotionen, Sorgen um die Zukunft, übertriebene Bedürfnisse und Anforderungen an das Leben sowie krankhafter Ehrgeiz können unser mentales, geistiges und seelisches Gleichgewicht aus der Balance bringen. Dies wiederum hat Auswirkungen auf das Gleichgewicht und die Harmonie der *Doshas* im Körper.

Auch ein zu schwaches *Agni* (Verdauungskraft), falsche Ernährung (gemäß der Konstitution oder Jahreszeit), Belastung durch *Ama* (Verdauungsgifte) und das Nichtbeachten der Essensregeln und Essenszeiten, können zu einer Störung der *Doshas* führen.
Ebenso können ungünstige klimatische Bedingungen zu einer Beeinflussung und Störung der *Doshas* führen, wenn wir nicht rechtzeitig unser Leben darauf einstellen und für Ausgleich sorgen (*Rituacharya*).

Es gibt bestimmte Anzeichen, die uns eine Störung auf der **ersten** Stufe anzeigen:
Eine einfache Störung des ***Vata-Doshas*** zeigt sich z.B. durch Blähungen und Spannungsgefühl im Bauchraum mit leichter Verstopfung. Auch trockene Haut, brüchige Fingernägel und Haare sind Anzeichen einer einfachen Störung.
Eine einfache Störung des ***Pitta-Doshas*** zeigt sich z.B. durch verstärktes Hitzegefühl und Rotfärbung der Haut im Gesicht und am Körper.
Eine einfache Störung des ***Kapha-Doshas*** zeigt sich z.B. durch Schweregefühl, Lethargie und länger anhaltende Appetitlosigkeit.
Werden in diesem Stadium die gestörten *Doshas* nicht besänftigt, kommt es zum zweiten Entwicklungsstadium.

Die **zweite** Stufe wird ***Prakopavastha*** genannt, was soviel wie **Anschwellen** bedeutet. In dieser Entwicklungsstufe schwillt das gestörte *Dosha* in seinem natürlichen „Sitz" im Körper an. Es kommt also zu ungesunder, vermehrter Sammlung der *Doshas*.

Es gibt auch hier bestimmte Anzeichen, die eine Störung der *Doshas* auf der **zweiten** Entwicklungsstufe anzeigen:
Ein Anschwellen des ***Vata-Doshas*** äußert sich z.B. durch Dickdarmgeräusche, diffusem und stechendem, oft wanderndem Schmerz im Körper. Die Haut ist jetzt deutlich trocken und rauh und die Fingernägel und Haare werden sehr brüchig.
Ein Anschwellen des ***Pitta-Doshas*** äußert sich z.B. durch erhöhtem Durst, brennendes Gefühl auf der Haut sowie saurem Aufstoßen und Sodbrennen.
Ein Anschwellen des ***Kapha-Doshas*** äußert sich z.B. durch Schweregefühl in Brust- und Bauchraum, Abneigung gegen Nahrung sowie übermäßigem Speichelfluß. Auch eine erhöhte Müdigkeit läßt ein Anschwellen des *Kapha* vermuten.
Werden auch die Anzeichen der zweiten Stufe nicht beachtet, kommt es zur dritten Entwicklungsstufe.

Die **dritte** Stufe heißt ***Prasaravastha*** und bedeutet **Ausbreitung**. In diesem Entwicklungsstadium verläßt das gestörte und angeschwollene *Dosha* seine natürlichen Sitze und breitet sich im Körper aus. Da bei allen Bewegungen im Körper *Vata-Dosha* beteiligt ist, ist es wichtig, das *Vata-Dosha* immer gut zu beobachten und für harmonisches Wirken von *Vata* im Körper zu sorgen. Jede Störung des *Vata-Doshas* sollte unverzüglich ausgeglichen werden.

In diesem dritten Entwicklungsstadium treten folgende Zeichen auf:
Vata: Verstärkte Bewegung im Darm, Schmerzen am ganzen Körper und intensivere, stechende Schmerzen in der Haut.
Pitta: Brennende Schmerzen am Körper, intensive Hitzeempfindungen, Sonnenunverträglichkeit, Brennen in der Kehle, starker Durst.
Kapha: Verdauungsstörungen, Abneigung gegen Essen, Übelkeit, Erbrechen, Schweregefühl, allgemeines Gefühl der Schwäche, Lethargie und verstärkte Müdigkeit.
In diesem Stadium ist es besonders wichtig, die Anzeichen eines **erhöhten *Vata*** bzw. ***Vata*** im allgemeinen **auszugleichen**, da bei einer Ausbreitung der gestörten *Doshas* im Körper immer *Vata* als Bewegungsprinzip beteiligt ist! Dies ist die Stufe der Krankheitsentwicklungen, wo wir auch anfangen sollten, gestörte *Doshas* aus dem Körper **auszuscheiden**.

Vorbeugende Behandlungen sind nur in diesen **ersten drei Stadien** möglich, ist die Krankheit aber voll ausgebrochen, so ist sie nur noch therapeutisch vom Arzt zu behandeln. Je früher wir also auf akute Zeichen einer Störung eines *Doshas* reagieren, um so eher haben wir es selbst in der Hand, ausgleichend zu wirken.
Werden auch in diesem Stadium die Anzeichen gestörter *Doshas* ignoriert, kommt es zum **vierten** Entwicklungsstadium bzw. zum **Ausbruch einer Krankheit**.

Die **vierte** Stufe heißt ***Sthana-Samskriya*** oder Sthana ***Sanshraya***, was soviel wie **Festsetzen** oder **Stagnation** bedeutet.
In diesem Entwicklungsstadium setzt sich das angeschwollene und gestörte ***Dosha*** in Schwachstellen des Körpers fest. Eine Schwachstelle kann ein überbeanspruchter Körperteil sein, ein Bereich, der zuvor schon erkrankt war und nicht vollständig ausgeheilt ist, ein Körperbereich, der in der kindlichen Entwicklung nicht genügend gestärkt wurde oder ein Bereich, dessen Funktion wir im Leben vernachlässigen.
Den Zustand, in dem ein *Dosha* ein *Dhatu*, also ein Gewebe „befällt" und „verdirbt", nennt man in der ayurvedischen Medizin ***Dushya.***
Das festgesetzte *Dosha* stört nun die natürlichen Funktionen des betroffenen Organs, des Gewebes, der Nerven oder der Gelenke, und es manifestieren sich also nicht mehr Anzeichen einer Störung, sondern es **beginnen** sich **Krankheitssymptome** auszuprägen. Bei der Erkrankung des Körpers ist es also wichtig zu erkennen, welches *Dosha* gestört ist und als Krankheitsursache wirkt.
In diesem Stadium kann es auch zur Blockierung der *Shrotas* (Körperkanäle) kommen, was wiederum eine verminderte bzw. stagnierende Ernährung und Versorgung bestimmter Körperbereiche zur Folge hat. Wird diese Entwicklungsphase nicht ausreichend und gründlich behandelt, kommt es zum fünften Entwicklungsstadium.

Die **fünfte** Stufe wird ***Viyakta*** genannt und bedeutet **Manifestation.** Hier erfolgt eine klare **Manifestation eines Krankheitsbildes.** Dabei unterscheidet man klare, eindeutige Krankheitssymptome, die einem oder mehreren gestörten *Doshas* zugeordnet werden können und unklare bzw. wechselnde Krankheitssymptome, die entstehen, wenn *Doshas* sich entweder gegenseitig so beeinflussen, daß sie untypische Symptome entwickeln oder *Dhatus* bzw. *Shrotas* befallen und hier zu untypischen Symptomen führen.
Beispiel: Durch erhöhtes *Kapha* kommt es zu starker Verschleimung in den Bronchien. Zugleich liegt aber auch eine Störung des *Vata-Doshas* vor. Das gestörte *Vata* trocknet den Schleim in den Bronchien aus und führt zu einem trockenen, schmerzhaften Husten mit Fieber. Nun läßt sich das erhöhte *Kapha* mit der Schleimbildung nicht mehr klar erkennen, obwohl das erhöhte *Kapha* der Ursprung der Erkrankung war.
In diesem Fall muß unbedingt ein Arzt zu Rate gezogen werden und eine Therapie erfolgen. Anderweitig kommt es zur Ausprägung des sechsten Entwicklungsstadiums.

Die **sechste** Stufe heißt ***Bheda*** und dies bedeutet ein **chronisches Krankheitsstadium**.
Hier haben das oder die gestörten *Doshas* schon die *Dhatus* oder die *Shrotas* massiv gestört und zu krankhaften Prozessen geführt.
Da das Eindringen der *Doshas* in die *Dhatus* bzw. *Shrotas* nur langsam vor sich geht und solche massive Störungen erst nach einem längeren Zeitraum auftreten, ist auch die Heilung nicht von heute auf morgen zu erwarten, daher der Ausdruck „chronische Krankheit". In dieser Entwicklungsphase kann es auch zur Entwicklung von unheilbaren Krankheiten kommen. Auch liegt hier die Gefahr, daß aus einer primären Erkrankung weitere Folgeerkrankungen resultieren.

Generell wird die Entstehung von Krankheiten oder Störungen in **drei** Kategorien eingeteilt:
1. Die *Doshas* werden durch **persönliches Fehlverhalten** gestört:
Dazu gehören z. B. eine falsche, nicht der Jahreszeit oder der Konstitution entsprechende Ernährung, eine Nahrungsmenge, welche die Verdauungskapazität übersteigt, Unterdrückung von körperlichen Drängen oder Bedürfnissen, zu wenig oder zu viel Schlaf, das Ignorieren der Tagesroutine (Hygiene etc.) bzw. der Tageszeit, aber auch mentaler und körperlicher Streß ohne geeigneten Ausgleich.

Allgemein läßt sich sagen, daß der unsachgemäße Gebrauch der Sinne und des Körpers zu einer Störung der *Doshas* führt. Darunter versteht man, daß die Sinne und der Körper entweder **vernachläßigt** werden, **überbeansprucht** oder **mißbraucht** werden. Aber auch das **Handeln wider besseren Wissens** wird als Ursache von Doshastörungen angesehen.

Von **Vernachlässigung** (*Ayoga*) spricht man, wenn etwa bestimmte Sinneseindrücke fehlen, die der Mensch aber für ein gesundes Leben benötigt. In der heutigen Zeit fehlt es vielen Menschen z.B. an Zärtlichkeit und Zuwendung. Bei meiner Arbeit kommen öfter Fälle vor, bei denen Patienten nicht gesund werden wollen, da sie durch ihre Krankheit so viel Zuwendung erfahren wie nie zuvor in ihrem Leben!
Aber auch einseitiges Bevorzugen von bestimmten Geschmacksrichtungen beim Essen, wie etwa zu viel Süßes, führt zu einer Störung der *Doshas*.
Was den Körper betrifft, so möchte ich als Beispiel die einseitig sitzende Haltung vieler Menschen bei der Arbeit erwähnen. Diese führt zwangsläufig zu einer Schwächung des Muskelgewebes und zu einer mangelnden Durchblutung in den unteren Extremitäten.

Eine **Überbelastung** (*Atiyoga*) der Sinne und des Körpers braucht wohl nicht ausführlich erklärt zu werden, da sich bestimmt jeder etwas darunter vorstellen kann. Als Beispiel möchte ich die Überanstrengung der Augen durch zu viel Lesen oder Fernsehen sowie die Überbelastung der Muskulatur und der Gelenke durch zu schweres Heben anführen.

Ein **Mißbrauch** (*Mithyayoga*) der Sinne und des Körpers liegt etwa vor, wenn man abends vor dem Schlafen noch aufreizende oder abstoßende Filme sieht oder Bücher liest, die dann die Ruhe und den Schlaf stören. Aber auch anstrengende oder ungute Gespräche während des Essens oder abstoßende und Angst einflößende Filme und Literatur, die unsere innere Ruhe zerstören, sind Ursachen für Störungen der *Doshas*.

Von **Handeln wider besseren Wissens** (*Parinama*) spricht man etwa, wenn man bewußt die körperlichen Dränge mißachtet, wenn man wissentlich die Unwahrheit sagt oder schlecht über andere redet, um ihnen zu schaden. Auch das Verdrängen sowie das unkontrollierte Ausleben der Gefühle kann eine Ursache für die Störung der *Doshas* sein.

2. Die *Doshas* werden durch **natürliche Ursachen** gestört. Es handelt sich hierbei z.B. um klimatische Bedingungen, wie sehr heiße Sommer oder extrem kalte Winter, aber auch extreme Wechsel des Wetters oder der Wetterlagen, wie sie für die Jahreszeit bzw. die Klimazone untypisch sind. Auch der Einfluß der Lebensspanne zählt zu dieser Kategorie, so ist Erhöhung von *Vata* im Alter ganz natürlich, obwohl sie auch zu Störungen führen kann.
3. Krankheiten durch **externe Faktoren**, wie etwa Epidemien. Hier befallen krankmachende Faktoren, wie etwa Bakterien oder Viren, den Körper und machen ihn krank, ohne daß vorher eine Störung der *Doshas* vorliegen muß. Sehr oft ist aber ein schwaches Immunsystem Voraussetzung für eine solche Erkrankung. Es können aber auch Fälle von Lebensmittelvergiftungen in einer Kantine oder bei einer Feier oder Erkrankungen durch belastetes Wasser oder verschmutzte Luft, wie Smog etc., zu dieser Kategorie gezählt werden.

Nicht zu unterschätzen ist jedoch der Einfluß des spirituellen Lebens auf unsere Gesundheit.
Wenn wir ständig bewußt oder unbewußt gegen das Dharma, die universelle Pflicht, ein bewußtes, kontrolliertes und spirituelles Leben zu führen, verstoßen, so hat dies krankmachende Auswirkungen auf Geist und Körper.
Auch **karmische Belastungen** aus diesem oder vorherigen Leben müssen als Krankheitsursachen mit berücksichtigt werden. Das sind Krankheiten, die sich jeder medizinischen Behandlung widersetzen. In diesem Fall muß eine **spirituelle Therapie** einsetzen, die in die Hand eines Priesters oder eines spirituell ausgebildeten *Vaidyas* (Ayurveda-Arztes) gehört, da hier nur Heilgebete, religiöse Rituale oder Behandlungen mit Mantras helfen können.

DAS AYURVEDISCHE DREIECK ZUR THERAPIE

Abschließend zu den Grundlagen noch eine anschauliche Hilfe zur Harmonisierung und Behandlung der *Doshas*: Die *Doshas* stehen im Körper in enger Verbindung miteinander und beeinflussen sich gegenseitig.

Pitta und ***Vata***:	leichte Eigenschaften	beeinflussen das schwere ***Kapha***.
Kapha und ***Pitta***:	ölige Eigenschaften	beeinflussen das trockene ***Vata***.
Kapha und ***Vata***:	kalte Eigenschaften	beeinflussen das heiße ***Pitta***.

Dieses Prinzip können wir therapeutisch nutzen, und ich möchte es anhand eines **Beispieles** (demonstriert mit einem Dreieck) erklären:
Ein Patient mit *Pitta*-Konstitution leidet unter Nervenschmerzen, verbunden mit starken Muskelverspannungen und Krämpfen, also typischen *Vata*-Symptomen.
Vata läßt sich reduzieren durch die Qualitäten heiß, ölig und schwer. Es gibt nun die Möglichkeit, mit heißem Dampf oder mit Öl (ölig und schwer) zu behandeln.
Da es sich bei dem Patienten um einen *Pitta*-Typen handelt, wird nicht die erhitzende Therapie im Vordergrund stehen, sondern eine Behandlung mit warmem Öl. Das Öl sollte auch bei *Pitta*-Konstitutionen warm sein, um von der Haut gut absorbiert werden zu können. Es kann sich dabei um eine Massage, um einen Ölguß (*Shirodara*) oder um warme Ölwickel handeln.

Bei der Behandlung sollte also immer darauf geachtet werden, daß die eigene Konstitution nicht durch die Therapie aus dem Gleichgewicht gebracht wird.
Läßt sich dies jedoch nicht vermeiden, so sollte zuerst die krankmachende Disharmonie beseitigt, und danach die Harmonie der *Doshas* wieder hergestellt werden.

Das *Dosha* der persönlichen Konstitution
(Bei Mischtypen das momentan vorherrschende *Dosha*)

z. B. Pitta

Das gestörte *Dosha*:
z. B. *Vata*

Das *Dosha* zur Therapie:
Kapha

Um auf unser Beispiel zurückzukommen:
An der Spitze des Dreiecks steht *Pitta*, das *Dosha* der persönlichen Konstitution.
Das gestörte *Dosha* ist *Vata* und steht unten links.
Unten rechts steht *Kapha*, das dritte *Dosha*, durch das wir die anderen beiden *Doshas* kontrollieren und ausgleichen (heilen) können.

Dieses Beispiel soll Ihnen ein Verständnis für den Therapieansatz der ayurvedischen Medizin geben.

ॐ

2. KAPITEL: DIE AYURVEDA-KUR IN EINER KUREINRICHTUNG

ALLGEMEINES ZUR KUR

Bis vor wenigen Jahren war für die meisten Menschen im Westen der Begriff „Ayurveda" nahezu unbekannt. Erst seit kurzem wird dieser Begriff bei uns populär, und Ayurveda-Produkte und -Kuren werden in den meisten einschlägigen Fachzeitschriften angeboten. Auch Schulen, die Ayurveda-Ausbildungen anbieten, nehmen immer mehr zu.
Bei meinen Vorträgen über Ayurveda werde ich auch oft über Ayurveda-Kuren und ihre Erfolgsaussichten und Risiken gefragt. Ich spüre, daß das Interesse an diesem Thema sehr groß ist, und viele Menschen auf der Suche nach einer wirklichen Ganzheitsmedizin sind.
Aus meiner Erfahrung mit Ayurveda weiß ich jedoch auch, daß sehr viele Menschen eine Ayurveda-Kur unter total falschen Voraussetzungen beginnen. Vor allem, wenn sie sich zu einer Kur an exotischen Orten entschließen. Dann ist oft ein Fehlschlag und eine Enttäuschung vorprogrammiert.

In Indien, im Ursprungsland des Ayurveda, haben die Menschen noch eine ganz andere Beziehung zur Kultur und Tradition. Sie wissen ganz natürlich, welche Zeiten günstig sind für eine körperliche Entschlackung oder für eine Regenerationskur. Sie nutzen die Zeit dieser Kur aber auch ganz bewußt für eine geistige „Entschlackung" und Regeneration. Deshalb gehören Meditation und Yoga ganz selbstverständlich zu einer Ayurveda-Kur.
Früher war es auch ganz normal, daß sich Patienten von ihrem Arzt den günstigsten Zeitpunkt für eine Kur oder Behandlung nach astrologischen Gesichtspunkten ausrechnen ließen und auch heute noch richten sich die meisten indischen Patienten nach den Anweisungen ihrer Ärzte für einen günstigen Zeitpunkt für eine Ayurveda-Kur und teilen ihren Urlaub danach ein.
In der heutigen Zeit sieht es jedoch so aus, daß sich die meisten Kurhotels mit ihren Kurangeboten nach den Urlaubszeiten der Gäste aus aller Welt richten, wobei unberücksichtigt bleibt, ob diese Zeit günstig oder ungünstig für eine Kur ist. Und meist organisieren sie auch in Verbindung mit der Kur ein abwechslungsreiches Angebot an Besichtigungstouren und Sportmöglichkeiten, damit sich auch ja kein Gast langweilt. So bleibt leider die geistige Regeneration als wichtiger Teil der Kur auf der Strecke.

Ayurveda-Kuren werden traditionell in Kurkliniken bzw. Arztpraxen durchgeführt. In letzter Zeit bieten aber auch viele Gesundheits- oder Wellness-Hotels solche Kuren an.
Im großen und ganzen findet man im heutigen Angebot **zwei Arten** von Ayurveda-Kuren. Beide bieten als Hauptwirkung eine Entschlackung, Verjüngung und Harmonisierung von Körper, Geist und Seele.

Wie unterscheiden sich diese beiden Kuren voneinander?

* Die **Ayurveda Wellness-Kur**. Diese Kur ist für all jene Personen von Vorteil, die unter beruflichem Druck stehen oder häufig Streß ausgesetzt sind, bei denen sich jedoch **keine Krankheitsbilder** manifestiert haben. Die Wellness-Kur **gleicht** durch die Ölanwendungen eventuelle ***Dosha*-Ungleichgewichte** aus. Dies führt zu Streßabbau, Erholung, Regeneration und Wohlbefinden, wodurch sich die Lebensqualität wieder deutlich erhöht. Man sollte in der heutigen Zeit den **Verwöhneffekt** einer solchen Kur nicht unterschätzen! Allerdings ist die Wirkung der Wellness-Kur nicht so nachhaltig wie die der Pancha Karma-Kur. Deshalb sollte man sich diese auf einer regelmäßigen Basis mindestens einmal im Jahr gönnen.
* Die **Pancha Karma-Kur** ist im Gegensatz zur Wellness-Kur als eine ayurvedische Therapie zu sehen und ist besonders dann zu empfehlen, wenn gestörte *Doshas* schon zu einem **Krankheitsbild** geführt haben. Be-

sonders gute Erfolge bietet die Pancha Karma-Kur bei **chronischen** Leiden. Die Wirkung der Pancha Karma-Kur ist **tiefgreifender** als die der Wellness-Kur, da hierbei die gestörten und krankmachenden *Doshas* aus dem Körper ausgeschieden werden. So sind Regeneration und **Heilung** intensiver durch das Anregen der Selbstheilungskräfte.

Bei der Entscheidung, **welche** Kur man für sich wählen soll, braucht man nur bedenken, welches der **Grund** für eine Ayurveda-Kur ist.
Geht es um allgemeine Erholung oder um eine generelle Harmonisierung der *Doshas*, so kann eine Wellness- oder Verwöhnkur ein gutes Resultat bringen.
Liegen jedoch akute oder chronische Krankheiten vor und müssen gestörte *Doshas* aus dem Körper ausgeschieden werden, so würde ich auf jeden Fall raten, eine Pancha Karma-Kur in Anspruch zu nehmen.

ÜBERLEGUNGEN VOR ANTRITT EINER AYURVEDA-KUR

Es ist wichtig zu verstehen, daß es sich bei einer Pancha Karma-Kur nicht um ein Wellness- bzw. Beauty-Programm handelt, das sich so einfach mit einem Sport-, Bade- oder Kultururlaub in sonnigen Gefilden verbinden läßt.
Obwohl es ein verlockender Gedanke ist, eine **Ayurveda-Kur im Ausland** zu machen, sollte man sich überlegen, **was** man möchte und was man erwarten kann. Die klassischen Ziele für Ayurveda Kuren sind Indien und Sri Lanka.
Möchten Sie einen erholsamen Kururlaub verbringen, so läßt sich dieser hervorragend mit einer Wellness-Kur verbinden. Ebenso läßt sich eine Wellness-Kur ohne Probleme mit einem Erlebnisurlaub verbinden.

Eine **Pancha Karma-Kur** hingegen ist eine **Reinigungs- und Entschlackungstherapie**, die sehr tief in unseren Organismus eingreift. Deshalb empfehle ich allen Interessenten einer solchen Kur, jede größere körperliche und geistige Belastung oder Anstrengung **während** der Kurdauer weitgehendst zu **vermeiden**! Ausführliche, anstrengende Besichtigungstouren, sportliche Aktivitäten sollten Sie, wenn möglich, vor der Pancha Karma-Kur unternehmen. Einen Bade- oder Tauchurlaub sollte man **nur vor** der Kur planen.

Denn während der Pancha Karma-Kur sollte man sich einfach erholen, entspannen und sich durch die Ölanwendungen verwöhnen lassen und diese genießen, um dem Körper Kraft zu geben für die Reinigungs- und Heilprozesse.
Natürlich kann man sich kleinere Ausflüge und Besichtigungen gönnen, aber das **Hauptaugenmerk** ist darauf zu richten, abzuschalten, den Geist zur Ruhe kommen zu lassen, die Alltagsprobleme loszulassen und dem Körper eine Möglichkeit zu geben, sich zu heilen. Erholsame Spaziergänge, Genießen der Natur und Yoga-Übungen werden einen wertvollen Beitrag zur Regeneration leisten.

Es ist auch wichtig, sich ausreichend über die **klimatischen** Bedingungen zu informieren, unter denen die Kur stattfindet, denn ungewohntes heißes Wetter kann zu zusätzlicher körperlicher Belastung führen und den Erfolg der Kur ungünstig beeinflussen.
Auch sollte gewährleistet sein, daß sich die **lokalen Ärzte** mit den westlichen Patienten und ihren gesundheitlichen Problemen und Befindlichkeiten gut auskennen.
Unter Berücksichtigung all dieser Überlegungen wird eine **Ayurveda-Kur im Ausland** für Sie zu einem Erfolg führen und Sie werden als neuer Mensch nach Hause zurückkehren!

Im Zweifelsfall möchte ich jedoch jeden Interessenten einer Ayurveda-Kur ermutigen, die Kur in der gewohnten Umgebung, also in **heimatlichen Gefilden**, durchzuführen. Dies läßt größten Erfolg und volle Zufriedenheit erwarten. Es gibt auch bei uns gute ayurvedische Kurhotels mit gut ausgebildeten Therapeuten, die Sie bestmöglichst betreuen.

Wichtig ist auch, sich ausführlich darüber zu informieren, **welche Behandlungen** bei der Ayurveda-Kur angeboten werden.
Es ist zu beachten, daß oftmals Wellness-Kuren unter dem Titel „Pancha Karma-Kur" angeboten werden. Es werden also nur die Ölanwendungen durchgeführt und es wird auf die Ausleitungsverfahren verzichtet. Die Ölanwendungen haben natürlich immer eine gesundheitsfördernde Wirkung, da sie den Körper regenerieren und stabilisieren.
Allerdings wird eine **langfristige** Gesundheit nur dann zu gewährleisten sein, wenn die gestörten *Doshas* durch die Ausleitungsverfahren aus dem Körper eliminiert werden und das geschieht bei einer Pancha Karma-Kur.

Der Zeitpunkt der Kur ist natürlich von besonderer Bedeutung:
Generell läßt sich sagen, daß bei einer **akuten Störung** eines oder mehrerer *Doshas* eine **Pancha Karma-Kur** zu **jeder** Zeit durchgeführt werden kann und soll.
Wird die Kur jedoch vorbeugend zur Stabilisierung der körperlichen Harmonie oder zur **Regeneration** bzw. zur Verjüngung durchgeführt, so empfiehlt sich der **Frühling** und der **Herbst** als günstiger Zeitpunkt für eine solche Ayurveda-Kur.
Der Sommer ist durch die Hitze für den Organismus zu belastend und der Winter mit seinem kalten Wetter und dem Schnee macht den Körper zu träge, um sich zur Entschlackung zu eignen. Übrigens deckt sich diese Erkenntnis mit unserer Volksmedizin. Auch hier gilt die Übergangszeit, also der Frühling und der Herbst, als die beste Zeit zur körperlichen Entschlackung.
Ayurvedische **Wellness- und Verwöhn-Kuren** können natürlich das ganze Jahr durchgeführt werden.

Auch die **Dauer der Kur** sollte individuell empfohlen werden.
Bei Wellness-Kuren genügt 1 Woche, die auch beliebig verlängert werden kann.
Eine Pancha Karma Reinigungs- und Regenerationskur erfordert 2 bis 3 Wochen.
Generell läßt sich sagen, daß *Vata*-Personen am schnellsten auf eine Kur reagieren und daher meistens mit einer kürzeren Kurdauer zum Erfolg kommen. *Kapha*-Personen reagieren am langsamsten und verhaltensten auf die Kur und benötigen daher meistens eine längere Kurdauer. *Pitta*-Personen liegen irgendwo dazwischen und benötigen eine mittlere Kurdauer.
Die meisten Kurhotels bieten Ayurveda-Kuren mit der Dauer von 2 bis 3 Wochen an.

Es ist immer von Vorteil, einen Vaidya, einen Ayurveda-Arzt zu Rate zu ziehen und sich individuell beraten zu lassen. Der Arzt wird die dem Konstitutionstyp entsprechende Zeit und Dauer für die Kur empfehlen. Deshalb ist es von Vorteil, wenn ein solcher Ayurveda-Arzt am Ort der Kur (Hotel, Kureinrichtung) anwesend ist.

ÜBERBLICK ÜBER AYURVEDA-KUREN ZUM VERGLEICH

WELLNESS- UND BEAUTY-KUR in Kurhotels
Dauer 1 Woche (bis 3 Wochen möglich)

Beispiel für ein Angebot für Kurgäste, die keine gesundheitlichen Probleme haben und sich entspannen und aufbauen möchten:

Ärztliche Diagnose am Anfang und am Ende der Kur
Ernährungs- und Konstitutionsberatung
Ganzkörper-Ölmassagen – Synchronmassagen (*Abhyanga*)
Warmer Körperölguß (*Kayaseka* oder *Pizhichil*))
Stirnguß zur Tiefenentspannung (*Shirodara*)
Seidenhandschuh-Massage zur Bindegewebsstraffung (*Garshan*-Massage)
Kräuterpulvermassage (*Udvartana*)
Heiße Zitrone-Wickel - ***Jambira Pinda-Sveda*** gegen Cellulite
Massage mit heißen Reisbeuteln (*Navarakizhil*)
Dampfbad mit Heilkräutern, Kräutersauna
Kräuterbäder, Blütenbäder
Schönheitsbehandlung: Gesichtsmassage mit Kräuter-Gesichtspackung (*Mukabhyangalepa*)
Fußmassage (*Pradabhyanga*), andere Teilmassagen (Kopf, Gesicht, Hände etc.)
täglich Meditation und Yoga-Asanas oder Qi Gong, Atemübungen, Tiefenentspannung
Vegetarische ayurvedische Kost, Kräutertees, Heißwasser-Trinkkur

PANCHA KARMA-KUR in Kurklinik oder Kurhotel
Dauer 2 – 3 Wochen

Beispiel für ein Angebot für Kurgäste/Patienten, die unter chronischen Beschwerden leiden und die Abwehr- und Selbstheilungskräfte aktivieren wollen. Programm zur Reinigung, Entschlackung und zum Aufbau des Organismus.

Wochenprogramm
Ärztliche Anfangsdiagnose und Abschlußuntersuchung
jede Woche Kontrolluntersuchungen
1 Ernährungs- und Konstitutionsberatung
ayurvedische Heilmittel (Pillen, Pasten, Tinkturen, Abkochungen, Elixiere)
täglich Meditation und Yoga-Asanas oder Qi Gong, Atemübungen, Tiefenentspannung

Behandlungen und Therapien täglich individuell nach **ärztlicher Empfehlung:**
Ganzkörper-Massagen oder Synchronmassagen (*Abhyanga*)
Warmer Körperölguß (*Kayaseka* oder *Pizhichil*)
Stirnguß zur Tiefenentspannung (*Shirodara*)
Wärmetherapie Kräuterdampfbäder oder Kräutersauna (*Svedana*)
Massage mit heißen Reisbeuteln (*Navarakizhil*)
Seidenhandschuh-Massage (*Garshan*-Massage)
Blütenbad, Kräuterbäder; bei Bedarf heiße Ölwickel (*Pinda Sveda*) oder Kräuterwickel
Diverse Reinigungs-Therapien: zur Magen- und Darmreinigung, Einläufe (Bastis), Nasen- und Stirnhöhlenreinigung (*Nasya*)
Vegetarische ayurvedische Kost, Kräutertees, Heißwasser-Trinkkur

VORRAUSSETZUNGEN FÜR EINE ERFOLGREICHE KUR

Zu Beginn dieses Abschnitts möchte ich einige Punkte ansprechen, die für die erfolgreiche Durchführung einer **ayurvedischen Kur** wichtig sind. Dies gilt besonders für die Reinigungs- und Regenerationskur, die Pancha Karma-Therapie.
Nach den klassischen ayurvedischen Schriften hängt der Erfolg einer therapeutischen Behandlung von **4 Faktoren** ab. Nur wenn diese gewährleistet sind und alle gut zusammenspielen, kann ein Erfolg garantiert werden. Diese Faktoren sind:

1. Der Arzt:
Ein Arzt sollte eine gute Ausbildung haben und möglichst bei einem anderen erfahrenen Arzt Erfahrungen gesammelt haben. Er sollte sicher beim Erkennen der Konstitution des Patienten und vorliegender Störungen der *Doshas* sein. Er muß ein mitfühlendes Wesen besitzen und sich in die körperliche, geistig/mentale und auch seelische sowie die familiäre und gesellschaftliche Lage des Patienten einfühlen können.
Er muß ein Experte in der Auswahl der Behandlungsmöglichkeiten und der Medikamente sein und einen „maßgeschneiderten" Therapieplan für den Patienten, gemäß dessen Konstitution und Kondition, erstellen können.
2. Der Patient/ Kurgast:
So wie der Arzt eine Autorität auf seinem Gebiet sein muß, so muß der Patient die Bereitschaft mitbringen, diese Autorität auch anzuerkennen. Ein ewig nörgelnder und besserwisserischer Patient vermindert den Erfolg der Behandlung. Ein Patient, der sich mit positiver Einstellung der Behandlung zuwendet, wird auch den vollen Segen der Kur erlangen. Der Patient sollte am Anfang der Behandlung schon Fragen stellen und sich informieren. Wenn er jedoch die Behandlung begonnen hat, so sollte er unbedingtes Vertrauen in die Therapie haben und die Anweisungen des Arztes befolgen. Der Patient sollte die nötige Zeit für die Behandlung mitbringen, geduldig sein und mit Freude und Glauben an den Erfolg seiner Gesundung entgegensehen. Jede Frucht braucht ihre Zeit zum Reifen und so auch die Behandlung und Heilung.
3. Die Pflege:
Darunter versteht man jede Pflege, die der Patient/Kurgast während seiner Krankheit und der Behandlung bekommt. **Der Therapeut**, der während der Kur die verordneten Anwendungen ausführt, sollte ein gut ausgebildeter Experte auf seinem Gebiet sein, die Anweisungen des Arztes genau umsetzen und ein liebenswertes Wesen besitzen. Er muß zuhören können, jedoch den Patienten auch zur richtigen Zeit zur Ruhe bringen können.
Der Pfleger bzw. die Pflegerin muß natürlich eine fundierte Ausbildung haben, die Medikamente richtig verabreichen und aufs Beste für das Wohl des Patienten sorgen. Er/Sie sollte geduldig sein, zuhören können und auf die Sorgen und Nöte des Patienten eingehen können. Gerade während einer Krankheit haben die meisten Menschen ein Bedürfnis nach Nähe und Zuneigung. Dies gilt natürlich besonders für den Aufenthalt in einer Kurklinik. Aber auch das betreuende Personal von Kurhotels sollte diesem Standart entsprechen.
4. Die Medizin:
Hierbei ist sowohl die verordnete Medizin als auch die verordnete Therapie gemeint. Die Medizin muß zu dem Patienten passen und in ihrer Dosierung seinem Wesen entsprechen. **Die Arznei** sollte möglichst frisch und genau nach Anweisung zubereitet werden. In indischen Kliniken und Arztpraxen werden auch heute noch die meisten Medikamente vom Arzt frisch und nach den Bedürfnissen des Patienten zubereitet, entweder von Arzt selbst oder einem Apotheker nach Anweisung des Arztes.
Die Therapie muß der Konstitution und vor allem der Kondition des Patienten entsprechen. Dabei muß das Alter und der gesundheitliche Allgemeinzustand sowie Art und das Stadium der Doshastörung des Patienten berücksichtigt werden.

DAS GEHEIMNIS DER AYURVEDA-KUREN

Warum habe ich Ayurveda-Kuren ein „Verwöhnprogramm für Gesundheit und Schönheit" genannt? Es klingt sehr verlockend, habe ich übertrieben?
Es gibt viele Formen von Kuren:
Kuren setzen bei ihren Therapien die **Elemente** (***Mahabhutas***) ein. Wasser, Luft, Sonne (Feuer) und Erde (Lehm und Moor) spielen eine große Rolle dabei. Bei den Grundlagen, Kapitel 1, bin ich ja bereits auf diese Elemente eingehend eingegangen.

In der **Naturheilkunde** werden diese Elemente zur Heilung eingesetzt.
Es ist bekannt, daß Pfarrer Kneipp bei seinen Kuren besonders das Wasserelement mit seinen Kalt- und Warmwasseranwendungen bevorzugte. Er setzte auch die Sonne (Feuer) und die Luft zusätzlich zu den Kräuteranwendungen ein. Er legte Wert darauf, daß seine Kurgäste Spaziergänge im Freien unternahmen und sich frischer Luft und Sonne aussetzten. Und das geschieht bei den **Kneipp-Kuren** auch heute noch so.
Ich selbst konnte mich anläßlich meiner Praxisausbildung in der Nähe von Pune in einem indischen Naturheilkrankenhaus persönlich überzeugen, wie Patienten mit den Elementen Erde (Lehm), Wasser, Luft und Feuer sowie mit Heilkräutern behandelt wurden.
In dem von Mahatma Gandhi gegründeten Krankenhaus lagen auf den Dachterrassen die Patienten in der wärmenden Sonne. Auf ihren kranken Körperteilen lagen Lehmwickel, die an der Luft trockneten (Erde, Feuer, Luft). Außerdem gab es eine eigene Abteilung für Wasseranwendungen. Die Patienten bekamen eine äußerst spartanische Fastenkost, um ihr **Agni**, die Verdauungskraft, wieder zu stärken.

Sehr ähnlich ist die Behandlung bei einer **F.X. Mayr-Kur.** Neben warmen Bädern (entgiftenden Heublumenbädern, Fango-Bädern für die Stoffwechselanregung) und Massagen (Lymphdrainagen zum Entgiften und Körpermassagen für das Muskelgewebe), liegt das Hauptaugenmerk auf der Stärkung des **Agni** durch Fasten und Schonung des Verdauungsapparates durch eine spezielle Fastendiät. Die Verdauungsorgane sind oft durch zu viel, falsche und zu falschen Zeiten gegessene Nahrung geschwächt und krank, auch durch das schlechte Kauen, doch durch eine zusätzliche gründliche Darmreinigung kommt es zur Entgiftung und somit zur Gesundung des Körpers.

In einem anderen indischen Yoga-Krankenhaus kurierte man Krankheiten u.a. mit **Yoga-Asanas** und **Atemübungen** (**Luft**) und **Meditation** und stärkte das **Prana**, die Lebenskraft und die Selbstheilungskräfte. Durch diese von den Ärzten und Therapeuten mit den Patienten durchgeführten Bewegungsübungen, die jeweils auf die Krankheit und die Konstitution des Patienten abgestimmt waren, erzielte man dort sehr effektive Heilergebnisse.

Hierin zeigt sich bereits in Ansätzen das **Besondere** von Ayurveda-Kuren: Die Ayurveda-Medizin **vereinigt alle** diese vorgenannten Therapien:

* Therapie über die Elemente
* Fasten
* Reinigen des Organismus durch Entschlackung
* Stärken der Verdauungskraft (Agni)
* Yoga-Asanas und
* Atemübungen zur Stärkung der Lebenskraft (Prana)
* Bewegung in frischer Luft
* Kräuter-Medizin,
* Entgiften und
* Heildiät.

Mit all diesen Therapien wird hauptsächlich auf der **körperlichen Ebene** gearbeitet. Das hat natürlich auch positive Auswirkungen auf die energetische und geistige Ebene.

Aber die Ayurveda-Kuren und ihre Therapien gehen weit **darüber hinaus.**
Sie arbeiten auch auf der **feinstofflichen Ebene:**

* mit Tönen: Mantras, heilenden Ragas (spezieller indischer Musik),
* mit Aroma-Therapie (Düfte in Blütenbädern und feinen Ölen bei der Massage),
* mit harmonischen Farben bei der Gestaltung der Kur-Räumlichkeiten,
* mit Tiefenentspannung zur Beruhigung des Geistes,
* mit Meditation für die Seele.

Töne (Musik, Mantren), Düfte und Farben liegen auf einer feineren Schwingungsebene, sie sind nicht mehr faßbar, aber sie sind spürbar. Sie berühren den Astralkörper, der sich, wie Sie aus den Grundlagen über den Aufbau des menschlichen Körpers entdecken konnten, wiederum in den Energie- oder Pranakörper, den Geist- oder Mentalkörper und die emotionale Ebene aufteilt.

Unsere 7 Chakren haben die gleichen **Farben** wie der Regenbogen, beginnend mit rot, gelb, grün bis violett. Harmonische Farben wirken auf den Astralkörper und die Chakren und sind heilsam. Das können die Farben der Wohnräume, der Kleidung sowie der Natur sein, die Farbe des Himmels, des Meeres und der Wolken, der Blumen. Bewußt bei Spaziergängen die Augen für die Schönheiten der Natur öffnen, ist heilsam. Farben lassen sich sehr effektiv zum Ausgleich von *Doshas* einsetzen.

Und nun kommt bei den Ayurveda-Kuren ein **zusätzliches Heil-Element dazu, *Abhyanga*, die Ölmassagen.** Sie sind sozusagen das Herzstück bei den Ayurveda-Kuren.
Diese wirken mehrfach:
1. Auf der **körperlichen Ebene** kommt es zu einer Verschönerung der Haut, zur Gewebsstraffung und zu jugendlicher Ausstrahlung, zur Entgiftung, zur Nervenstärkung und Vitalisierung.
2. Auf der feinstofflichen, astralen Ebene:

* Die **Prana-Ebene** wird durch die Ölmassagen, besonders der Marmapunkte, gestärkt.
* Die **geistige oder mentale Ebene** erfährt durch die Ölmassage eine tiefgreifende Entspannung und
* die **emotionale Ebene** erfährt Heilung durch die sanften, heilenden Berührungen durch die Massage mit warmem Öl.

Und nun werden Sie verstehen, warum ich Ayurveda-Kuren als „**Verwöhnprogramm für Gesundheit und Schönheit**" bezeichnete.
Durch *Abhyanga*, die **Ölmassagen** am ganzen Körper, bekommt der Patient endlich wieder Zuwendung durch sanfte Berührung.
Die meisten Menschen leiden unter Berührungsmangel, viele haben liebevolle Berührungen schon seit frühester Kindheit entbehrt. Jetzt können sie durch die Massage heilsame Berührung erfahren. Haut und Nerven hängen eng zusammen und reagieren sehr sensibel darauf. Etwaige Spannungen können sich lösen, alte, emotionale Verletzungen können gehen. Tränen sind sehr heilsam dabei, denn durch sie wird der Körper von Giftstoffen befreit und emotionaler, krankmachender Druck weicht.
Frauen und Männer können endlich ihre Sorgen und Spannungen loslassen und brauchen kein „schlechtes Gewissen" haben, wenn sie einmal entspannen, der Geist wird frei und heiter.

Auch durch wohltuende **Kräuter- oder Blütenbäder** wird dieser Effekt erreicht, verstärkt durch die **Aroma-Therapie.**

Düfte haben eine sehr direkte Wirkung auf das Nervensystem des Gehirns. Denken wir doch an Weihnachten - schon erinnern wir uns an den Duft von Zweigen und Keksen - oder an Reisen oder an das Lieblingsgericht, das man als Kind bei der Großmutter bekam, an Menschen, Landschaften, das Meer. Düfte prägen sich unauslöschlich ins Gedächtnis ein und beeinflussen unsere Stimmung. Die Düfte der Öle und der Bäder, die auf die Konstitution des Patienten wirken, sind zusätzlich heilsam.

Die **Kombination von sanfter Berührung,Wärme und Düften** ist in der Ayurveda-Therapie **einmalig!** Es ist eine wunderbare, angenehme und sehr effektive tiefgreifende Therapie, kurzum eine Verwöhn-Therapie.

Zusätzlich nimmt in der Ayurveda-Therapie das **Gespräch** einen wichtigen Platz ein. Der Ayurveda-Arzt nimmt sich Zeit, er hinterfragt auch den familiären und beruflichen Hintergrund, die Lebens- und Streß-Situation, in der der Patient lebt. Durch das Aussprechen und Beraten findet schon eine deutliche Entlastung des Patienten auf emotionaler und geistiger Ebene statt.
Tiefenentspannung und **Meditation** sind Medizin für Geist und Seele. Diesen werden bei den Ayurveda-Kuren großen Platz eingeräumt. Durch die Stille kann man sich wieder sammeln und kommt wieder zu sich. So wird neue Kraft getankt.

Durch alle diese subtilen und sanften Methoden werden alle 3 Ebenen des feinstofflichen Astralkörpers gereinigt. Die **Ursachen** der meisten körperlichen Krankheiten liegen nämlich im **feinstofflichen** Bereich (energetisch, geistig/mental und emotional), und dadurch ist die Heilung für den physischen Körper auch viel **tiefgreifender.**
Wiederum haben die Therapien auf der körperlichen Ebene einen starken Einfluß auf den Astralkörper, es entsteht eine sogenannte Wechselwirkung auf Körper, Geist und Seele.

DAS GEHEIMNIS VON AYURVEDA:
DURCH THERAPIE AUF JEDER EBENE GESCHIEHT HEILUNG.

Die Lehre zur Pflege, Erhaltung und Wiederherstellung der Gesundheit aus dem klassischen Altertum bezog bei ihrem Regimina Sanitatis (Gesundheitsregime) u.a. die reine Luft, Licht, richtiges Atmen, die maßvolle gesunde Ernährungsweise, das Fasten, die genügende Zufuhr von Wasser, den Ausgleich von Tätigkeit und Passivität, gesunden Rhythmus von Schlafen und Wachen, genügende Ausscheidung von den Malas, Psychohygiene und Sinngebung des Lebens und positiven-seelischen Aufbau mit ein.
Alle diese Regeln finden wir auch wieder im ayurvedischen Medizinsystem. Sie werden in der indischen Gesundheitslehre (*Svasthavritta*) gelehrt. Im „Ayurveda Lebensbuch" wird ausführlich auf alle diese Themen eingegangen.

Die *Rishis* (Weisen) im alten Indien und die Ärzte aus dem klassischen Altertum hatten die Sicht über alle Zusammenhänge bei der Heilung des Menschen und erkannten die Heilwege, die der Mensch braucht. Sie gaben uns ein wertvolles Vermächtnis. Der Mensch ist mit allem verbunden, alle Elemente befinden sich außerhalb von ihm und sind zugleich in ihm.
Wenn sich der Mensch mit der Natur in Einklang befindet und sie achtet, dient sie dem Menschen.

„Ziel der ayurvedischen Heilkunde ist es, die Gesundheit des Gesunden zu erhalten
und die Krankheit des Kranken zu heilen."
Caraka

ZUSAMMENFASSUNG DER MEDIZIN FÜR KÖRPER, GEIST UND SEELE

Bei der ayurvedischen Therapie muß man 3 Arten von „Medizin" unterscheiden:

1. Für den **Körper** werden Medikamente in Form von Pillen, Pulvern, Kräuterweinen, Kräutertees und Salben gegeben. Auch die **Nahrung** wird als Medizin und zur Regeneration eingesetzt.
   Atem- und Bewegungsübungen, Hatha-Yoga-Übungen, die Ölmassagen, Svedana-Wärmetherapie, Bäder und diverse therapeutische Anwendungen während der Ayurveda-Kur, helfen dem Körper zusätzlich zur Gesundung, Stabilisierung und Erholung.

2. **Der Geist** (**Mentalbereich**) **und das Gemüt** benötigen zu ihrer Beruhigung und zur Heilung **Meditation oder Tiefenentspannung.**
   Einige traditionelle, vedische **Mantren** haben eine erstaunliche Heilkraft für den Geist. Sie sind kraftvolle, harmonisierende Klangschwingungen. Aber auch bestimmte Arzneien helfen bei Störungen des Geistes, z.B. bei Konzentrationsschwierigkeiten, geistiger Erschöpfung.
   Heilende Musik, Farben, Düfte helfen dem Geist zu entspannen und loszulassen.
   Das beratende **Gespräch** kommt in der Behandlung bei mentalen und emotionalen Problemen ebenfalls zur Anwendung.
   Während des Kuraufenthaltes hilft schon die harmonische Umgebung, vom Alltag loszulassen, zu entspannen, den Geist und das Gemüt aufzuhellen.
   Besonders eine spezielle Ölanwendung, der **Stirnguß *„Shirodara"*** wirkt wunderbar lösend, entspannend und ist heilsam bei nervlicher Anspannung und Streß.
3. **Die Seele** (***Atman***) ist unsterblich und voller Glückseligkeit. Sie ist unser göttlicher Anteil und unser wahres Wesen und kann eigentlich nicht krank werden, aber sie kann unter der Trennung von Gott leiden. Wenn der Mensch seine Beziehung zu Gott negiert oder vergißt, und sein Glück ausschließlich auf der äußeren, materiellen Ebene sucht (Sinnesgenuß, Karriere, Geld), führt dies letztendlich nur zu Enttäuschung, Leid und innerer Leere.
   Dies zeigt sich darin, daß so viele Menschen trotz Wohlstand unzufrieden sind, unter Ängsten und Sinnkrisen leiden und viele Beziehungen so wenig Bestand haben.

   Hier kann die tägliche Hinwendung zu Gott als **Medizin für die Seele** helfen. Das kann das **Gebet, stille Andacht, Meditation und Yoga**, aber auch der Dienst an seinen Mitmenschen sein. Durch diese Verbindung ist innere Freude und Erfüllung – ganz unabhängig von äußeren Umständen – erlebbar.
   So kommen wir wieder in unsere Mitte und erkennen wieder unser wahres, göttliches Wesen. Je mehr wir in Harmonie mit unserer Seele leben, desto gesünder werden wir auch an Geist und Körper.

Wahrlich gibt es nichts auf dieser Welt,
was so reinigt wie Wissen.

Bhagavatgita

DIE EINGANGSUNTERSUCHUNG

Am Anfang einer ayurvedischen Kur sollte unbedingt eine Eingangsuntersuchung durch einen *Vaidya*, einen in der ayurvedischen Medizin ausgebildeten Arzt, erfolgen.

Diese **Eingangsuntersuchung** besteht üblicherweise aus einer Prakriti-Analyse, einer genauen Beurteilung der Konstitution der zu behandelnden Person. Dies ist wichtig, um zwischen der natürlichen Konstitution des Patienten - Prakriti - und der krankmachenden Störung der *Doshas* - Vikriti - unterscheiden zu können.

Als nächstes wird der Patient einer **8-fachen Untersuchung** unterzogen. Es werden untersucht:

Der Puls: Er zeigt den momentanen Zustand der *Doshas* und den Zustand bei der Geburt an.
Der Urin: Hier gibt die Farbe, der Geruch, die Menge und die Konsistenz eine bestehende Störung der *Doshas* an.
Der Stuhl: Er zeigt in der Farbe, dem Geruch, der Menge und der Konsistenz eine Störung der *Doshas* an.
Die Zunge: Der Belag zeigt eine Amabelastung an. Die Farbe läßt Doshastörungen erkennen und bestimmte Zeichen deuten auf Erkrankungen von Organen hin.
Die Stimme und die Sprache lassen die Vitalität und Dynamik erkennen.
Die Haut: Hier lassen die Spannung, die Temperatur und die Farbe Rückschlüsse auf Störungen der *Doshas* hin.
Die Augen: Hier läßt sich die Aufmerksamkeit und die Aktivität bzw. die Wachheit des Patienten erkennen.
Der Gesamteindruck: Hier wird das allgemeine Erscheinungsbild, die Gestik und die Ausstrahlung des Patienten beurteilt.
Falls der Patient über **Schmerzen** klagt, so wird der Schmerz auch in die Diagnose miteinbezogen. Dabei wird die Intensität, die Qualität und der lokale Bereich des Schmerzes untersucht, um zu erkennen, welche Doshastörung diesen Schmerz hervorruft.
Auch eine gründliche **Anamnese** sollte durchgeführt werden. Hierbei werden die Gesundheit, aber auch frühere Erkrankungen, Operationen etc., die persönliche Lebenssituation und das soziale Umfeld des Patienten beleuchtet. Alle geschilderten Maßnahmen sind wichtig, um die Persönlichkeit, die Empfindlichkeit und die Natur des Patienten zu erfassen, um dadurch in der Lage zu sein, die richtige Diagnose zu erstellen.

Danach wird ein **individuell** auf den Patienten, seine Konstitution und Kondition zugeschnittener **Kur- und Behandlungsplan** erstellt.
Dabei ist es sehr wichtig, daß der **Arzt** vom Patienten über alle Krankheiten und verschriebene Medikamente **informiert wird**! Bei gewissen Krankheiten dürfen spezielle Therapien nicht durchgeführt werden, z. B. bei Bluthochdruck oder Diabetes.

Der Leser sollte verstehen, daß alle Menschen Individuen sind und ganz unterschiedlich auf die Behandlung reagieren. In der westlichen Schulmedizin wird die **persönliche Natur** des Patienten – seine **Konstitution** – meist gar nicht beachtet. Dadurch muß es zwangsläufig zu Fehlern in der Beurteilung und Behandlung des Patienten kommen!

Ein Beispiel: Eine Person mit *Vata*-Konstitution reagiert viel schneller und sensibler auf die Behandlung als ein Mensch mit einer *Kapha*-Konstitution. Daher darf die Dosierung der Behandlung und der Medikamente für den *Vata*-Patienten nicht genau so hoch sein wie für den *Kapha*-Patienten. Auch die Dauer und die Intensität der Behandlung muß für den *Vata*-Patienten geringer sein. Das bedeutet, daß die Massage zum Beispiel sanfter, mit weniger Druck und weniger intensiv durchgeführt werden muß.

Dagegen verträgt ein *Kapha*-Patient bei der Massage viel mehr Druck und eine intensivere Behandlung, da er nicht so sensibel und schnell reagiert.

Auch die **Zuwendung der Therapeuten und Pfleger** muß je nach der **Konstitution** des Patienten genau „dosiert" werden.

Der ***Vata-Patient*** benötigt sehr viel Aufmerksamkeit und Zuwendung, um sich geborgen zu fühlen und um die Kraft aufzuwenden, gesund zu werden. Oft fehlt es den *Vata*-Naturen an Selbstvertrauen und Lebensmut, so daß hier durch besondere Zuwendung viel gewonnen wird. Auch tun sich *Vata*-Patienten oft schwer, einem geregelten Klinikablauf diszipliniert zu folgen. Sie müssen dann liebevoll zur Disziplin hingeführt werden.

Der ***Pitta-Patient*** möchte fachlich gleichberechtigt behandelt werden. Er möchte informiert werden und nach Möglichkeit mitreden können. Hier muß jedoch nach fachlichen Kriterien abgewogen werden, inwieweit man hier „bremsen" muß.
Man muß ihm das Gefühl geben, daß er in seinem Wesen anerkannt und respektiert wird.

Der ***Kapha-Patient*** zeigt oft ein träges Wesen und eine in sich ruhende Geisteshaltung. Das heißt, daß es eine große Portion Motivation und Antriebskraft seitens der Therapeuten und des Pflegepersonals bedarf, um den *Kapha*-Patienten zu aktiver Mitarbeit zu bewegen.
Kapha-Patienten können sehr stur reagieren, und es kann manchmal schon etwas Kraft kosten, sie zu ihrem Glück zu „zwingen".
Auch muß auf die genaue Einhaltung der Kurverschreibungen, wie etwa auf die Medikamenteneinnahme, Bewegungsprogramme und Therapie- und Arzttermine, geachtet werden.

Gutes und schlechtes Leben;
glückliches und unglückliches Leben;
das, was dem Leben zu- bzw. abträglich ist;
das Maß des Lebens und seiner Komponenten;
und das Leben selbst – wo all dies erklärt wird,
das nennt man Ayurveda.

Caraka Samhita 1.141

Ein umsichtiger Mensch, der Arzt zu werden wünscht,
verwende die größten Bemühungen auf die
„Entfaltung" seiner guten Eigenschaften,
damit er so ein Lebensspender für die Menschen werde.

Caraka Samhita 1.133

WELLNESS-KUREN

Vielfach hat man begonnen, bei uns im Westen in Ayurveda-Kurhotels Wellness-Kuren anzubieten, da diese ideal zur Entschlackung und zum Streßabbau sind sowie den Vorteil haben, daß sie *Vata* beruhigen. Durch die **Öl- und Schwitzanwendungen** (*Purva Karma*) kommt es zu einer tiefen Entspannung, Regeneration und Entschlackung.

Wie bereits erwähnt, haben Wellness-Kuren keine so tiefgreifende reinigende und heilende Wirkung wie eine Pancha Karma-Kur. Liegen also akute oder chronische Krankheiten vor und müssen gestörte *Doshas* aus dem Körper ausgeschieden werden, so würde ich auf jeden Fall raten, eine Pancha Karma-Kur in Anspruch zu nehmen. Aber wenn es um allgemeine Erholung, Streß-Abbau, Vitalisierung und um eine generelle Harmonisierung der *Doshas* geht, so sind Wellness-Kuren empfehlenswert.

Wellness-Kuren bilden die abgemilderte Form der Pancha Karma-Kur. Oft genügt eine einwöchige Kur, während bei der Pancha Karma-Kur mindestens 2 bis 3 Wochen notwendig sind.
Die Wellness-Kur bildet einen idealen **Einstieg** für uns westliche Menschen, um Ayurveda kennen und schätzen zu lernen und dann später erst eine Pancha Karma-Kur zu beginnen.

Zu den ayurvedischen Kuren sollten vegetarische ayurvedische Menüs angeboten werden, die auf die jeweiligen Konstitutionstypen zugeschnitten sind. Durch die geschmackvolle Zubereitung mit köstlichen Gewürzen und Heilkräutern sind die Gerichte besonders leicht verdaulich und geben dem Kurgast durch ihre ausgleichende Wirkung ein völlig neues Körpergefühl. Die Aufgabe der ayurvedischen Menüs ist es auch, die Verdauung und den Stoffwechsel wieder zu optimieren.
Die Mahlzeiten sollten nur in angenehmer Atmosphäre eingenommen und genossen werden. Belastende Tischgespräche mit unangenehmen Themen sind dabei zu vermeiden. Da ja die ayurvedischen Speisen in ihrer Zubereitung und Zusammenstellung Heilnahrung sind, werden sie dann um so besser vom Körper aufgenommen und verwertet.
Zum Trinken werden ayurvedische Tees und das „ayurvedische Heilwasser" – abgekochtes heißes Trinkwasser – gereicht. Diese Heißwasser-Trinkkur dient der Zellreinigung des ganzen Körpers.
Yoga-Asanas oder Qi Gong-Übungen, Atemübungen, Meditation, Enspannungsprogramme, erholsame Spaziergänge in der Natur, bilden bei **beiden** Formen der Ayurveda-Kur einen Schwerpunkt, nehmen aber bei der Wellness-Kur einen **besonderen** Raum ein, weil es dabei auch in besonderem Maße um den Abbau von Streß und Vatastörungen geht, unter denen die meisten westlichen Menschen leiden.
Dabei ist es wichtig, daß die Übungen unter fachlicher Anleitung gelernt und geübt werden, so daß sie auch zu Hause weitergeführt werden können.
Kulturelle Veranstaltungen und spezielle Vorträge mit Schwerpunktthemen, wie Ernährung, Konstitutionen, harmonische Lebensführung nach Ayurveda oder Kochkurse runden das Programm ab.
Im Rahmen von Ayurveda-Kuren werden u.a. auch speziell für Frauen Vorträge über kosmetische Pflege und Anti-Aging angeboten.
Eine abschließende Beratung sollte das Wissen vermitteln, daß man auch zu Hause eine seinem Konstitutionstypen entsprechende Lebensführung und Ernährungsweise weiterführen kann.

Zum Gelingen der Kur trägt natürlich auch ein harmonisches Ambiente eines Kurhotels oder einer Kurklinik bei. Das gilt für alle Räume, besonders für die Ausstattung der Bäder, Vital-Oasen und Gemeinschaftsräume. Das ist wichtig, um zur Ruhe zu kommen und geistig „abschalten" zu können. In manchen Kurkliniken werden sogar die Zimmer nach den jeweiligen Konstitutionen mit blauen, kühlenden Farbtönen für *Pitta*, mit warmen, belebenden Farben für *Kapha* und sanften, beruhigenden Farben für *Vata* ausgestattet.
All dies erleichtert den Kurablauf mit den täglichen therapeutischen Behandlungen erheblich und hilft auch über etwaige „Krisentage", die durch die Reinigungs- und Entschlackungsprozesse im Körper auftreten können, hinweg.

SCHÖNHEITS- UND VERWÖHNPROGRAMM MIT ÖLMASSAGEN

Das Hauptaugenmerk bei den Wellness-Kuren liegt bei den wohltuenden, **entspannenden und verjüngenden Ölmassagen**. Deshalb wird Ayurveda auch bei der Schönheitspflege, bei der Entschlackung und zum Abnehmen eingesetzt. Wellness-Kuren bieten ein wahres Schönheits- und Verwöhnprogramm.

Bei den Wellness-Kuren spielt die Kosmetik eine große Rolle. Hierbei geht es aber nicht nur um Schönheit, sondern auch um die Gesundheit der Haut und Ausstrahlung der Persönlichkeit. So werden z. B. bei Gesichtsmassagen nährende Öle, wie etwa das Mandelöl, zur Regenerierung und Straffung der Haut eingesetzt. Kräuterpackungen geben der Haut Nahrung, Glanz und Geschmeidigkeit. Johanniskrautöl dient zur Entspannung und Regulierung der Hautfunktionen.

Bei der Kopfmassage wird auch den Haaren große Beachtung geschenkt. Durch die Massage der Kopfhaut und den Einsatz von pflegenden und nährenden Ölen im Kopfbereich wird volleres Wachstum von gesunden Haaren angestrebt.
Mich hat immer die Fülle und Schönheit der Haare bei den indischen Frauen fasziniert. Diese Frauen massieren ihre Kopfhaut und Haare täglich mit Haaröl aus Kokosöl mit speziellen Heilkräutern. Dadurch werden ihre Haare kräftig und widerstandsfähig gegen Belastungen durch Sonne, Hitze, Wind und andere Umweltfaktoren.

Bei diesen Kuren werden auch immer öfter Kosmetik-Produkte angeboten, die nach ayurvedischen Prinzipien hergestellt werden. Durch spezielle ayurvedische Kräutersubstanzen haben sie pflegende, nährende und verjüngende Eigenschaften.

KOSMETISCHE ANWENDUNGEN:

Zur Pflege des Gesichts wird die **Kopf- und Gesichtsmassage mit Kräuter-Gesichtspackung** (***Mukabhyanga Lepa***) angewandt.
Diese Schönheitsbehandlung – bei der auch Nacken, Hals, Schultern, Dekolleté, Arme und Hände einbezogen werden – wirkt verjüngend. Sie erleichtert es den Frauen, sich vollkommen zu entspannen und loszulassen vom Alltag und sie schenkt Harmonie. Diese Behandlung wird als Anti-Streß-Programm empfohlen und angeboten.
Zuerst erfolgt eine wohltuende sanfte Ölmassage des Kopfes und des Gesichts. Vor dem Auftragen der Kräuter-Gesichtspackung wird das Gesicht noch mit Dampf behandelt oder es werden heiße, feuchte Kompressen aufgelegt. Dadurch wird die Haut hervorragend für die Aufnahme der wertvollen Pflegesubstanzen vorbereitet.

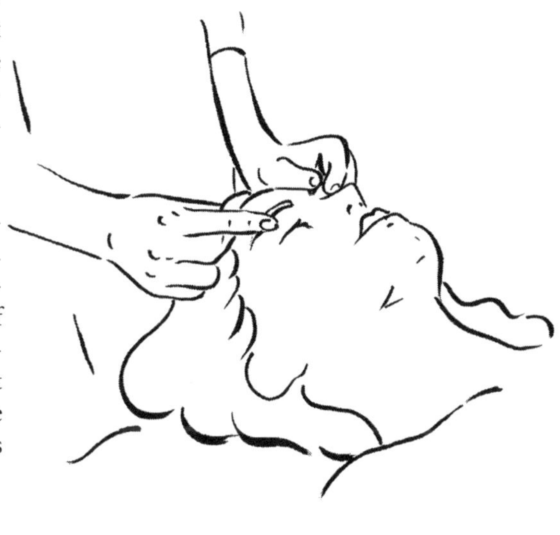

Meist wird an die Schönheitsbehandlung eine ayurvedische **Fußmassage** (***Padabhyanga***) angeschlossen. Nach einem Fußbad mit ätherischen Essenzen werden die Füße und die Waden bis zu den Knien hinauf mit warmem Öl massiert. Dabei werden die Marmapunkte sanft stimuliert. Diese Fußmassage erhöht den beruhigenden Effekt der Gesichtsmassage. Sie wirkt ausgleichend bei Nervosität, Störungen des Schlafs und bei Kopfschmerzen.

Eine Besonderheit der ayurvedischen Schönheitsbehandlungen für Frauen bildet ***Samvahana***, eine sehr sanfte **Ganzkörperbehandlung** mit Öl, Seidentüchern, Bürsten und Waschungen. Die Ölmassage wird dabei so sanft durchgeführt, daß sie mehr eine „Streicheleinheit" für Körper, Geist und Seele ist.
Durch die „Ölsalbungen" mit wertvollen Ölen und Essenzen entfalten *Mukabhyanga Lepa*, die Schönheitsbehandlung, und *Samvahana*, eine sanfte Ganzkörperölmassage für Frauen, eine hervorragende entspannende und zugleich verjüngende Wirkung.
Des weiteren wird auch der Stirnguß (*Shirodhara*) mit warmem Öl für die **Kosmetikbehandlung** und als **Anti-Streß-Therapie** eingesetzt. Ein feiner Strahl von warmem Sesamöl fließt dabei auf die Stirnmitte, im Bereich des Dritten Auges. Auf den Stirnguß kommen wir später noch unter „Purva Karma", bei den Ölanwendungen, zurück.
Das warme Öl wirkt beruhigend und ausgleichend auf *Vata* im Körper, es lindert Schmerzen und Streß. Der Stirnguß hat eine sehr beruhigende und klärende Wirkung auf den Geist.
Zum Cellulite- und Schlankheitsprogramm gehören die ***Garshan*-Seidenhandschuh-Körpermassage** und **Kräuterpulvermassage** (***Udvartana***).
Diese Massagen haben einen Effekt als Körperpeeling und sie regen die Durchblutung der Haut und des Gewebes an.
Heiße Zitronen-Wickel (***Jambira Pinda-Sveda***) werden zur Belebung und speziell gegen *Kapha*-Störungen im Gewebe eingesetzt.

TEIL-KÖRPERANWENDUNGEN:

Bei den Wellness-Kuren oder auch ambulant außerhalb der Kur werden verschiedene Ayurveda Teilanwendungen angeboten:

Kopfmassagen:
Neben der kosmetischen Schönheitsbehandlung *Mukabhyanga Lepa* gibt es auch *Shiroabhyanga*. Dabei handelt es sich um eine sehr sanfte Gesichts- und Kopfmassage.
Als Anti-Streß-Therapie wird *Shiromardana* eingesetzt. Dabei handelt es sich um eine Kopfmassage gegen Streß mit kühlendem Öl.
Dazu kommt noch *Shirodhara*, der warme **Stirn-Ölguß**, den ich schon bei den kosmetischen Anwendungen erwähnt habe.

Udara – Bauchmassage:
Bei dieser wird in erster Linie eine Aktivierung des Magen-Darmtraktes und der Darmperistaltik erreicht. Dabei werden die Verdauungs- und Stoffwechselvorgänge optimiert. Auch eine Gewebestraffung der Bauchdecke wird durch diese Massage erzielt.

Nacken-, Schulter- und Rückenmassagen:
Sie sind eigentlich Bestandteil von *Abhyanga*, der Ganzkörper-Ölmassage. Sie werden aber auch einzeln eingesetzt, um gezielt bei Beschwerden in diesen Bereichen Linderung zu verschaffen. Bedenkt man, daß durch die Wirbelsäule sämtliche Nervenimpulse von der Peripherie zum Kopf und zurück laufen, so können wir erkennen, wie wichtig ein spannungsfreier und geschmeidiger Rücken ist.
Zu diesen Anwendungen zählen auch Behandlungen mit heißen Kräuterbeuteln, Kräuter-Packungen und Kräuter-Wickeln (*Pinda Sveda*). Sie werden schwerpunktmäßig im Bereich Schulter/Nacken, Rückenmuskulatur und den Gelenken eingesetzt. Sie bringen eine hervorragende Wirkung bei Verspannungen, Schmerzen und zur Nährung bzw. Regeneration dieser Bereiche.
Eine besondere Behandlung ist die *Upanaha Sveda*, eine spezielle **Rückenmassage**, bei der eine Marmabehandlung und Schwitztherapie integriert sind. Sie wird eingesetzt zur Linderung von Rückenbeschwerden.

Fuß- und Handmassagen:
Bei diesen Massagen werden in besonderem Maße die Energiepunkte (*Marmas*) beachtet. Die Hände und Füße sind ein Spiegel des ganzen Körpers, da sich in ihnen Reflexzonen und Punkte befinden, die mit dem ganzen Körper in Beziehung stehen. So lassen sich z. B. durch die Massage der Finger die Energien der 5 Elemente (Erde, Wasser, Feuer, Luft und Raum) harmonisieren.
So werden der ganze Körper und seine Organfunktionen mit diesen Massagen positiv beeinflußt.

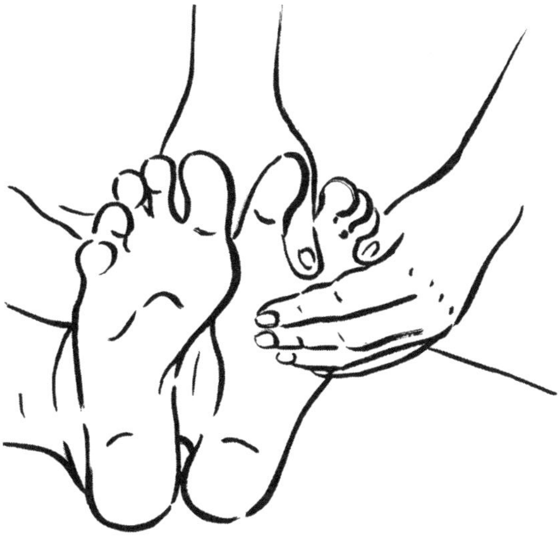

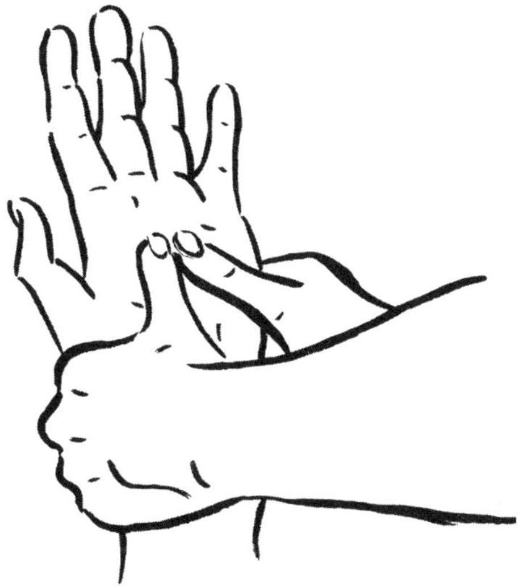

Wie Sie aus der Vielfalt der jeweiligen Behandlungen ersehen können, können sie auch **schwerpunktmäßig** eingesetzt werden. So werden bei **Wellness-Kuren** auch Kuren zur Schönheitspflege, zur Gewichtsreduktion oder zum Streß-Abbau angeboten. Sie eignen sich hervorragend zum Kennenlernen als „Ayurvedische Schnupperkur" und dauern 3 bis 7 Tage.

Zur reinen Schönheitspflege und Erholung:
Samvahana – die Ganzkörper „Einsalbung" mit Öl, Seidentüchern etc.
Mukabhyanga Lepa – Ölmassage von Kopf und Gesicht und Schönheitsbehandlung.
Shiroabhyanga für Gesicht und Kopf – sanfte Ölanwendung
Shirodhara – der Stirnguß
Schönheitsbäder

Zur Gewichtsreduktion, Cellulite-Behandlung:
Garshan – Massage mit Seidenhandschuh
Udvartana – Massage mit Kräuterpulvern
Jambira Pinda Sveda – Wickel mit heißen Zitronen
Udara – Bauchmassage
Belebende *Kapha*-Bäder zur Anregung des Stoffwechsels

Als Anti-Streß-Programm (auch für Männer geeignet):
Abhyanga – Ganzkörperölmassage
Shirodara – Stirnguß
Nacken-, Schulter- und Rückenmassagen
Shiromardana – Kopfmassage
Entspannungsbäder gegen *Vata*

KRÄUTER- UND BLÜTENBÄDER

Natürlich finden im Wellness-Bereich auch wohltuende **Kräuter- und Blütenbäder** ihre Anwendung. Dazu werden Blütenessenzen und Kräuter verwendet. Es gibt entspannende und belebende Bäder, Schönheitsbäder sowie Bäder zur Entschlackung und Entgiftung. Hier liegt die Wirkung in erster Linie auf dem körperlichen Bereich und auf der Lebensenergie.

Wir dürfen aber nicht vergessen, daß **Düfte** eine große Wirkung auf das Gemüt haben. Auch dies ist ein wichtiger Aspekt bei der Anwendung der Bäder. Die Gemütsverfassung spielt eine nicht zu unterschätzende Rolle beim Erfolg einer Ayurveda-Kur.
Für ***Vata*** Entspannungsbäder: Melisse, Rose und Sandelholz.
Für ***Kapha*** belebende Bäder: Honig, Lavendel, Rosmarin, Bergamotte, Wacholder und Brennessel.
Für ***Pitta*** kühlende und beruhigend Bäder: Rose und Sandelholz.
Zur Entschlackung, Entgiftung und Anregung der Durchblutung: Meeresalgenbäder mit Meersalz.
Schönheitsbäder: Molke, Honig und Rosenblüten und Essenzen.

Aber den **Höhepunkt des Verwöhn-Programms** einer jeden Wellness- und *Pancha Karma*- Kur bilden die *Abhyanga*-Ganzkörper-Ölmassagen und der „königliche" Körperölguß (*Kayaseka* bzw. *Pizhichil*) mit warmem Öl. Sie werden von einem oder von zwei Therapeuten durchgeführt.

Diese Ganzkörper-Ölmassagen und weitere Ölanwendungen werden im nachfolgenden Abschnitt über *Purva Karma* beschrieben. Sie werden sich dadurch eine Vorstellung von den Ölanwendungen machen können und auch aus den Ausführungen entnehmen, was dabei zu beachten ist und für welche Beschwerden sie eingesetzt werden.

Meine Hand ist Gott.
Grenzenlos glückselig ist meine Hand.
Diese Hand bewahrt alle heilenden
Geheimnisse, die ganz machen mit
ihrer sanften Berührung.

Aus dem Rigveda

Bewußt werden heißt:
Das Licht der allgegenwärtigen Schöpferkraft
empfangen und ausstrahlen.

Paramahansa Yogananda
Autor der „Autobiographie eines Yogi"

PANCHA KARMA-REINIGUNGSKUR

A) PURVA KARMA - die vorbereitenden Maßnahmen und Ölanwendungen

Die westliche und die indische Medizin haben sehr gute Erfolge bei der Heilung akuter Krankheiten. Der besondere Vorteil der ayurvedischen Medizin liegt jedoch in ihrer ganzheitlichen Sichtweise. Es ist ihr Ziel, sowohl den Körper als auch den Geist und die Seele zu heilen. Dies führt zu hervorragenden Erfolgen bei chronischen und psychosomatischen Erkrankungen sowie bei sogenannten „austherapierten" Patienten, die von westlichen Schulmedizinern als nicht mehr heilbar aufgegeben wurden.
Die ayurvedischen Ärzte machen durch ihre ganzheitliche Sicht nicht den Fehler der westlichen Medizin, erkrankte Organe getrennt von Geist und Seele zu betrachten und sie nur nach ihrer Funktion zu behandeln. Die ayurvedische Medizin sieht den Menschen in seiner Ganzheit inmitten seines sozialen Umfeldes.

Die klassische Pancha Karma-Reinigungs- und Ausleitungskur hat einen intensiveren Effekt als die Wellness-Kur, welche eingesetzt wird zur Regeneration und Verjüngung bei geistiger und körperlicher Erschöpfung.
Die Schwerpunktbehandlung bei der Pancha Karma-Kur liegt in der Behandlung von chronischen Krankheiten. Dazu zählen rheumatische Erkrankungen, wie Arthritis, Arthrose, Diabetes, Kopfschmerzen, Migräne, aber auch Schlaf- und Verdauungsstörungen. Hauterkrankungen, wie Psoriasis oder Neurodermitis, werden in indischen Krankenhäusern erfolgreich behandelt. Außerdem liegt die besondere Wirkung der Pancha Karma-Therapie darin, auch lang zurückliegende Belastungen oder Vergiftungen – sowohl körperlicher, geistiger wie seelischer Art – aufzulösen und auszuscheiden.

Die wichtigsten Faktoren für eine Pancha Karma-Kur sind jedoch
1. eine Harmonisierung der drei *Doshas*,
2. Optimierung der Funktion und des Stoffwechsels in allen 7 Dhatus,
3. Stärkung des Agni (Verdauungskraft),
4. vollständige Ausscheidung von Ama und Malas (Stoffwechselschlacken und Ausscheidungsprodukten),
5. Optimale Zusammenarbeit der Sinnesorgane und
6. Harmonie von Körper, Geist und Seele.

Mit ***Purva Karma*** bezeichnet man in der ayurvedischen Medizin jene Maßnahmen, die den Körper und den Organismus des Patienten auf die Haupttherapie, die Pancha Karma- Therapie, vorbereiten. Pancha Karma sind die anschließenden ausleitenden Therapieformen, mit denen die gestörten und krankmachenden *Doshas* aus dem Körper ausgeschieden werden. Ölmassagen (Snehana) und Schwitzen (Svedana) werden vor, aber auch während der gesamten Pancha Karma-Therapie durchgeführt. Diese Anwendungen bilden auch den Schwerpunkt bei den Wellness-Kuren.

Purva Karma beinhaltet hauptsächlich drei Therapiebereiche:

1. Ama Pachana: Darunter versteht man die Stärkung des Agni, des Verdauungsfeuers.

2. Snehana: Damit werden in der ayurvedischen Medizin alle Ölanwendungen bezeichnet. Hier wird zwischen Snehapana, der inneren Ölanwendung und Snehana, der äußeren Ölanwendung, unterschieden.

3. Svedana: Im allgemeinen heißt svedana „schwitzen". Diese Anwendungen beziehen sich jedoch auf alle erhitzenden Maßnahmen.

1. *AMA PACHANA* – STÄRKUNG DER VERDAUUNGSKRAFT

Es genügt nicht, die Stoffwechselschlacken auszuscheiden, man muß auch die Verdauungskraft (Agni) stärken, um das erneute Entstehen von Schlacken und Ablagerungen zu verhindern. Der beste und effektivste Weg zur Gesundheit ist eine gute Verdauung.
Wenn die Verdauungskraft stark ist, so ist der Körper in der Lage, die ihm zugeführte Nahrung so zu verdauen, daß keine unverdauten Rückstände bleiben und die verschiedenen Körpergewebe bestens mit allen nötigen Nährstoffen versorgt werden. Die Verdauung kann dann auch ein Zuviel an Nahrung oder belastende Bestandteile der Nahrung ohne Probleme verarbeiten.

Alle Nahrung, die nicht vollständig verdaut wird, bildet Stoffwechselschlacken. Diese werden in der ayurvedischen Medizin mit *Ama* bezeichnet. Dieses *Ama* hat ähnliche Eigenschaften wie ein gestörtes *Kapha-Dosha.* Die Auswirkungen einer **Amabelastung** zeigen auch ein ähnliches Belastungsbild wie bei einer klassischen *Kapha*störung. Ama wirkt wie ein zäher Schleim und verstopft und blockiert die Körperkanäle. Die körperlichen Symptome einer Amabelastung sind ein starker Zungenbelag, Verschleimung sowie Müdigkeit und Abgeschlagenheit.
Da das Erscheinungsbild einer Amabelastung dem einer **Kaphastörung** gleicht, **darf bei** bestehender **Amabelastung keine Ölanwendung gegeben werden!** Dies würde die Probleme noch verstärken. Deshalb ist es sehr wichtig für den Erfolg einer Ayurveda-Kur, daß in der Eingangsuntersuchung bestehende Amabelastungen erkannt und erfolgreich beseitigt werden.
Auch dies ist eine Aufgabe von *Ama Pachana.* Wann immer wir Agni verstärken, sorgen wir auch für eine Reduzierung von *Ama.*
Ein gutes Mittel, um *Ama* zu reduzieren oder auszuscheiden, ist heißes Wasser mit *Trikatu,* bzw. eine Abkochung von Trikatu. Trikatu ist eine Mischung von Ingwer, schwarzem Pfeffer und Pippali, dem indischen langen Pfeffer. Trikatu wird in Pulverform verwendet und hat eine ausgezeichnete Ama reduzierende Wirkung, da es sowohl das *Jataragni* - die Verdauung im Magen -, als auch die *Dhatvagnis* - die Verdauung in den Geweben - verstärkt.

2. *SNEHANA* - ÖLANWENDUNGEN

a) *SNEHAPANA* – DIE INNERE ÖLANWENDUNG

Die innere Ölanwendung dient dazu, Stoffwechselgifte und Schlacken aus dem Darm zu entfernen. Auch wird damit die Ölverträglichkeit des Patienten getestet. Dazu untersucht man, wieviel Öl bzw. Ghee der Patient über den Stuhl wieder ausscheidet.
Bei der inneren Ölung bekommt der Patient morgens auf nüchternen Magen eine kleine Menge warmes, flüssiges *Ghee* (geklärtes Butterfett) zu trinken. Die Dauer von Snehapana wird vom Kurarzt festgelegt. Die Menge des Ghees variiert je nach der Konstitution und der Kondition des Patienten und wird jeden Tag gesteigert. Meistens wird mit einer Menge von 20 ml begonnen und kann bis 150 ml gesteigert werden.

b) *SNEHANA* – DIE ÄUSSERE ÖLTHERAPIE

Die Öltherapie ist wohl die bekannteste Therapieform der ayurvedischen Medizin geworden. Fast jeder Mensch, der sich heute mit alternativer Medizin befaßt, hat schon einmal etwas über Ölmassagen, Synchronmassagen oder Ölgüsse gehört oder gelesen. Der Stirnguß – *Shirodhara* – fehlt in keinem Wellness- oder Kurprospekt.

Dem Öl werden generell **VIER WICHTIGE WIRKUNGEN** zugeschrieben:

* Das Massageöl reduziert das *Vata-Dosha* und stoppt somit den Abbau des Körpers,
* es ist Träger von medizinischen Substanzen,
* es hilft bei der Eliminierung von Schlackenstoffen und
* es verhilft zu Wohlgefühl und tiefer Entspannung.

Daher wird der Öltherapie geradezu magische und verjüngende Wirkung nachgesagt. Und dies hat auch seinen Grund und seine Berechtigung.

1. Das Öl hat eine *Vata*-reduzierende und verjüngende Wirkung
Nun müssen wir uns zum besseren Verständnis noch einmal alle Faktoren ins Gedächtnis rufen, die für *Vata* stehen. Die *Gunas*, die Eigenschaften von *Vata*, sind trocken, rauh, kalt, leicht, schnell und subtil. Von den Funktionen des Körpers her steht *Vata* für Bewegung und Katabolismus, also Abbau. Dies bedeutet nun, daß bei einem Anschwellen oder bei einer Störung des *Vata-Doshas* der Körper an Substanz und damit auch an Stabilität verliert.
Und nicht nur bei einer Störung, sondern besonders im zunehmenden Alter nimmt der Körper an Stabilität und Substanz ab. Alter wird ja oft gleichgesetzt mit schlaffer, faltiger, und trockener Haut. Die reduzierte Fähigkeit der Sinne, und zwar körperlicher als auch geistiger Art, ist auch ein Symptom des Alterns.

Dieses ist wiederum leicht zu verstehen, wenn man bedenkt, daß die Altersphase des Lebens dem *Vata* zugeschrieben wird. Dies heißt, daß im Alter das *Vata-Dosha* stark und ständig zunimmt.

Traditionelle Ayurvedaschriften sprechen vom Alter – also der Zeit in der *Vata* verstärkt zunimmt – ab ca. 70 Jahren. Ich würde aus meiner persönlichen Erfahrung ab 50 Jahren vom Alter mit seinen beginnenden *Vata*-Symptomen sprechen.

Wenn wir dies betrachten, können wir auch verstehen, daß die Ölanwendungen einen **verjüngenden Effekt** haben. Regelmässige Ölanwendungen lassen die Haut jünger und straffer werden und stärken auch alle Gewebe im Körper. Die Organfunktionen werden gestärkt und der Körper vor überschießenden Reaktionen geschützt (Hormone, Kreislauf etc.).
Öl leistet also bei Vatastörungen und als Ausgleich von vatabedingten Alterserscheinungen gute Dienste und ist als Therapie zu empfehlen.
Deshalb sollte jeder Mensch spätestens ab dem Alter von 50 Jahren beginnen, sich zu Hause täglich ein *Abhyanga*, eine Ölmassage zu geben oder noch besser, sich geben zu lassen.

Worauf beruht nun diese *Vata*-reduzierende Wirkung? Öl hat die Eigenschaften von *Kapha*, und diese sind: schwer, ölig/feucht, träge/langsam, schleimig und zäh. Für den Körper und den Organismus steht *Kapha* für Stabilität und Anabolismus, also Aufbau.
Man kann also sehen, daß die Eigenschaften von *Kapha* denen von *Vata* total entgegengesetzt sind, und so wird es verständlich, daß die Behandlung mit Öl eine ausgleichende und harmonisierende Wirkung bei Vatastörungen und bei vatabedingten Alterserscheinungen zeigt.

2. Das Öl als Träger von medizinischen Substanzen
Die alten Weisen des Ayurveda hatten schon sehr früh erkannt, daß die menschliche Haut in der Lage ist, Substanzen aufzunehmen und „zu verdauen". Verantwortlich hierfür machte man das *Brajaka-Pitta*, das Verdauungsfeuer der Haut. Es ist einerseits für die Wärmeregulierung des Körpers durch Schwitzen verantwortlich, andererseits aber auch für die Absorptionsfähigkeit der Haut, der Fähigkeit der Haut, Stoffe und Substanzen aufzunehmen und in den Körper zu leiten.

Die westliche Schulmedizin verwies diese Fähigkeit der Haut noch sehr lange ins Reich der Fabeln. In der letzten Zeit setzt sich jedoch auch in der Schulmedizin die Erkenntnis der Absorptionsfähigkeit der Haut durch und wird immer öfter therapeutisch genutzt. Als Beispiel möchte ich hier die Nikotin- und die Hormonpflaster anführen, die zu guten Ergebnissen geführt haben.

Die Alternativmedizin und Naturheilkunde machte sich diese Fähigkeit jedoch schon sehr früh zunutze. Denken wir doch an die Anwendungen von Pfarrer Kneipp.

Wie bereits erwähnt, wurde diese Erfahrung schon früh in der ayurvedischen Medizin gemacht und gezielt therapeutisch genutzt. In den traditionellen Texten des Ayurveda findet man den Hinweis, daß über die Haut Wirkstoffe in bis zu 40 mal höherer Dosierung verabreicht werden können, als wenn man die gleichen Wirkstoffe oral und über den Verdauungstrakt einnehmen würde. Einige der Wirkstoffe gehen durch die Verdauung „verloren", andere werden in der Leber neutralisiert, bevor sie zur therapeutischen Wirkung im Körper kommen. Deshalb gibt es auch die Empfehlung, homöopathische Arzneien im Mund zergehen zu lassen und sie nicht einfach zu schlucken, da sie über die Mundschleimhaut aufgenommen werden sollen.
Es gilt auch zu bedenken, daß viele medizinische Substanzen eine giftige Wirkung haben, wenn man sie über den Mund und Magen zu sich nimmt. Wir können nun verstehen, daß es große Vorteile hat, die medizinischen Wirkstoffe über die Haut in die Gewebe zu „transportieren".
Hier kommt jetzt das **Öl als Transportmittel** für die Wirkstoffe zur Anwendung. Es gibt in der ayurvedischen Medizin ein weites Spektrum von Ölanwendungen, wie etwa Ölmassagen, Ölgüsse, Ölwickel und Öleinläufe.

Bei der Massage werden dem Körper über die Haut **Antioxydantien** zugeführt. Dies gilt besonders für die Massage mit Sesamöl, da dieses Öl ein großes Potential von Antioxydantien besitzt. Dies kommt dem Abwehrsystem des Körpers bei der Heilung und als Schutz zugute.
Da sich beim Kochen der Anteil an Antioxydantien erhöht, ist es wichtig, gekochte Massageöle zu verwenden. Selbst wenn statt therapeutischem Öl reines Öl zum Massieren verwendet wird, sollte dieses gekocht werden. Man nennt dies dann „gereiftes" Öl.
Beim Kochen verändert sich auch die Molekularstruktur des Öls, d.h., dieses kann dann von der Haut und von dem Gewebe besser aufgenommen werden.

3. Das Öl dient zur Ausleitung von Ablagerungen und „Schlacken" aus den Geweben
Wie ich schon an früherer Stelle erklärt habe, ist es eine Aufgabe des Fettgewebes, Schadstoffe und Stoffwechselschlacken zu speichern, wenn der Körper nicht in der Lage ist, sie ausreichend auszuscheiden. Die Ausscheidung erfolgt hauptsächlich über die Niere, den Stuhlgang und über die Haut. In jedem Fall benötigt der Körper zur Ausscheidung viel Wasser, was eine ausreichende Flüssigkeitszufuhr voraussetzt.
Dies macht deutlich, wie wichtig das Trinken - und zwar vor allem von gutem Wasser – für eine gute Funktion des Organismus und vor allem für die Ausscheidung ist.

Als Beispiel für die **Speicherfähigkeit des Fettgewebes** möchte ich das Schweinefleisch anführen. Die Tendenz bei der Schweinezucht ging immer zu besonders fettreichem Fleisch. Nun muß der Schweinezüchter, wenn er erfolgreich sein will, viele (teils verbotene) Mittel einsetzen, um die Schweinemast zu intensivieren. So werden den Tieren mit dem Futter Mastbeschleuniger und Aufbaupräparate gegeben, damit sie schneller und kräftiger wachsen und Gewicht zulegen. Außerdem bekommen die Tiere mit dem Futter **Antibiotika**, damit sie gesund bleiben und in den oft sehr großen Herden keine Seuchen ausbrechen. Auch haben die meisten Tiere, bedingt durch die Überzüchtung und Überfettung, ein schwaches Herz und müssen daher herz- und kreislaufunterstützende Medikamente bekommen. Desweiteren werden immer wieder **Wachstumshormone** in der Mast eingesetzt. Alle diese Mittel werden in großen Mengen verabreicht.

Alle diese aufgezählten Mittel zur Beschleunigung der Mast und zur Gesunderhaltung der Tiere lagern sich nun vor allem im Fettgewebe der Schweine ab. Sie kommen so nach dem Schlachten in unsere Küchen und auf unsere Teller. Dies hat zum Teil schon solche Ausmaße angenommen, das man eigentlich den Verzehr von fettem Fleisch aus gesundheitlichen Gründen verbieten müßte! Ich möchte hier auf gar keinen Fall alle Schweinezüchter verdammen. Viele von ihnen lieben bestimmt ihre Tiere und wollen nur ihr Bestes.
Aber ich habe am Beispiel Schweinefleisch aufgezeigt, was mit dem Fleisch und vor allem dem Fettanteil geschieht, wenn sich im Organismus zu viele – für den Körper – unverwertbare Stoffe befinden.
Und so sieht es im Fettgewebe vieler, vor allem übergewichtiger Menschen, aus. Alles was wir dem Körper zuführen und was er nicht verwerten oder ausscheiden kann, lagert er als Schadstoffe im Fettgewebe ab. Das Fettgewebe ist sozusagen das „Giftdepot" des Körpers.

Kommen wir zurück zum Öl. Öl ist fett und hat daher die gleiche Tendenz wie das Fettgewebe, Ablagerungen und Toxine zu speichern. Wenn das Öl nun durch die jeweilige Ölbehandlung über die Haut in den Körper und somit in die Dhatus/Gewebe gelangt ist, so gibt es zuerst die medizinischen Wirkstoffe ab, die es transportiert hat.
Danach nimmt es die im Gewebe gelagerten Ablagerungen, Schlacken und fettlöslichen Toxine auf. Wir können es uns wie einen Schwamm vorstellen, der sich mit all den Schadstoffen ansaugt, und diese dann weiter zu den Hohlorganen, also den Magen-Darm-Trakt, **abtransportiert**. Auf diese Weise werden aber nicht nur Schadstoffe und Ablagerungen aus den Geweben abtransportiert, sondern auch angeschwollene oder gestörte *Doshas*. Auch sie werden mit dem Öl in die Hohlorgane gebracht, um von hier aus dem Körper eliminiert zu werden.
Dies ist dann die Aufgabe der *Pancha Karma*-Therapie, dem ayurvedischen Ausleitungsverfahren.

4. Das Öl als Verwöhnfaktor
Ein weiterer wichtiger Faktor der Ölanwendungen ist die Vermittlung von Wohlgefühl. Wohlgefühl verbindet in unvergleichlicher Form Körper, Geist/Mentalebene und die Seele, unser wirkliches Ich. Immer wenn es uns besonders gut geht, wenn wir uns geliebt und geborgen fühlen oder wenn wir Zärtlichkeit und Zuwendung erfahren, so sind wir sehr nahe an unserem wahren Selbst. Mit Zärtlichkeit meine ich jetzt nicht die sexuelle, obwohl sie auch viel zu unserem Wohlgefühl beitragen kann. Ich meine mehr die Zärtlichkeit des Herzens, die Nähe und Geborgenheit, die uns ein zärtlicher Hautkontakt vermitteln kann.

Wenn der Patient ruhig auf dem Massagetisch liegt und das warme Öl mit sanften Massagestrichen oder -zügen auf die Haut gestrichen wird, so fällt es ihm relativ leicht, zu entspannen und den Streß und die Spannung fallen zu lassen. Selbst an den Teilen der Massage, in denen kräftiger und druckvoller gearbeitet wird, wird dies meist nicht als unangenehm empfunden.
Ich habe schon oft in Gesprächen mit Menschen nach einer Ayurveda-Massage gehört, daß die Patienten sich während der Massage wie in einer anderen Welt gefühlt haben. Das ist dann ein wichtiger Faktor für das Gelingen der Kur oder der Therapie, wenn die Patienten loslassen können.
Es ist jedoch auch eine traurige Tatsache, daß es vielen Menschen in der heutigen Zeit an Zuwendung, Zärtlichkeit und Anteilnahme fehlt. In der heutigen, modernen Zeit zählt leider für viele Menschen nur „der ökonomische Nutzen" einer Beziehung und der zwischenmenschliche Faktor bleibt dann auf der Strecke – und damit meist auch die Zärtlichkeit. Deshalb bietet die ayurvedische Ölmassage einen nicht zu unterschätzenden Beitrag, das Zärtlichkeits-Defizit auszugleichen. *Snehana* bedeutet in der Sanskrit-Sprache „Zuneigung"!

Selbst wenn man nicht an einer *Pancha Karma*-Kur teilnimmt, sondern vielleicht im Rahmen eines Wellness-Programms eine ayurvedische Ölmassage bekommt, so wird diese Massage zum allgemeinen Wohlbefinden und zur tiefen Entspannung beitragen. Da die Ölmassage auch zur Regeneration und Verjüngung von Haut und Gewebe führt, trägt dies auch zum Wohlbefinden bei.
In einem ruhigen, abgedunkelten Raum mit schöner Atmosphäre und eingehüllt in warmes Öl, von weichen Händen gestrichen und mit dem Bewußtsein etwas für die Gesundheit zu tun, das ist doch eine Vorstellung, die Wohlgefühl vermittelt!

ALLGEMEINE ÖLKUNDE

Inzwischen wissen Sie, daß in der ayurvedischen Medizin alle Menschen je nach ihrer Natur oder Konstitution individuell betrachtet und behandelt werden. Deshalb versteht es sich von selbst, daß je nach der Konstitution des Patienten auch verschiedene Öle verwendet werden.
Generell unterscheidet man in der ayurvedischen Medizin zwischen zwei verschiedenen Öltypen: erhitzenden, aktivierenden Ölen und kühlenden, nährenden Ölen.

1. Erhitzende und aktivierende Öle
Erhitzende Öle wirken in erster Linie *Vata*-reduzierend. Sie haben aber auch eine aktivierende Wirkung, da sie die Durchblutung anregen. Sie helfen einerseits die kühle Eigenschaft des *Vata-Doshas* zu reduzieren, andererseits gleichen sie die trockene, rauhe und auszehrende Natur des *Vata-Doshas* vorzüglich aus.
Sie werden hauptsächlich bei Vatastörungen wie trockener Haut, muskulären Verspannungen, aber auch Austrocknung und Verschleiß des Körpers, wie etwa Arthrose, eingesetzt.
Von den erhitzenden Ölen wird besonders das **Sesamöl** geschätzt, da es die am stärksten *Vata-* reduzierende Wirkung hat. Weitere erhitzende Öle sind **Erdnußöl** und **Sonnenblumenöl.** Erhitzende Öle erkennt man daran, daß sie in den Augen brennen. Bei diesen Ölen ist also bei der Gesichtsmassage Vorsicht geboten, dafür vorzuziehen wären Jojoba- oder Mandelöl.

2. Kühlende und nährende Öle
Diese Öle werden immer dann eingesetzt, wenn eine regenerierende und aufbauende Wirkung gewünscht wird. Nach schweren Krankheiten oder nach Operationen werden nährende Öle verwendet. Zum Abschluß einer Pancha Karma-Therapie wird auch immer eine Phase mit nährenden Ölen verordnet.
Bei *Vata*-bedingten Auszehrungen hat sich die **Mischung von Sesamöl und Rizinusöl** bewährt.
Nährende Öle sind **Rizinus-, Kokos-, Oliven- und Mandelöl** sowie geklärtes **Butterfett** (*Ghee*).

INDIVIDUELLE ÖLANWENDUNGEN

Kapha-Personen werden mit **Senfsamenöl** behandelt. Senfsamenöl hat eine extrem erhitzende Wirkung, und ist daher das einzige Öl, das für *Kapha*-Konstitutionen verträglich ist. Würden *Kapha*-Personen mit normalem Öl behandelt, würde dies ihre Natur noch träger, langsamer und behäbiger machen und ihren Körper noch massiver werden lassen, da *Kapha* ja den Aufbau des Körpers unterstützt.
Im Falle einer starken *Kapha*störung wird meistens auf jegliche Ölanwendung verzichtet. In diesem Fall wird mit **Kräuterpulver** massiert oder es wird eine ***Garshanmassage***, eine Massage mit speziellen Seidenhandschuhen, gegeben.

Pitta-Personen werden mit **Kokosöl** behandelt. Da *Pitta-Dosha* als einzige Bioenergie das Feuerelement enthält, haben Menschen mit einer *Pitta*-Natur meistens mit Problemen zu tun, in denen sich ein zuviel an „Feuer" zeigt, wie etwa Entzündungen. So muß ihre Therapie zur Abkühlung führen. Deshalb wird hier ein kühlendes Öl verwendet.
Kokosöl hat eine stark kühlende, *Pitta*-reduzierende Wirkung. Bei einer starken *Pitta*störung wird auch **Ghee** verwendet. Ghee ist die indische Bezeichnung für geklärtes Butterfett. Dies ist das Mittel der ersten Wahl, um *Pitta* zu reduzieren, da es eine extrem kühlende Wirkung hat.

Vata-Personen werden mit **Sesamöl** behandelt. Sesamöl hat die beste *Vata*-reduzierende Wirkung. Öl allgemein hat durch seine *Kapha* Eigenschaften einen guten Effekt bei der Reduzierung von Vatastörungen. Durch seine erhitzende Wirkung hat es alle Voraussetzungen für eine *Vata*-Therapie. Gehen die Vatastörungen mit Auszehrungen und Abmagerung einher, so ist eine Mischung von Sesam- und Rizinusöl empfehlenswert.

THERAPEUTISCHE ÖLE

Bei den Therapieölen handelt es sich um Öle, die mit medizinischen Wirkstoffen verstärkt sind. Meist handelt es sich um Pflanzenwirkstoffe. Hier kommen nun zu der natürlichen Wirkung des Öls noch die für die Therapie gewünschten Wirkstoffe hinzu. Natürlich wird für ein therapeutisches Öl als Basis immer ein Öl genommen, das zur Konstitution des zu behandelnden Patienten paßt. So finden wir bei einem Vataöl als Grundlage ein Sesamöl, das mit den Wirkstoffen von vatareduzierenden Pflanzen aufbereitet ist. Der Name des Öls sagt dann aus, daß es das jeweilige Dhosha reduziert. Vataöl reduziert das *Vata-Dosha*, *Pitta*öl reduziert das *Pitta*-Dhosha und ein *Kapha*öl reduziert das *Kapha-Dosha*.

Bei uns ist es kein Problem, therapeutische Öle im Handel zu bekommen. Es macht mir jedoch immer Freude, ein therapeutisches Öl selbst herzustellen. Die Prozedur ist zwar langwierig, aber es lohnt sich. Das Standartrezept lautet: 16 Liter Wasser und die Volumenmenge von einem Liter Kräuter auf die Menge von 4 Litern herunter kochen.
Diese 4 Liter Kräuterabkochung mit 1 Liter Öl und einer kleinen Menge von Kräutern kochen, bis alles Wasser verdampft ist.

Wichtig für den Erfolg einer Ölanwendung ist jedoch auch die **richtige Temperatur des Öls.**
Für ein normales Abhyanga, eine Ganzkörpermassage, sollte das Öl ca. 40 Grad warm sein. Es fühlt sich dann angenehm warm auf der Handfläche an. Für den erhitzenden Ölguß darf das Öl jedoch um einiges wärmer sein. Das Öl darf auch nie direkt auf die Haut gegossen werden. Der Therapeut gießt sich das Öl immer zuerst auf seine Hand, bevor er es auf den Körper des Patienten gibt. Dadurch wird vermieden, daß doch einmal zu heißes Öl auf den Körper kommt. Dies ist besonders dann wichtig, wenn der „Nachschub" an Öl direkt vom Erwärmen kommt. Außerdem läßt sich besser kontrollieren, wieviel Öl man auf den Körper gibt.

WICHTIG FÜR DEN ERFOLG DER ÖLBEHANDLUNG!

Für alle Ölbehandlungen, aber auch für die danach folgenden Ausleitungsverfahren, sollten unbedingt folgende Ratschläge beachtet werden:

* Während der Behandlung sollte Ruhe herrschen, man sollte deshalb weitgehend auf Gespräche verzichten. Wichtige Fragen müssen vor der Behandlung geklärt werden.
* Keine anstrengenden Aktivitäten, weder körperlich noch geistig, wie z.B. Besichtigungstouren, sportliche Betätigung, intensives geistiges Studium etc.
* Nach der Behandlung unbedingt ausreichende Nach-Ruhe einhalten.
* Nach der Behandlung den Körper unbedingt vor Wind, Nässe und Kälte schützen, besonders den Kopf.
* Vom Baden im Meer oder im Swimmingpool während und nach der Kur wird abgeraten, da es den Entgiftungsprozeß behindert.

DIE WICHTIGSTEN ÖLANWENDUNGEN

Der indische Subkontinent wurde seit dem ersten Jahrtausend unserer Zeitrechnung immer wieder von vielen Eroberern heimgesucht und überrollt. Diese Eroberer, vor allem die Moslems und letztendlich die Engländer, brachten ihre eigene Kultur mit nach Indien und unterdrückten auf rigorose Art die Bevölkerung und ihre Kultur in den besetzten Gebieten. So ging im größten Teil Indiens die alte Kultur, ihr Wissen und ihre Weisheit verloren. Nur der südliche Teil Indiens, vor allem Kerala, blieb von den Eroberungen und Unterdrückungen weitestgehend verschont.
Deshalb konnte sich hier auch die ayurvedische Medizin relativ unverfälscht erhalten. Das Wissen wurde hier meistens in traditionellen Ärztefamilien weitergegeben und so erhalten. Auch die traditionellen Massagetechniken werden in Kerala noch heute wie in alter Zeit angewendet, während man im Norden Indiens die Technik des Abhyangas meistens vernachlässigt oder verfälscht hat.
Deshalb findet man heute die traditionellen Ayurveda Ärzte und Kliniken in Südindien und meist in Kerala und neuerdings auch in Sri Lanka.
Ich werde nun die wichtigsten Ölanwendungen vorstellen. Diese Aufzählung erhebt keinen Anspruch auf Vollständigkeit, es sind aber die wichtigsten und gebräuchlichsten Anwendungen bei Wellness- und Pancha Karma-Kuren:

***Abhyanga*:** Im eigentlichen Sinn des Wortes heißt Abhyanga „einsalben" oder „liebende Hände". Ursprünglich ging es beim Abhyanga nicht um therapeutische Massagegriffe, sondern nur um das Auftragen und Einreiben von Öl. Bei dem Abhyanga übernimmt das Öl die wichtigste Arbeit und nicht der Therapeut.

Aus dieser einfachen Einölung entwickelte sich später eine spezielle Massagetechnik, die heute als Abhyanga bekannt ist.
Obwohl jeder gute Ayurveda-Therapeut seine eigene individuelle Massagetechnik entwickelt, so hat sich doch allgemein eine Massagetechnik in 7 Positionen durchgesetzt. Diese Form des Abhyanga kommt aus Kerala, einem Staat im Süden Indiens.

Es gibt generell drei Arten der Massage:
1. Mardana: Dies ist eine druckvolle Massage mit kräftigen Zügen und Griffen.
2. Samvahana: Dies ist eine sanfte Massage mit weichen Zügen und Griffen.
Diese sind Bestandteil eines Abhyanga.
3. Brimhana: Dies ist eine nährende Massageform und wird als Abschluß der Pancha Karma-Therapie oder allgemein zur Regeneration gegeben.

a) KLASSISCHE GANZKÖRPERMASSAGE - ABHYANGA

Ich werde nun eine **klassische Kerala Massage** beschreiben, wie sie in den meisten ayurvedischen Massagepraxen oder Kurkliniken durchgeführt wird:
Die Massage erfolgt in 7 **Positionen**, und zwar sitzt der Patient zweimal aufrecht, dreimal liegt der Patient auf dem Rücken und zweimal liegt der Patient auf der Seite, einmal auf der linken und einmal auf der rechten Seite. Bei den Positionen 2 bis 6 werden bei der Massage die Marmapunkte in dem jeweiligen Bereich mit in die Massage einbezogen. Deshalb erfordert diese Massage besonderes Können und Erfahrung des Therapeuten.
Für das Abhyanga wird das Öl auf etwa 40 Grad erhitzt, und es muß unbedingt darauf geachtet werden, daß diese Temperatur des Öls während der gesamten Dauer der Massage konstant bleibt.
Vor der Massage hilft der Therapeut dem Patienten, sich auf die Massageliege zu setzen.

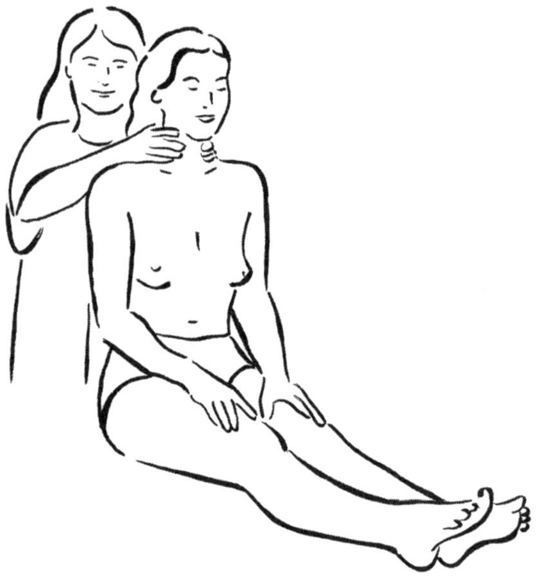

1. Position im Sitzen:
Zu Beginn sitzt der Patient auf der Massageliege, der Therapeut spricht in den meisten Fällen ein Gebet zu Dhanvantari, der Gottheit der Heilung. Dann nimmt er einen kleinen Kessel mit warmem Öl, stellt diesen neben den Patienten auf die Massageliege und gießt zunächst etwas Öl in seine Hand und von da aus auf den Scheitel des Patienten und verreibt dieses. Hernach wird das Öl auf Herzchakra, Nabel, Hand- und Fußflächen und dann auf den ganzen Körper aufgetragen. Der Schwerpunkt in dieser Position liegt darin, den gesamten Körper kräftig einzuölen.
Nun folgt eine Massage über den Rücken, die Schulter, bis in die Arme und Hände. Anschließend werden die Beine über die Hüften bis zu den Füßen eingeölt.

2. Position in der Rückenlage:
Danach hilft der Therapeut dem Patienten, sich auf den Rücken zu legen. Er bekommt ein weiches Kissen unter den Kopf, damit der Kopf gerade liegt. Der Therapeut steht seitlich neben der Massageliege.
Der Therapeut läßt zuerst das angewärmte Öl von der Hand in den Bauchnabel fließen. Der Bauchnabel gilt auch als „Tor" für das *Vata*, er stellt also einen wichtigen Reflexpunkt für die Behandlung des *Vata-Dosha* dar. Die Massage in dieser Position beginnt mit einer Kopf- und Gesichtsmassage. Hierbei wird das Ohr mit warmem Öl gefüllt und mit einem Wattebausch verschlossen.

Danach erfolgt wieder das Füllen des Bauchnabels mit Öl und eine Bauchmassage vom Bauchnabel in größer und kleiner werdenden Spiralen von innen nach außen und nach innen zum Bauchnabel zurück. Nun wird in langen Zügen vom Bauch über den Brustkorb, zur Schulter, über den Arm zur Hand massiert. Weiter wird in langen Zügen von der Hüfte zum Bein bis über die Zehenspitzen hinaus massiert. Dann wird die Seite gewechselt.

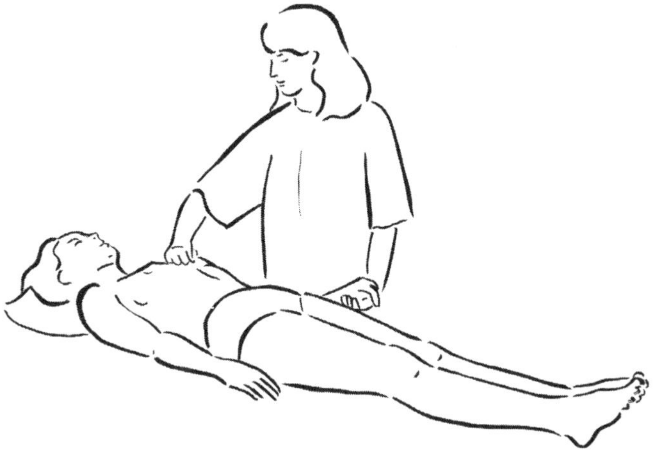

3. Position in der linken Seitenlage:
Nun hilft der Therapeut dem Patienten, sich auf die linke Seite zu legen, das rechte Bein wird nach vorne angewinkelt. Der Schwerpunkt in dieser Position liegt in der Massage der Wirbelsäule, des Rückens, der Schulter, der Hüften und Beine, wobei mit der rechten Seite begonnen wird.

4. Position in der zweiten Rückenlage:
Diese Position entspricht dem Massageablauf der zweiten Position, jedoch ohne Gesichtsmassage. Der Therapeut hat nun die Gelegenheit, spezielle Indikationen, die diese Position betreffen, zu behandeln. Den Schwerpunkt bilden eine spezielle Hand- und Fußmassage nach den langen Zügen über Arme und Beine.

5. Position in der rechten Seitenlage:
Nun hilft der Therapeut dem Patienten, sich auf die rechte Seite zu legen, wobei das linke Bein nach vorne angewinkelt wird.

Der Schwerpunkt in dieser Position liegt in der Massage der Wirbelsäule, des Rückens, der Schulter, der Hüften und Beine, wobei mit der linken Seite begonnen wird.

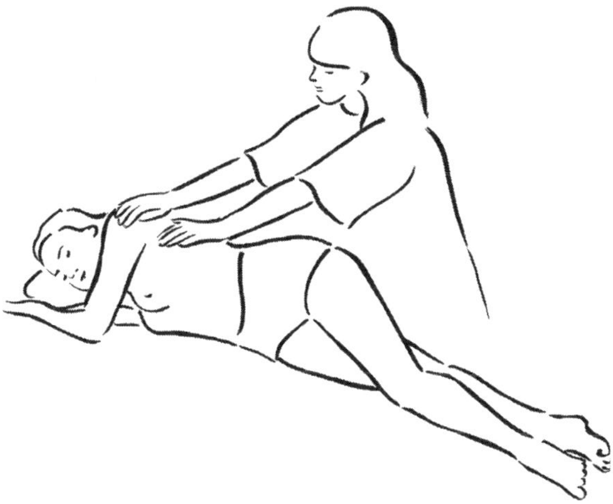

6. Position in der dritten Rückenlage:
Nun hilft der Therapeut dem Patienten wieder in die Rückenlage und auch hier ist wieder darauf zu achten, daß er vollkommen gerade liegt.

Der Ablauf der Massage entspricht wieder der zweiten Position ohne Gesichtsmassage. Hier liegt der Schwerpunkt der Massage in langen, sanften Zügen vom Bauch über den Brustkorb, Schulter bis zur Hand und von den Hüften über die Beine zu den Füßen und Zehen.

7. Position im Sitzen:
Nun hilft der Therapeut dem Patienten, sich wieder aufrecht hinzusetzen, die Handflächen liegen auf den Oberschenkeln.
Es folgt eine leichte Massage vom Kreuz über den Rücken, Brustkorb, Nacken, über die Schultern, vom Arm zu den Händen über die Finger hinaus und von der Hüfte zu den Füßen über die Zehen hinaus. Es erfolgt eine sanfte Massage des Nackens.

Als Abschluß folgt eine tiefe, mehrfach wiederholte gemeinsame Ein- und Ausatmung, die der Therapeut durch den Druck seiner Hände verstärkt. Beim Einatmen drückt er auf Brust und Schultern und beim Ausatmen auf Bauch und Rücken des Patienten.
Nun werden die mit Öl getränkten Wattebäusche aus den Ohren entfernt, dann wird der Oberkopf mit *Rasnadi Curna*, einem erhitzenden Kräuterpulver, eingerieben, damit es zu keiner Verkühlung kommt und hernach hilft der Therapeut dem Patienten, sich auf den Rücken zu legen, um sich eine **kurze Nach-Ruhe** zu gönnen. Diese **Ruhepause** ist sehr wichtig, damit die Wirkung der Massage nachklingen kann. Wichtig ist, daß der Körper gut abgedeckt wird und daß der Patient nicht friert.
Nach dieser kurzen Ruhe ist es wichtig, daß der Patient gut **schwitzt**, entweder verwendet man hierzu eine spezielle Schwitzkabine oder einen Schwitztisch.
Auf jeden Fall ist wichtig, daß bei dem ayurvedischen System des Schwitzens der Kopf außerhalb des Dampfs bleibt, da der Kopf ein Hauptsitz von *Kapha* ist und wenn *Kapha* zu viel Hitze bekommt, verflüssigt es sich, was bedeutet, daß es zu einer Verschleimung im Kopf kommt. Außerdem verliert man die „Kühlung der Sinne", das bedeutet, daß man die Ruhe und Stabilität im Geist verliert.
Wenn keine Schwitzkabine zur Verfügung steht, ist es sinnvoll, wenn der Patient in Leintücher auf der Massageliege eingehüllt wird und mit warmen Decken fest eingepackt wird, um so zum Schwitzen zu kommen. Das Schwitzen unterstützt die Entschlackung über die Haut.

Nach dem Schwitzen sollte der Patient unbedingt 30 bis 60 Minuten ruhen, und zwar idealerweise in einem Raum, der nicht zu hell ist, wo es keine störenden Geräusche gibt und wo er ganz in Ruhe in Entspannung verweilen kann.
Nach dem Ruhen sollte sich der Patient duschen. Es empfiehlt sich dazu eine sanfte Seife oder ein Babyshampoo zu verwenden, da auch nach dem Duschen ein leichter Ölfilm auf der Haut verbleiben sollte. Ideal ist eine Waschpaste aus Seifenkraut, Tumerik und Mungdal-Mehl.

Dies war nun eine kurze Beschreibung einer **klassischen** ayurvedischen Massage, wie sie in Kurbetrieben oder Ayurveda-Praxen durchgeführt wird. Es wird in etwa ein halber bis ein ganzer Liter Öl verwendet. Hieraus können wir auch ersehen, warum eine ayurvedische Massage nicht zum Nulltarif zu bekommen ist. Sie ist sehr zeit- und energieaufwendig und auch die Herstellung des Massageöls hat seinen Preis.

Die günstigste **Zeit für das *Abhyanga* ist der Vormittag.** Im Rahmen der vorbereitenden Behandlungen (*Purva Karma*) sind 3 bis 7 Tage bei täglicher Anwendung angebracht. Abhyanga kann jedoch auch begleitend zu den Ausleitungsmaßnahmen weitergeführt werden. Dann ist der Ablauf zeitlich verkürzt.
Wird das Abhyanga im Rahmen einer Wellness-Kur (ohne *Pancha Karma*-Therapie) angeboten, empfiehlt es sich, für 7 Tage oder länger täglich massiert zu werden.
Die ideale Dauer des Abhyanga beträgt ca. 1 Stunde, d. h., pro Position wendet der Therapeut etwa 8 bis 10 Minuten auf.

Wirkung des Abhyanga:
Ein Abhyanga wirkt gleichermaßen auf den Kreislauf, das Lymphsystem und die Nerven. Auch bewirkt es eine ruhige und entspannte Atmung. Dadurch erreicht man eine allgemeine Beruhigung, Streßabbau, Entspannung und Harmonisierung. Dies wirkt sich vorteilhaft bei Bluthochdruck, Lymphblockaden, Verspannungen, Schmerzen sowie zur besseren Durchblutung in den Geweben aus.
Zu empfehlen ist ein Abhyanga bei allen *Vata*-Erkrankungen, Streß, Nervosität, bei Muskelverspannungen und Schmerzen, bei Erkrankungen des rheumatischen Formenkreises, bei psychosomatischen Erkrankungen sowie bei hohem Blutdruck und als Vorbereitung für die Pancha Karma-Therapie.
Nicht zu empfehlen ist ein Abhyanga bei erhöhtem *Kapha*, wie Übergewicht, Diabetes oder bei Verdauungsstörungen und bei Ama-Belastung sowie bei Fieber, Kopfschmerz und Entzündung der Haut, bei Infektionskrankheiten und während der Menstruation.

b) WEITERE ÖLBEHANDLUNGEN

Ganzkörper-Synchronmassage:
Nach dem *Abhyanga*, der Ganzkörpermassage, ist die Synchronmassage die bekannteste Anwendung im Bereich *Purva Karma*. Der Ablauf entspricht der **Ganzkörper-Ölmassage**, nur daß bei der Synchronmassage zwei Therapeuten gleichzeitig arbeiten.
Das Wichtigste ist jedoch die absolute Übereinstimmung der Bewegungen beider Therapeuten während der Massage.
Das gilt sowohl für die Geschwindigkeit der Bewegungen, als auch den Druck bei der Massage. Das bedeutet, daß die Therapeuten sehr gut aufeinander eingespielt sein müssen. Es bedeutet aber auch, daß es bei der Massage ein blindes und ein intuitives Verständnis zwischen den Therapeuten geben muß. Hilfreich ist auch, wenn die Therapeuten ein gleiches spirituelles Bewußtsein haben oder auch privat gut harmonieren.
Durch solch eine synchrone und harmonische Massage verliert der Patient das Gefühl der Berührung. Wird der Patient von zwei Händen massiert, so folgt der Geist den Bewegungen und ist versucht, ständig zu werten oder zu analysieren. Dadurch ist es schwierig, in einen tiefen Entspannungszustand zu kommen. Bei der harmonischen und synchronen Berührung von vier Händen fällt es dem Geist schon viel schwerer, dem genauen Geschehen zu folgen und es kommt eher und leichter zu einer tiefen Entspannung.

Udvartana – **Pulvermassage:**
Für den Fall, daß aus therapeutischen Gründen keine Ölmassage gegeben werden darf, wird eine Massage mit Kräuterpulver angewandt. Diese Pulvermassage hat eine spezielle Wirkung auf die Haut und die Durchblutung der Gewebe. Empfehlenswert ist die Pulvermassage bei *Kapha*störungen, bei Übergewicht, bei übermäßigem Schwitzen, bei Juckreiz der Haut oder wenn eine intensive Massagewirkung erwünscht ist. Alternativ dazu kann auch eine ***Garshan*-Massage** gegeben werden. Dies ist auch eine trockene Massage ohne Öl. Hierbei wird die Massage mit speziellen Handschuhen aus Wildseide durchgeführt.

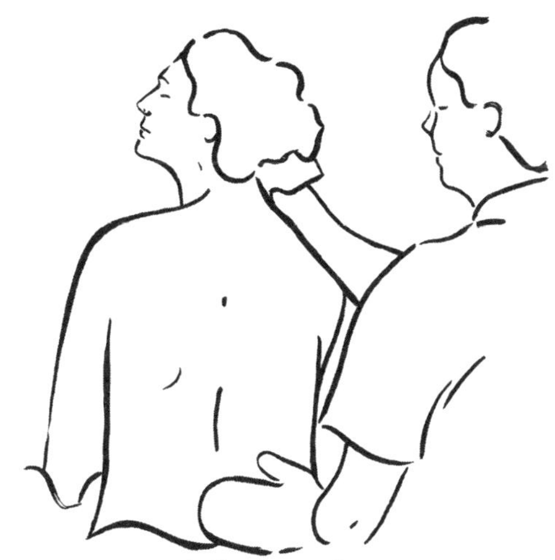

Shirodhara – **Stirnguß:**
Der Stirnguß wird immer bei Vatastörungen im Kopfbereich eingesetzt. Er hilft sehr gut bei Konzentrationsstörungen und mentalen Problemen. Auch bei vatabedingten Kopfschmerzen und bei Migräne leistet der Stirnguß eine große Hilfe. Er sollte, wenn möglich, immer bei der Migräne-Therapie mitberücksichtigt werden. Er verhilft zur Tiefenentspannung.

Für den Stirnguß liegt der Patient auf dem Rücken auf der Massageliege. Die Haare sind fest nach hinten gebunden. Der Kopf ruht etwas nach hinten geneigt und hinter dem Kopf befindet sich eine Öffnung in der Massageliege, durch die das Öl ablaufen kann. Unter der Öffnung steht ein Behälter, in dem das abgelaufene Öl aufgefangen wird.
Als erstes bekommt der Patient eine kurze Gesichtsmassage und eine lokale Dampfbehandlung der Stirn. Dies kann durch einen Dampfstrahl erfolgen, der über einen Schlauch auf die Stirn geleitet wird. Oder es werden heiße Tücher auf die Stirn aufgelegt. Danach werden die Augen des Patienten mit einem Tuch abgedeckt oder er bekommt ein Stirnband, das verhindert, daß das Öl ins Gesicht und die Augen fließt.

Nun hängt der Therapeut einen Kessel über die Stirn des Patienten. Hierfür wird meist ein galgenartiges Gestell verwendet. Am Boden des Kessels befindet sich ein Loch, durch das einige dicke Baumwollfäden gezogen sind.
Wenn der Kessel nun mit Öl gefüllt wird, läuft es an den Fäden entlang und fließt auf die Stirn des Patienten. Es ist wichtig, daß der Strahl stets gleichbleibend ist. Das gilt sowohl für die Stärke des Strahls als auch für die Temperatur des Öls. Der Therapeut versetzt den Kessel nun in eine feine Schwingung, so daß der Strahl in Form einer Ellipse auf die Stirn fließt. Ein zweiter Therapeut sorgt für den kontinuierlichen Nachschub an warmem Öl sowie für das Wiedererwärmen des abgelaufenen Öls.

Nach dem Stirnguß werden die Haare des Patienten mit einem Frotteetuch zu einem Turban zusammengebunden. Dies ist wichtig, um zu verhindern, daß der Kopf des Patienten auskühlt.
Auch die Nach-Ruhe ist enorm wichtig. Der Patient darf auf gar keinen Fall sofort nach den Stirnguß herumlaufen oder einer Tätigkeit nachgehen. Auch ist darauf zu achten, daß der Patient den Kopf gut bedeckt hält, bis Haare und Kopf vollkommen getrocknet sind, um eine Erkältung zu vermeiden und da ein Abkühlen des Kopfes wiederum *Vata* verstärken würde.
Die Dauer des Stirngusses richtet sich wieder nach der Konstitution und der Kondition des Patienten. Die durchschnittliche Dauer beträgt zwischen 35 bis 50, maximal bis 90 Minuten.
Als Therapie wird der Stirnguß in einem Zeitraum von 7 bis 14 Tagen täglich durchgeführt.

Zu empfehlen ist der Stirnguß bei vatabedingtem Kopfschmerz, vor allem bei chronischen Formen sowie Migräne, bei Gesichtslähmungen, bei Depression und bei Schlaflosigkeit.

Nicht zu empfehlen ist der Stirnguß bei niedrigem Blutdruck, bei Kreislaufschwäche und während der Menstruation.

c) DIVERSE LOKALE ÖLANWENDUNGEN

Es gibt auch noch einige **lokale Ölanwendungen**, die nicht zwangsläufig zu einer Ayurveda-Kur gehören. Sie werden aber von Fall zu Fall bei medizinischen Indikationen eingesetzt. *Kadivasti*, die örtliche Ölanwendung, findet bei Herzleiden Anwendung (*Hridvasti*). Bei Lähmungen der Beine wird *Kadivasti* am Rücken vorgenommen. In indischen Ayurveda-Kliniken werden Gelähmte – die in der westlichen Medizin nicht mehr weiter behandelt werden können –nach monatelanger Behandlung wieder zum Gehen gebracht.

Kadivasti:
Dies ist eine lokale Ölanwendung, die an fast **jeder Stelle des Körpers** durchgeführt werden kann. Sie ist sowohl Ölanwendung als auch Wärmebehandlung. Im Prinzip geht es darum, in einem kleinen Becken warmes Öl auf den Körper zu bringen.
Dazu wird aus Kichererbsenmehl und Wasser ein Teig geknetet. Man muß besonders darauf achten, daß der Teig zwar fest ist, aber doch geschmeidig, damit er sich gut dem Körper anpassen läßt und gut abdichtet. Dieser Teig wird zu Würsten gerollt und aus diesen ein rundes oder viereckiges Becken geformt. Dieses Becken muß gut an der Haut anliegen und haften. Dafür ist es wichtig, daß der Patient ganz ruhig liegt.
Dieses Becken wird nun mit sehr warmem Sesamöl gefüllt. Das Öl bleibt etwa 10 bis 15 Minuten auf dem Körper. Danach wird das Öl mit einem kleinen Schwämmchen ausgesaugt und der Teig vom Körper entfernt.
Kadivasti wird meistens am Rücken zur **Schmerztherapie** durchgeführt. Günstige Wirkung hat ein *Kadivasti* auf der Lendenwirbelsäule gegen alle Arten von Rückenschmerzen, bei Nervenschmerzen wie Ischiasschmerzen, bei degenerierten Wirbeln und bei Bandscheibenvorfall, auch bei Lähmungserscheinungen in den Beinen.
Auch im Schulter- und Nackenbereich hilft ein Kadivasti gegen muskuläre Verspannungen und das Schulter/Arm Syndrom.

Hridvasti:
Es wird nur auf dem **Brustbein oder über dem Herz** durchgeführt. Das *Hridvasti* hilft bei den vatabedingten Herz- und Kreislaufproblemen sowie bei Bluthochdruck und bei Nervosität.

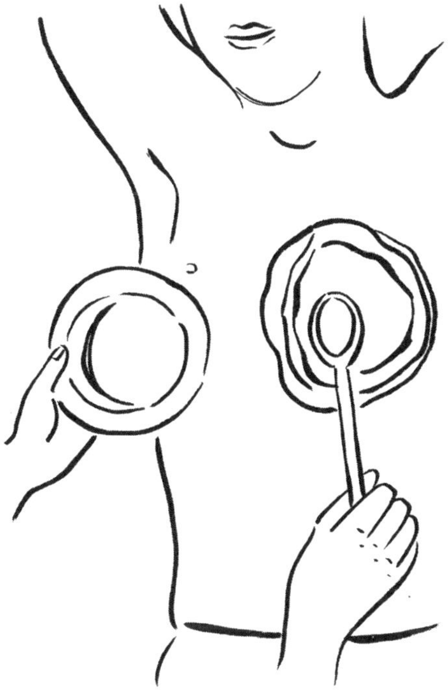

Shirovasti:
Dies ist eine lokale Ölanwendung, die bei allen vatabedingten Erkrankungen des **Kopfes** eingesetzt wird. Chronische Kopfschmerzen, Gesichtslähmungen sowie Haarausfall sind Fälle, in denen ein *Shirovasti* gute Hilfe verspricht. Auch Tinnitus, Schlaflosigkeit und Ohrenschmerzen können durch *Shirovasti* mit gutem Erfolg behandelt werden.

Shirovasti wird meistens im Rahmen einer ayurvedischen Pancha Karma-Kur durchgeführt, da den Patienten dazu der Kopf kahlgeschoren werden muß. Auch muß das Shirovasti mehrmals durchgeführt werden, um tiefgreifende Hilfe zu bringen.
Für *Shirovasti* werden auf beiden Seiten offene Lederhauben verwendet. Der Patient bekommt eine solche Lederhaube fest auf den Kopf gedrückt und sie wird mit einer Paste aus Kichererbsenmehl und Wasser innen und außen am Kopf abgedichtet. Dabei sitzt der Patient aufrecht auf einem Hocker. Die Haube wird nun von oben mit lauwarmem Öl gefüllt, bis der Kopf ganz mit Öl bedeckt ist. Das Öl bleibt etwa 40 Minuten auf dem Kopf. Die Dauer richtet sich nach der Kondition und der Konstitution des Patienten.

***Akshitarpana*, das Augenbad:**
Bei dieser Anwendung wird kein Öl, sondern Ghee, geklärte Butter oder Butterfett verwendet. Ghee ist das beste Mittel, um das *Pitta-Dosha* zu reduzieren, und daher wird es immer dann eingesetzt, wenn *Pitta*-Störungen vorliegen – in diesem Fall bei Entzündungen im Bereich der Augen wie Bindehautentzündung. Aber auch bei müden oder trockenen Augen bringt es Erleichterung. Zur Regeneration der Augen nach Verletzungen gilt es als gutes Mittel.

Für das *Akshitarpana* wird zuerst ein Teig aus Kichererbsenmehl und Wasser geknetet. Dieser Teig muß fest aber geschmeidig sein, um gut auf der Haut zu haften und abzudichten.
Der Patient liegt auf der Massageliege in der Rückenlage und hält die Augen geschlossen. Nun wird um die Augen aus dem Teig eine „Brille" geformt. Wir können uns das wie eine Taucherbrille nur ohne Glas vorstellen. Diese „Brille" wird nun mit lauwarmem Ghee gefüllt. Dann öffnet der Patient die Augen und das Ghee bedeckt die Augen. Dies ist viel weniger unangenehm, als man es sich jetzt vielleicht vorstellt.

Das Ghee bleibt für 3 bis 7 Minuten auf den Augen. Danach schließt der Patient wieder die Augen und das Ghee wird vorsichtig entfernt.

***Karnapurna*, das Füllen des Ohrs mit Öl:**
Während des Abhyanga wird dem Patienten warmes Öl in die Ohren geträufelt und diese werden dann mit einem Wattebausch verschlossen. Dies dient dazu, das Ohrenschmalz aufzulösen und Unreinheiten aus dem Ohr zu entfernen.
Diese Anwendung kann jedoch auch unabhängig vom Abhyanga durchgeführt werden, um etwa Ohrenschmerzen zu behandeln.
Hierzu hat sich warmes Johanniskrautöl bestens bewährt. Bei Ohrenschäden durch frühere Entzündungen oder Operationen darf diese Anwendung nicht durchgeführt werden. Der Therapeut muß also immer vor dem Füllen den Patienten nach solchen Fakten befragen!

***Pinda Sveda*, heiße Ölwickel:**
Auch der Ölwickel ist eine **lokale Ölanwendung.** Es werden meist nährende und aufbauende Öle verwendet. Der Ölwickel ist einerseits eine sehr tiefgreifende Wärmebehandlung, andererseits hat man auch die Wirkung der medizinischen Substanzen im Öl.
Besonders zu empfehlen ist der Ölwickel bei Arthrose der Gelenke, bei Verhärtungen oder Verspannungen in der Muskulatur, aber auch um innere Organe, wie z. B. die Leber, zu stärken oder zu heilen.

Für den Ölwickel werden saugfähige Tücher in warmes oder heißes Öl getränkt und in mehreren Lagen auf die zu behandelnden Körperpartien des Patienten aufgelegt. Gelenke wie etwa Knie- oder Schultergelenke können auch umwickelt werden. Der Ölwickel wird nun gut abgedeckt und mit einer Decke gegen das Auskühlen geschützt.
Der Ölwickel läßt sich sehr einfach und effektiv auch **zu Hause** durchführen. Hierzu wärmt man zuerst das gewünschte therapeutische Öl an. Dann taucht man einige weiche und saugfähige Stoffwindeln in das Öl und legt sie auf die zu behandelnden Bereiche, wie z. B. auf ein schmerzendes Kniegelenk. Nun umwickelt man das Ganze mit Plastikfolie und hält es mit einer Decke gut warm.

***Snehavagahna*, warmes Ölbad:**
In der frühen vedischen Zeit wurde das Ölbad zur Verjüngung sehr geschätzt. In der heutigen Zeit kommt es nur noch selten für Erwachsene zur Anwendung, da diese Therapieform durch die große Menge des benötigten Öls sehr teuer ist.
Für das Ölbad wird eine Badewanne mit warmen therapeutischen Öl gefüllt und der Patient legt sich für eine bestimmte Zeit hinein. Das Ölbad hat eine intensive und tiefgreifende Wirkung und ist für alle Arten von Vatastörungen bestens geeignet.

In einem indischen Ayurveda-Krankenhaus konnte ich anläßlich meines Praktikums in der Geburtsabteilung eine Ärztin beobachten, die ein Neugeborenes in einem Wännchen mit handwarmem, feinem Öl massierte. In den ersten Lebenstagen bekommen alle Babys diese sanfte Therapie.
Das hat eine sehr stärkende, stabilisierende Wirkung auf die Haut und den Organismus des Kindes, ganz wichtige positive Hautreize werden gesetzt und damit auch positive Impulse für das Nervensystem des Kindes.
Durch die sanfte, warme Ölmassage erlebt das Kind die Geborgenheit des Mutterleibes und bekommt die wichtige Information von Zärtlichkeit. Dadurch kann sich das erste Chakra, das Wurzelchakra, welches dem Lebenswillen und der Stabilität zugeordnet ist, gut entfalten und das fördert das Urvertrauen des neuen Erdenbürgers für das ganze Leben.

d) KRÄUTERWICKEL ODER -PACKUNGEN

Kräuterwickel:
Der Kräuterwickel wirkt ähnlich wie der Ölwickel, nur daß für den Wickel eine Abkochung mit Heilkräutern gemacht wird. Darin werden saugfähige Tücher getränkt und auf den Körper aufgelegt oder es werden die zu behandelnden Körperpartien umwickelt. Auch hier muß der behandelte Körperbereich gut abgedeckt und warmgehalten werden.

Kräuterpackungen:
Für die Packungen werden Kräuter in Stoffsäckchen eingebunden und diese dann gekocht. Diese Kräutersäckchen werden entweder auf den Körper aufgelegt oder es wird damit eine Massage gegeben, ähnlich wie beim *Navarakizhil* – der Massage mit den Reisbeuteln.

Bei der **Massage mit den Kräuterbeuteln** (***Pinda Sveda*** oder ***Kizhil***) werden diese in sehr heißes Öl gestellt und damit der betreffende Körperbereich erst kurz betupft. Wenn sich die Kräuterbeutel etwas abgekühlt haben, werden auch großflächigere Massagen durchgeführt. Dies eignet sich hervorragend zur Behandlung von schmerzenden Gelenken, bei Rückenschmerzen oder bei Muskelverspannungen bzw. Muskelversteifungen. Auch bei Lähmungen kann man hiermit gute Ergebnisse erzielen.

Bei den Ölbehandlungen gibt es auch **nährende und aufbauende Anwendungen**, die aber meistens **nach dem Abschluß der Pancha Karma-Therapie** gegeben werden.

Hauptsächlich handelt es sich dabei um den warmen **Körperölguß** – ***Kayaseka*** oder den **Synchron-Körperölguß** – ***Pizhichil*** und der **Massage mit speziellen Reisbeuteln** – ***Navarakizhil***. Beide haben zugleich eine nährende wie auch eine erhitzende Wirkung.
Diese Anwendungen finden Sie in diesem Kapitel unter „Aufbauende Maßnahmen nach der Pancha Karma-Therapie" beschrieben.

KRÄUTER- ODER BLÜTENBÄDER

Diese haben in erster Linie eine entspannende und regenerierende Wirkung. Dazu wird eine Badewanne mit körperwarmem Wasser (35–37° C) gefüllt, in das dann Kräuter oder frische, duftende Blütenblätter oder Essenzen gegeben werden.
Der Patient legt sich nun in diese Wanne und genießt, umgeben von dem Duft der Kräuter oder der Blütenblätter, eine tiefe Ruhe. Diese Bäder wurden bei der Beschreibung der Wellness-Kur bereits erwähnt.

3. SVEDANA - SCHWITZEN

Der dritte Schwerpunkt des Purva-Karma ist ***Svedana***, die **Schwitztherapie**. Schwitzen dient in erster Linie zur **Entgiftung und Entschlackung.**
Am Beginn dieses Kapitels wurde schon eingehend auf den Zusammenhang von Fettgewebe und der Ablagerung von Schadstoffen eingegangen. Deshalb wird dieses Thema an dieser Stelle nur mehr kurz behandelt.

Das Fettgewebe hat unter anderem die Funktion, für den Körper unverwertbare Substanzen zu speichern, wenn sie im Laufe des Stoffwechsels nicht eliminiert werden können.
Der Schweiß ist das Mala des Fettgewebes, und somit ist das Schwitzen eine Reinigung des Fettgewebes. Über das Schwitzen eliminieren wir also Stoffwechselschlacken und fettlösliche Giftstoffe, die der Körper sonst nicht ausgeschieden hätte. Die Haut kann man daher als das größte Ausscheidungsorgan des Körpers bezeichnen.
Das Schwitzen als Teil des Purva Karma folgt immer nach der Ölanwendung.
Eine Ausnahme bildet der Ölguß – ***Kayaseka*** –, da hierbei mit sehr warmem Öl gearbeitet wird. Er zählt sowohl zu *Snehana*, der Ölanwendung, als auch zu *Svedana*, der Schwitztherapie.
Im Gegensatz zur Sauna und der indianischen Schwitzhütte darf bei der ayurvedischen Schwitztherapie der Kopf **nicht** der Hitze ausgesetzt sein. Der Kopf stellt einen der Hauptsitze des *Kapha-Doshas* dar, und *Kapha* reagiert sehr sensibel auf Hitze. Starke Hitze würde das *Kapha* verflüssigen.
Die Aufgabe von *Kapha* im Kopf besteht darin, die Sinne zu kühlen und dem Geist Stabilität zu verleihen. Bei starker Hitze wird diese Stabilität gefährdet.
Bei der ayurvedischen Schwitztherapie werden daher Schwitzkästen verwendet, die oben eine Öffnung für den Kopf haben.

Bei den Schwitzkästen gibt es zwei verschiedene Arten:

1. Schwitzen im Sitzen.
Dabei handelt es sich um einen Schwitzkasten, in dem der Patient aufrecht auf einer Bank sitzt. Der Kasten ist ringsherum geschlossen, nur oben gibt es eine Öffnung für den Kopf. Diese Öffnung wird mit einem Handtuch gut abgedichtet, damit keine Hitze entweichen kann. Der Schwitzkasten hat entweder einen Dampfkessel integriert oder der Dampf wird mittels eines Schlauchs von außen zugeführt. Der Patient sitzt nun im heißen Dampf, bis ein starkes Schwitzen ein-

setzt. Diese Art des Schwitzkastens hat sich hauptsächlich in Ayurveda Kliniken in Europa und den U.S.A. durchgesetzt.

2. Schwitzen im Liegen.

Hierbei liegt der Patient auf einem Tisch, über den ein gewölbter Deckel geklappt wird. Auch in diesem Fall ist der Körper, mit Ausnahme des Kopfes, gut eingeschlossen. Bei diesen Schwitzkästen befindet sich unter dem Tisch ein Dampfkessel und der Dampf wird durch einen Schlauch in den Schwitzkasten geleitet. Der Patient liegt nun im Dampf und schwitzt. Dies ist sehr entspannend, allerdings bildet das Liegen eine gewisse Gefahr bei Patienten mit schwachem Kreislauf. Diese Schwitzkästen findet man hauptsächlich in traditionellen Ayurveda-Kliniken in Indien und Sri Lanka.

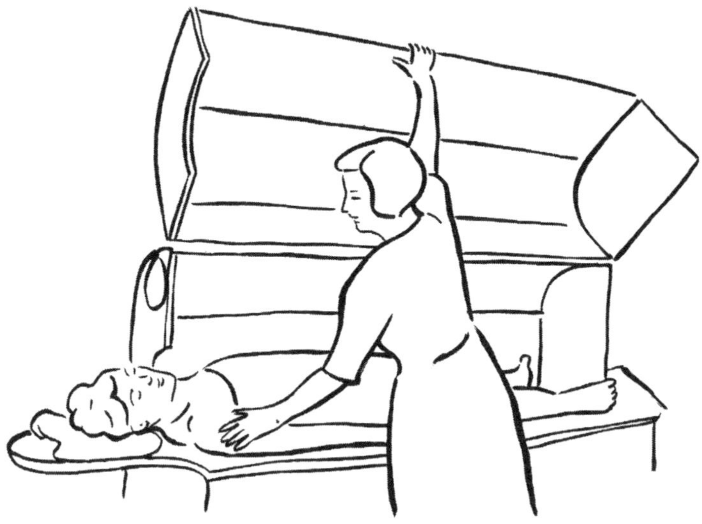

Die Verweildauer in dem Schwitzkasten richtet sich nach der Konstitution und der Kondition des Patienten und beträgt in etwa 7 – 12 Minuten.
Während sich der Patient im Schwitzkasten befindet, sollte er **nie** alleine gelassen werden. Es muß sich immer ein Therapeut im Raum, oder zumindest in der unmittelbaren Nähe befinden, um das Befinden des Patienten zu überwachen.
Nach dem Schwitzen hilft der Therapeut dem Patienten aus dem Schwitzkasten und führt ihn zu einer Liege im Ruheraum. Eine Nach-Ruhezeit von mindestens 30 Minuten zum Regenerieren ist wichtig und sollte unbedingt eingehalten werden.
Danach sollte der Patient gründlich duschen, aber darauf achten, daß ein leichter Ölfilm auf der Haut verbleibt.
Es ist sehr wichtig, daß sich der Patient nach dem Duschen den Körper, besonders den Kopfbereich, gut abtrocknet.
Danach sollte eine Kopfbedeckung getragen werden. Kälte, Nässe, Wind sind nach dem Schwitzen zu meiden.

In Kurhotels stehen oft keine Schwitzkästen zur Verfügung. In diesem Falle wird ein Dampfbad mit aktivierenden Heilkräutern als Wärme- und Schwitztherapie angeboten. Zum Schutz des Kopfes gegen die Hitze wird dieser mit einem kühlen Handtuch bedeckt.
Neuerdings gibt es auch spezielle Schwitz-Pyramiden, wobei auch der Kopf freigehalten wird.

B) PANCHA KARMA - die individuellen Ausleitungsverfahren

Mit *Pancha Karma* bezeichnet man in der ayurvedischen Medizin die eigentliche Haupt-therapie. Sie erfolgt, nachdem die gestörten *Doshas* durch die Anwendungen des *Purva Karma* aus den Geweben in den Magen- und Darmtrakt transportiert worden und zur Ausscheidung vorbereitet sind. Die Öl- und Schwitzanwendungen werden während Pancha Karma, der Haupttherapie, fortgesetzt.
Zur *Pancha Karma*-Therapie gehören 5 Methoden zur Eliminierung von angeschwollenen bzw. gestörten *Doshas*, um die gesunde Harmonie im Körper wieder herzustellen. Unter Gesundheit versteht man in der ayurvedischen Medizin eine Harmonie und Balance der *Doshas* und daraus resultierend ein reibungsloses Funktionieren des Organismus.
Der Name *Pancha Karma* setzt sich aus zwei Sanskritwörtern zusammen. *Pancha* heißt „fünf" und *Karma* bedeutet „Handlung". Die fünf Behandlungen sind:

1. ***Vamana*** – Erbrechen zur Eliminierung von gestörtem oder überschüssigem *Kapha-Dosha.*
2. ***Virechana*** – Abführen zur Eliminierung von gestörtem oder überschüssigem *Pitta-Dosha.*
3. ***Vasti*** – Einlauf zur Reduzierung und Harmonisierung von *Vata-Dosha.*
4. ***Nasya*** – Behandlung durch die Nase bei Problemen im Kopfbereich (*Kapha-Dosha*).
5. ***Rakta-Moksha*** – Aderlaß zur Behandlung von Blutproblemen (*Pitta-Dosha*).

Aus dieser Auflistung kann man ersehen, daß bei einer Pancha Karma-Kur **nicht** alle 5 Therapieformen zur Anwendung kommen. Je nach Ihrem Krankheitsbild bzw. den **gestörten *Doshas*** wird der Arzt die passende Therapieform für die Kur anordnen. Es hat also nichts mit der Qualität einer Pancha Karma-Kur zu tun, ob Sie nur eine oder mehrere Ausleitungstherapien verordnet bekommen.
Wenn man das erste Mal über diese ayurvedischen Ausleitungsverfahren hört oder liest, so mögen einem diese sehr effektiven Reinigungsmethoden zu drastisch erscheinen, oft ist die erste Reaktion Ablehnung. Manche Menschen fühlen sich von Pancha Karma, hauptsächlich von Vamana, abgestoßen. Das liegt in erster Linie daran, daß wir sehr oft das natürliche Verhältnis zu unserem Körper verloren haben. Das Leben in der sogenannten Zivilisation zwingt uns unbewußt ein anderes Bewußtsein für unseren Körper auf.
Gilt in der ayurvedischen Medizin die Unterdrückung der körperlichen Bedürfnisse als Ursache von Krankheit, so gelten in unserem sogenannten zivilisiertem Leben viele dieser körperlichen Bedürfnisse als unschicklich. Von Martin Luther ist der Spruch überliefert: „Warum pfurzet und rülpset Ihr nicht, hat es euch nicht geschmacket?" Das zeigt, daß zu dieser Zeit noch ganz andere Maßstäbe für „gutes" Benehmen galten. In der heutigen Zeit wäre es undenkbar, in einem Lokal oder bei einem Essen mit Freunden zu rülpsen.
Dabei versucht der Körper hiermit nur die Luft, die bei der Verdauung im Magen entsteht oder die wir beim Essen mitgeschluckt haben, auszustoßen. Es handelt sich also offensichtlich um einen natürlichen Reflex des Körpers. Wird die Luft nämlich nicht ausgestoßen, so gelangt sie in den Darm und führt hier zu Blähungen. Diese wiederum beeinträchtigen die Darmtätigkeit und führen zu teils gravierenden Vataproblemen, wenn die Ausscheidung der Gase aus dem Darm unterdrückt wird.
Wir sehen, daß vor nicht allzu langer Zeit solche Reflexe des Körpers als ganz naturlich galten und dazu auch noch gesund sind.
Wenn wir uns also für eine Ayurveda-Kur entschließen, so sollten wir wieder ein neues Bewußtsein für unseren Körper zulassen. Das darf natürlich nicht heißen, diesen körperlichen Reflexen provozierend in aller Öffentlichkeit nachzugeben. Wir sollten sie aber auch nicht mehr als etwas Unschickliches unterdrücken.
Dies wird uns zu einem neuen Verständnis unseres Körpers und zu besserer Gesundheit verhelfen.

1. VAMANA – DAS THERAPEUTISCHE ERBRECHEN

Das Erbrechen ist eigentlich ein ganz natürlicher Reflex, um ein Zuviel an Nahrung oder für den Körper unverwertbare Nahrung auszuwürgen, bevor sie in den Verdauungsprozeß aufgenommen wird. Dies gilt beson-

ders für giftige bzw. stark belastende Substanzen. Man kennt dies von den Abenden mit übermäßigem Alkoholkonsum.
Allerdings ist der Brechreiz mit den Attributen „unschicklich" und „abscheulich" verbunden worden, worauf der Körper diesen Reflex immer mehr einstellt.
Es geht auch nicht darum, die Nahrung, die wir zu viel gegessen haben, wieder zu erbrechen, um ja nicht Gewicht anzusetzen! Dieses neue Krankheitsbild im Zeitalter des Schlankheitswahns, genannt Bulimie, hat aber auch gar nichts mit dem natürlichen Abwehrreflex des Körpers zu tun!
Man sollte bedenken, daß gerade schlanke oder gar dünne Menschen sowieso einen Mangel an *Kapha-Dosha* und damit an Stabilität haben und durch diese Handlungsweise diesen Zustand noch verstärken!
Beim therapeutischen Erbrechen geht es darum, gestörtes oder angeschwollenes und **krankmachendes *Kapha-Dosha*** aus dem Körper zu eliminieren. Der Magen ist einer der Hauptsitze von *Kapha-Dosha* und daher bietet er sich für die Ausleitungstherapie an.
Im Magen befindet sich das *Jataragni*, das „Hauptfeuer" der Verdauung (Salzsäure). Deshalb ist eine starke und intakte Schleimschicht im Magen sehr wichtig, um die Magenwände zu schützen. Sonst würde die agressive Magensäure nicht nur die Nahrung, sondern auch die Magenwände verdauen. Ein Magengeschwür ist ja auch nichts anderes, als eine durch die Magensäure angegriffene Magenwand. Dies kann jedoch nur geschehen, wenn die Schleimhaut einen Defekt hat.
Der Magen ist aber auch der Ort, wo das *Kapha-Dosha* seine Kraft und Nahrung erhält. Der Magen ist im Rahmen der Verdauung für die Spaltung und Aufbereitung der Eiweißstoffe zuständig. Milch und Milchprodukte, und hier vor allem der Schnittkäse, sind aber auch die Nahrungsmittel, die **am rigorosesten** das *Kapha-Dosha* verstärken.
Wenn man nun durch das Erbrechen aus dem Magen Schleim entfernt, so setzt der Körper **sofort** alles daran, den Schleim zu ersetzen. Dafür muß er aber in anderen Bereichen Schleim reduzieren. Das bedeutet, daß der Körper immer ein *Dosha* in den Nebensitzen oder aus einem erkrankten Bereich reduziert, zugunsten eines ausgewogenen Verhältnisses im Hauptsitz.
Das Ergebnis ist dann eine **deutliche Reduzierung von *Kapha*** im restlichen Körper, vor allem in den erkrankten Bereichen.

Vorbereitung:
Da es bei der Durchführung des *Vamana* wichtig ist, daß der Patient einen leeren Magen hat, so sollte er am Tag vor dem *Vamana* unbedingt fasten. An diesem Tag darf der Patient viel heißes Wasser, am besten mit Ingwer, trinken. Dies hilft, das *Kapha-Dosha* zu verflüssigen. Wärme oder Hitze nimmt dem *Kapha-Dosha* die Trägheit und Zähigkeit und macht es dadurch flüssiger. Somit ist es dann leichter auszuscheiden.
An diesem Fastentag bekommt der Patient ein *Abhyanga* und sollte ausgiebig schwitzen.

Durchführung:
Das *Vamana* wird dann am folgenden Tag früh morgens gegen 6 Uhr durchgeführt. Der Patient sitzt dabei auf einem Hocker. Er spreizt die Beine und der Therapeut stellt einen Kübel zwischen seine Beine. Idealerweise sollte zu dem Therapeuten ein *Vaidya* – Ayurveda-Arzt anwesend sein, um die ganze Prozedur zu überwachen.
Als erstes bekommt der Patient warme Milch mit Süßholz, die er so schnell wie möglich trinken sollte. Hat er das Gefühl, daß der Magen ganz voll ist und fühlt er sich außerstande, noch mehr zu trinken, so verabreicht ihm der Arzt oder Therapeut eine Kräutermischung, um den Brechreiz auszulösen.
Jeder Vaidya hat da seine speziellen Rezepturen, aber im allgemeinen wird eine Mischung aus Süßholz und Kalmus gegeben. Der Patient beugt sich nun nach vorne über den Kübel und der Brechreiz sollte sofort einsetzen. Sollte sich der Beginn des Brechreizes verzögern, so wird dem Patienten eine erneute Dosis des Brechmittels verabreicht.
Während des Erbrechens sitzt der Patient vorgebeugt über dem Kübel und ein Therapeut hält seinen Kopf. Um zu verhindern, daß sich der Patient verkrampft, gibt ihm der Therapeut eine sanfte Rückenmassage von unten nach oben.

Zuerst wird der Patient Reste der letzten Mahlzeit und dann die Milch erbrechen. Danach folgen mehr oder weniger große Mengen Schleim. Normalerweise erbricht der Patient in 6 bis 8 Schüben, die möglichst rasch aufeinander folgen sollten. Auf jeden Fall muß dafür gesorgt werden, daß keine größeren Pausen zwischen den Schüben entstehen.

Es ist wichtig, daß die erbrochene Menge größer ist als die Menge der vorher verabreichten Flüssigkeit. Notfalls muß noch einmal eine Dosis Brechmittel gegeben werden.
Haben Patient und Arzt das Gefühl es sei genug, so gibt man dem Patienten leicht gesalzenes Wasser zu trinken, um damit den Magen zu spülen. Abschließend bekommt der Patient Wasser, um damit den Mund und den Rachen zu spülen und zu gurgeln.
Im Anschluß an das *Vamana* muß der Patient unbedingt ruhen. An diesem Tag bekommt der Patient ausreichend zu trinken und auch nur flüssige Nahrung. Erst wenn sich ein gesundes Hungergefühl einstellt, beginnt man mit fester Nahrung. Von Vorteil ist es, dem Patienten zuerst nur *Kitchari* zu geben. Das ist eine Mischung aus gekochtem Reis und Linsen oder Sojabohnen. *Kitchari* ist leicht verdaulich und belastet den Magen daher nicht.

Vamana ist empfehlenswert bei jeder Art von *Kapha*störung, wie etwa Übergewicht, Verschleimung, chronischer Erkältung und Husten, aber auch Diabetes, Bronchitis, Asthma, Stirnhöhlenproblemen und Verdauungsproblemen.
Vamana ist nicht zu empfehlen bei allgemeiner körperlicher Schwäche, während der Schwangerschaft, während der Erholung nach Operationen, bei Erkrankungen im HNO- Bereich, bei Herzschwäche und bei einer Übersäuerung des Magens.
Für *Vata*-Naturen ist *Vamana* ungeeignet, da sie ja dadurch ihre Stabilität, das notwendige *Kapha* verlieren.

2. VIRECANA – DAS THERAPEUTISCHE ABFÜHREN

Bei *Virecana* geht es um das gleiche Prinzip wie beim *Vamana*, nur wird hier das **gestörte** oder **überschüssige *Pitta-Dosha*** aus dem Körper ausgeschieden.
Der Zwölffingerdarm mit der Bauchspeicheldrüse und der Leber gilt als der Hauptsitz des *Pitta-Dosha*. Dies wird verständlich, wenn man bedenkt, daß hier einerseits ganz wichtige Verdauungs- und Stoffwechselvorgänge stattfinden. Andererseits ist die Leber auch das „heißeste" Organ im Körper. Sie heizt das Blut auf, das dann wiederum seine Hitze an das Gewebe weitergibt. Eine weitere Aufgabe der Leber ist es, Giftstoffe aus der Nahrung zu „verbrennen". Wir können sehen, daß hier eine geballte Ladung „Feuer", also *Pitta* am Werk ist. Deshalb ist der Zwölffingerdarm der Hauptsitz des *Pitta-Doshas*.
Wenn man nun durch *Virecana* das *Pitta-Dosha* aus diesem Bereich entfernt, so versucht der Körper sofort das *Pitta* wieder aufzufüllen, indem er *Pitta* aus anderen Bereichen, sei es aus Subdoshas oder befallenen Regionen abzieht. Der Körper reduziert also *Pitta* in erkrankten Bereichen zugunsten des *Pitta*-Hauptsitzes.
Das Ergebnis ist wieder eine **deutliche Reduzierung des *Pitta-Doshas*** in den Nebensitzen und vor allem in den erkrankten Körperbereichen.

Vorbereitung:
Um *Virecana* durchführen zu können, muß die innere und die äußere Ölbehandlung abgeschlossen sein.
Am Vorabend bekommt der Patient eine milde Dosis Triphala, eines ayurvedischen Abführmittels. Triphala besteht aus dem Pulver dreier indischer Früchte und hat eine mild abführende, aber auch darmregulierende Wirkung. Dadurch wird der Stuhl weich und dies soll die Ausscheidung erleichtern.

Durchführung:
Virecana sollte morgens möglichst mit leerem Magen begonnen werden. Der Patient bekommt als erstes eine Mischung von Rizinusöl und abführenden Kräutern verabreicht. Danach begibt er sich in sein Zimmer und

wartet auf die Ausscheidung. Es kann zu bis zu 30 Entleerungen kommen. Das hängt von der Konstitution des Patienten ab.
Bei den Entleerungen wird zuerst flüssiger Stuhl kommen und dann wäßrige Flüssigkeit mit viel Schleim. Zum Schluß kommt nur noch Wasser von gelblicher Farbe. Das zeigt an, daß jetzt hauptsächlich *Pitta-Dosha* ausgeschieden wird. Jetzt ist der richtige Zeitpunkt für den Arzt, dem Patienten ein Medikament zu geben, das die Ausscheidungen stoppt.
Während der Ausscheidung muß sich der Patient Notizen machen über die Anzahl und die Menge der Entleerungen. Auch über die Intensität, die Farbe und den Geruch der Ausscheidungen sollte der Patient Buch führen. Zwischen den einzelnen Schüben der Ausscheidungen muß der Patient ruhen.
Während der Dauer der Entleerungen sollte immer ein Arzt in der Nähe sein, und sich über den Verlauf des *Virecanas* und den Zustand des Patienten informieren.
Es versteht sich von selbst, daß der Patient während der Entleerungen auf gar keinen Fall etwas essen darf.
Nach den letzten Ausscheidungen darf der Patient duschen und sich dann zu Ruhe begeben. An diesem Tag wird der Patient wahrscheinlich kein Bedürfnis nach Nahrung verspüren. Die erste Nahrung nach den *Virecana* sollte unbedingt in flüssiger Form gegeben werden.
Erst wenn sich ein starkes Hungergefühl einstellt, darf der Patient wieder feste Nahrung zu sich nehmen.

Virecana ist empfehlenswert bei allen *Pitta*störungen wie Entzündungen und Infekten, bei Wundrose, Lebererkrankungen, Haut- und Bluterkrankungen, Drüsenschwellungen und bei chronischem Fieber.
Mit Virecana wird das Agni, die Verdauungskraft, und das Gewebe gestärkt und verjüngt.
Virecana ist nicht zu empfehlen bei allgemeiner körperlicher Schwäche und für ältere Menschen. Auch bei Schwangerschaft, Blutungen im Darm und am After, bei Herzschwäche oder Herzproblemen sowie bei Analfisteln sollte kein Virecana verordnet werden.

3. VASTI – EINLAUF

In unserer Kultur und Medizin wird der Einlauf nur zu Reinigungszwecken eingesetzt. Es ist natürlich von Vorteil, den Darm von Zeit zu Zeit zu reinigen, um Fäulnisprozesse im Darm durch Ablagerungen zu unterbinden. Durch diese Fäulnisprozesse kann der ganze Körper vom Darm aus vergiftet und geschädigt werden.
In der indischen Kultur wird jedoch zur Reinigung des Darms die *Shank-Prakshalana*, die Wasserreinigung von oben, also vom Magen aus, bevorzugt.

Beim *Vasti* behandelt man wieder an einem Hauptsitze eines der *Doshas*. Der **Dickdarm** gilt als der **Hauptsitz von *Vata-Dosha***, da hier die Flüssigkeit aus dem restlichen Darminhalt gesondert und der Stuhl „getrocknet" wird. Deshalb wird hier angesetzt, um gestörtes *Vata* zu beruhigen. Bei *Vata*störungen steht nicht so sehr die Ausscheidung von *Vata* aus dem Körper im Vordergrund, sondern es gilt *Vata* zu **beruhigen** und zu harmonisieren.
Dazu nutzen wir die bildhafte Vorstellung der Vorgänge in der Natur und im Körper. *Vata* steht für das Windprinzip, also die Bewegung im Körper. Der Wind ist immer in Bewegung und wenn er sanft weht, ist er willkommen. Weht er jedoch mit all seiner Kraft und Unbändigkeit als Sturm, so hat er teils verheerende Auswirkungen. Auch wenn er noch so bedrohlich ist, noch niemand ist es gelungen, den Wind zu vernichten oder aufzuhalten.
Auch im Körper kann man den Wind – *Vata* – nicht vernichten, also ausscheiden, wenn er zu stark und krank machend geworden ist.

In der ayurvedischen Therapie versucht man aber durch *Vata* reduzierende Kräuter oder durch Sesamöl das ***Vata-Dosha* zu beruhigen** oder zu harmonisieren.

Es gibt grundsätzlich zwei Arten von *Vasti*: *Niruha Vasti* und *Anuvasana Vasti*.

1.) Niruha Vasti: Hier wird ein Einlauf mit einer Abkochung mit *Vata*-reduzierenden und beruhigenden Kräutern durchgeführt. Dieses *Vasti* hat aber auch eine reinigende Wirkung auf den Darm. Bei *Niruha Vasti* verbleibt die Flüssigkeit nur kurze Zeit im Darm. Die Flüssigkeit wird mittels eines Irrigators verabreicht.

2.) Anuvasana Vasti: Hier wird Sesamöl in den Darm gegeben und verbleibt möglichst lange (bis zu 12 Stunden) im Darm. Da Öl die Eigenschaften von *Kapha* hat und damit entgegengesetzt von *Vata* wirkt, ist es das beste Mittel, um *Vata* zu besänftigen. Das Öl wird mit dem Darmrohr oder einem Darmkatheder verabreicht. In indischen Kliniken wird teilweise auch noch ein Ballonkatheder aus Gummi verwendet.

Die meisten ayurvedischen Ärzte verordnen *Niruha Vasti* und *Anuvasana Vasti* im täglichen Wechsel (es wird in jedem Fall mit *Niruha Vasti* begonnen).

Vorbereitung und Durchführung:
Für das *Vasti* liegt der Patient auf einem Bett oder Massagetisch. Er bekommt eine leichte Bauchmassage und legt sich dann in die linke Seitenlage. Das linke Bein ist gestreckt, das rechte wird angewinkelt zur Brust gezogen und der linke Arm liegt unter dem Kopf. Nun wird der Anus eingeölt und das Darmrohr bzw. der Schlauch des Irrigators langsam und vorsichtig in den Darm eingeführt. Durch leichtes Drehen wird dies leichter gemacht. Nach Erreichen des Dickdarms (im Idealfall des querverlaufenden Astes des Dickdarms) läßt man die Abkochung oder das Öl in den Darm fließen. Ist die vorgegebene Menge im Darm, wird das Darmrohr bzw. der Schlauch des Irrigators langsam und vorsichtig herausgezogen.
Für *Niruha Vasti* gibt man eine Menge von ca. 1 Liter Abkochung und für *Anuvasana Vasti* werden 150 – 250 ml Öl verwendet.

Bei ***Anuvasana Vasti*** bleibt der Patient noch für 10 Minuten auf der linken Seite liegen, dreht sich dann für weitere 10 Minuten auf die rechte Seite und bleibt zum Abschluß noch 10 Minuten mit angezogenen Beinen auf dem Rücken liegen. Diese Zeit dient dazu, das Öl gut im Dickdarm zu verteilen. Das Öl sollte so lange wie möglich im Darm bleiben, nach Möglichkeit 4 bis 12 Stunden. Nur so kann das Öl seine Wirkung vollständig entfalten. Das heißt natürlich nicht, daß der Patient das Gefühl zur Toilette gehen zu müssen, gewaltsam unterdrückt. Falls der Patient jedoch innerhalb der ersten Viertelstunde ausscheiden muß, so muß das *Anuvasana-Vasti* unbedingt wiederholt werden, um eine gute Wirkung zu erzielen.
Nach der erfolgreichen Durchführung geht der Patient auf sein Zimmer und ruht, bis der Drang zur Toilette zu gehen sehr stark wird. Wie schon erwähnt, darf es ruhig ein paar Stunden dauern, daß das Öl im Darm verbleibt. Danach darf er duschen.
Bei **Niruha Vasti** liegt der Patient genauso in den drei Positionen wie beim *Anuvasana-Vasti*, jedoch genügen 3 Minuten pro Position. Beim *Niruha-Vasti* sollte die Abkochung möglichst bis zu 45 Minuten im Darm verbleiben. Auch bei dieser Anwendung geht der Patient nach der Durchführung der Anwendung auf sein Zimmer und ruht. Nach der Ausscheidung darf er duschen.
Da *Vata* an allen Ausbreitungen der gestörten *Doshas*, also Krankheiten im Körper beteiligt ist, so kann das Vasti begleitend zu allen Therapien gegeben werden.

Besonders zu empfehlen ist *Niruha-Vasti*: Bei Verstopfung der Kanäle (*Shrotas*), Brust- und Bauchschmerzen, Darmverstopfung, schwacher Verdauung, Kopfschmerz, Angina pectoris, Gesichts- und Halbseitenlähmung, Steifheit des Körpers, Gicht, Gelenkproblemen, Rheuma, Zittern und Behinderung beim Wasserlassen.
Empfehlenswert ist *Anuvasana Vasti*: Bei allen Störungen, für welche *Niruha Vasti* angezeigt ist, ist das Vasti mit Öl auch gut. *Niruha* hat zudem einen *Vata* reduzierenden, reinigenden Effekt, während Anuvasana mehr einen nährenden Effekt hat.
So wird dies besonders empfohlen bei starker Trockenheit und Steifheit des Körpers, zur **Schmerzbekämpfung**, bei Gewichtsverlust, bei allen Erkrankungen, bei denen *Vata* die *Doshas* bzw. die *Dhatus* (Gewebe) beeinträchtigt und zum generellen Aufbau des Körpers.
Nicht zu empfehlen ist ein *Vasti* bei Verletzungen des Darms, bei älteren Patienten.

Bei akuten Fieber, Anämie, Gelbsucht und Lebererkrankungen und bei Diabetes ist Vasti nicht angezeigt. Bei starker Verschleimung sollte kein *Anuvasana-Vasti* gegeben werden.

4. NASYA – BEHANDLUNG DURCH DIE NASE

Die vedischen Wissenschaften sagen, die Nase sei das Tor zum Geist und dem Gehirn. Durch die Nasenschleimhäute nimmt man das *Prana*, die Lebensenergie direkt zum Gehirn auf. Dies wird im Yoga bei verschiedenen Atemübungen, dem *Pranayama*, genutzt. Die ayurvedische Medizin baut auch darauf auf, indem sie durch die Technik des *Nasya* medizinische Wirkstoffe direkt dem Gehirn und dem Geist zuführt.
Hierzu werden verschiedene Darreichungsformen verwendet, hauptsächlich Öl, *Grita* (medizinisches Ghee) und Kräuterpulver. Da die Nase als das „Tor zum Kopf" angesehen wird, wird hier angesetzt, um gestörte *Doshas* aus dem Kopf auszuscheiden oder zu beruhigen. Speziell die **Ausscheidung von *Kapha* und die Beruhigung von *Vata*** stehen therapeutisch im Vordergrund.
Aber auch zur Stärkung des Geistes durch Reduzierung von *Vata* wird Nasya eingesetzt. Da im Kopfbereich alle *Doshas* wirken, kommt es auf die genaue Wirkung und die Dosierung der Kräuter an, auf welches *Dosha* die *Nasya*-Therapie einwirken wird.
Nasya wird im Rahmen einer Pancha Karma-Therapie nach *Vamana*, *Virecana* und *Vasti* angewendet. Es sollte aber dazwischen ein Tag Pause eingehalten werden. Die Wirkung ist am günstigsten, wenn *Nasya* am Nachmittag durchgeführt wird.

Vorbereitung und Durchführung:
Für das *Nasya* liegt der Patient in der Rückenlage auf der Massageliege. Zuerst bekommt er eine Gesichtsmassage mit Öl und dann wird die Stirn für 10 Minuten mit Dampf oder mit heißen, feuchten Tüchern behandelt, um das *Kapha-Dosha* in der Nase und vor allem in den Stirn- und Nebenhöhlen „aufzuweichen" und sie so frei zu bekommen. Auch wird der Kopfbereich dadurch gut durchblutet.
Nun legt der Therapeut dem Patienten ein festes Kissen in den Nacken, sodaß der Kopf nach hinten gewölbt ist und Nase und Nasenlöcher gerade nach oben zeigen.
Jetzt träufelt der Therapeut mit einer Pipette ein spezielles Nasyaöl, z. B. *Anutaila*, in die Nasenlöcher, oder er bläst mit einem Röhrchen ein spezielles Kräuterpulver in die Nase. Der Patient zieht danach die Substanz sanft ein, wobei abwechselnd ein Nasenloch zugehalten wird. Nach einer kurzen Weile des Einwirkens ist auch hier die Nachruhe wichtig.
Hier möchte ich auf das Kalmuswurzelpulver verweisen, das Gehirn und Geist vermehrt Prana zuführt, den Geist beruhigt und wacher macht sowie die Konzentration steigert. Es ist daher auch als Schnupfpulver und als Ersatz für den Schnupftabak zu empfehlen.

Nasya ist zu empfehlen bei Kopfschmerz und Migräne, Steifheit im Kopf- und Nackenbereich sowie der Schultern, Schmerzen im Gesichtsbereich, Nebenhöhlenproblemen, Augen-, Ohren- und Nasenprobleme, Schlaflosigkeit, geistiger Unruhe, Epilepsie.
Regelmäßiges Nasya schützt vor Erkrankungen des Kopfes, der Augen, der Nase, der Ohren und der Kehle. Nasya beruhigt den Geist und die Sinne.
Nasya ist nicht zu empfehlen bei Schwangerschaft, während des Menstruationszyklus, Erschöpfung durch Krankheit, bei Fasten, Atemnot und für kleine Kinder bzw. schwache, ältere Menschen.

DHUMAPANA

Eine erweiterte Form von *Nasya* stellt das ***Dhumapana*** – das Inhalieren von Rauch – dar. Natürlich denkt man in der ayurvedischen Medizin nicht an das Inhalieren von Narkotika wie Tabak oder andere Drogen. Es gibt **spezielle Kräuter**, die reinigend oder auch krampflösend auf den Atemtrakt wirken. Aber auch eine allgemein beruhigende Wirkung und ein günstiges Raumklima läßt sich durch das Verbrennen von Kräutern erreichen.

Denken Sie bitte an die lange Tradition der Räucherstäbchen bzw. des Weihrauchs in Indien und Asien. Auch in der katholischen Kirche hat das Abbrennen von Weihrauch eine lange Tradition.

Diese Behandlungsmethode kennt zwei Techniken:

1. Es gibt in der ayurvedischen Medizin spezielle medizinische „Zigaretten". Dazu werden die Blätter bestimmter Heilpflanzen ausgebreitet und das Pulver weiterer Pflanzen darauf gegeben. Das Ganze wird gerollt und mit einem Faden zusammengebunden. Hierbei kommen bestimmte Heilpflanzen gemäß der Verordnung, wie z. B. Kardamon, Zimt, Jatamamsi, Kalmus, Turmeric und Berberitze zum Einsatz.
   Nach dem Anzünden dieser Zigaretten wird so der Rauch inhaliert.
2. Hierbei werden in einem Gefäß Pflanzenteile verbrannt und der Rauch verteilt sich dann im ganzen Raum. Der Patient atmet den Rauch ein, während er sich im Raum aufhält. Dies kann auch zur Vorbeugung ausgeführt werden, um die Atmosphäre im Raum zu verbessern oder den Raum zu desinfizieren.
   Für die Räucherung des gesamten Raumes sind besonders geeignet: Sandelholz, Kampfer, Kalmus und Zeder. Sie beruhigen den Geist, kühlen die Sinne, reinigen die Schwingungen und schaffen so eine friedliche Atmosphäre im Raum.

Dhumapana wirkt beruhigend auf die *Doshas* im Kopf und im Atemtrakt.
Nicht eingesetzt werden sollte *Dhumapana* bei schwachem *Kapha* und bei Abneigung oder Allergie gegen Rauch. Für alte Menschen, Kinder und Schwangere ist *Dhumapana* ebenfalls **nicht geeignet**.

Auch der Rauch von Räucherstäbchen ist generell eine gute Hilfe, um *Kapha* zu reduzieren, da der Rauch heiße, leichte und trockene Eigenschaften hat.
In der ayurvedischen Medizin werden auch spezielle Räucherstäbchen therapeutisch verwendet, deren Kräuterzusammensetzung und Duftkomposition die *Doshas* bzw. die Chakren harmonisieren.

5. RAKTA-MOKSHA – ADERLASS

Die Anwendung des Aderlasses ist bei uns eigentlich nicht unbekannt und hatte bei den Ärzten im Mittelalter eine große Tradition. Schon Hildegard von Bingen hat den Aderlaß empfohlen. In der modernen Schulmedizin ist er leider ganz aus der Mode gekommen, obwohl er einen unbestreitbaren Nutzen hat. In der sogenannten Alternativmedizin erinnert man sich allerdings schon seit einiger Zeit an diese Technik.

In früherer Zeit, als die Menschen noch mehr in der Natur lebten, gab es natürlich noch mehr Verletzungen als heute. Durch diese Wunden verlor der Körper zwar Blut, jedoch hatte er dadurch auch eine natürliche Möglichkeit, die Bildung von neuem Blut anzuregen. Es gab also die „Gelegenheit", „altes", belastetes Blut loszuwerden und zugleich die Bildung von neuem, frischem Blut zu fördern.

In der ayurvedischen Medizin wird diese Methode angewendet, um sowohl schlechtes und „verdorbenes" Blut als auch gestörtes *Pitta* auszuscheiden. Da Blut das zweite *Dhatu* (Gewebe) ist, wird verunreinigtes oder verdorbenes Blut alle weiteren Gewebe belasten und schwächen. Der Sinn des Aderlasses ist es also, einen Teil des verdorbenen Blutes aus dem Körper auszuscheiden und zugleich die Bildung von frischen Blutzellen anzuregen.
Da *Pitta* in enger Beziehung zum Blutgewebe steht, haben wir hier auch eine gute Möglichkeit, *Pitta* zu reduzieren bzw. zu regenerieren.

Traditionell wird der Aderlaß auf zwei Arten durchgeführt:

1. Prachhana: Darunter versteht man das Anritzen der Armvenen, wie es auch bei uns seit jeher bekannt ist. Hierbei muß sehr sorgfältig gearbeitet werden, um keine Marmapunkte, Nerven oder Arterien zu verletzen. Es

werden ca. 350 bis 500 ml Blut entnommen. ***Siravyadha:*** In der heutigen Zeit wird vielfach in ayurvedischen Kliniken das Blut mittels Spritze oder Kanüle entnommen.
Zur vorbeugenden Blutverjüngung wird ein Aderlaß zweimal pro Jahr empfohlen. Blutspenden in einem Krankenhaus oder beim Roten Kreuz hilft also der Gesundheit und ist ein sozialer Dienst.

2. Jalanka: Die zweite, häufigere, da mildere Methode ist das Ansetzen von Blutegeln. Wenn diese das Blut saugen, sondern sie zugleich ein Sekret in die Adern ab, das das Blut dünnflüssiger macht. Leidet ein Patient an zu dickflüssigem Blut, so ist die Therapie mit Blutegeln auf jeden Fall zu empfehlen. Eine weitere Besonderheit der Blutegel ist, daß sie nur schlechtes und verunreinigtes Blut aufsaugen, es also im eigentlich Sinn zu keinem Blutverlust führt, da sie das gesunde Blut im Körper belassen.
Die Stellen, an die Blutegel angesetzt werden sollen, müssen gut mit Seife und Wasser gereinigt werden. Desinfektionsmittel oder Alkohol schaden diesem Prozeß, da dann die Blutegel nur ungern anbeißen, also das Ansetzen schwierig wird.
Beißt der Blutegel nicht sofort an, wird die Haut leicht geritzt und der Blutegel an den Blutstropfen angesetzt. Ein Blutegel saugt ca. 10 ml Blut und fällt ganz von selbst ab, wenn er sich vollgesogen hat. Dies dauert durchschnittlich 10 – 20 Minuten.
Sollte dies einmal nicht der Fall sein, so löst man ihn ganz leicht mit einem Tropfen Salzwasser ab, den man auf den Kopf des Blutegels gibt.

Da ich mir selbst ab und zu Blutegel ansetze, kann ich Ihnen versichern, daß diese Prozedur nicht unangenehm ist. Das Anbeißen und Saugen fühlt sich an wie ein leichtes Brennen von Brennesseln. Der positive Effekt des gesunden Blutes und die Beschwerdeerleichterung bei Muskelverspannungen und Schwellungen, z. B. der Beine, wiegen eventuelles Unbehagen bei dieser Prozedur leicht wieder auf.

Je nach Therapie und Schwere der Störung werden 3 bis 8 Blutegel angesetzt. Bei meinem Praktikum in einem indischen ayurvedischen Krankenhaus konnte ich jedoch beobachten, daß in bestimmten Krankheitsfällen auch mehr Egel angesetzt wurden.
Nachdem die Blutegel abgefallen sind, wird die Bißstelle mit *Turmerik*/Gelbwurz oder bestimmten Kräuterölen bestrichen und bandagiert.

Die Blutegel werden in den indischen Kliniken oder Praxen eigens für den Aderlaß gezüchtet. Bei der Therapie mit Blutegeln muß auf jeden Fall auf die Einhaltung eines sehr hohen Hygienestandarts geachtet werden! Die Blutegel werden für die Dauer der Behandlung immer nur für den gleichen Patienten verwendet.
Nach der Anwendung werden sie zuerst in ein Glas mit Turmerikwasser gelegt. Dort scheiden sie alle Giftstoffe aus. Danach gibt man die Blutegel zur Aufbewahrung in ein Glas mit reinem Wasser. Diese Blutegel werden erst nach einer 14-tägigen Pause wiederverwendet.
In vielen Kliniken werden die Blutegel jedoch nach der Therapie vernichtet oder in einem See oder Fluß ausgesetzt.

Es gibt ein breites Spektrum für die Anwendung von *Rakta-Moksha*. Generell wird der Aderlaß angewendet bei allen Krankheiten, die durch unreines Blut verursacht oder damit in Verbindung gebracht werden.

Der Aderlaß ist zu empfehlen bei Übersäuerung des Blutes, bei Hautproblemen, Ekzemen, Durchblutungsstörungen, Wasser- und Lymphödemen, Krampfadern, Rheuma, *Pitta*-Störungen vor allem bei Therapieresistenz auf andere *Pitta*-reduzierende Therapieformen und bei Leberstörungen wie Gelbsucht.
Muskelverspannungen, vor allem im Bereich des Nackens, gehören vielleicht nicht zum klassischen Anwendungsgebiet einer Behandlung mit Blutegeln. Ich kann Ihnen aber versichern, daß es eine gute, erleichternde Wirkung hat.
Blutegel eignen sich gut zur **lokalen** Behandlung, z. B. bei Krampfadern an den Beinen oder bei Ödemen.

Hingegen sollte während der Schwangerschaft, bei Anämie, während des Fastens, bei akutem Asthma und akuten Herzproblemen sowie bei Angst oder Ekel vor der Therapie, von ***Rakta Moksha* Abstand** genommen werden. Es darf auch **nicht unmittelbar** nach *Vamana*, *Virecana* und *Vasti* durchgeführt werden.

Der Aderlaß hat sowohl eine sofortige als auch eine nachhaltige Wirkung und ist daher bei akuten Störungen des Blutes angebracht. Zur vorbeugenden Blutreinigung und zur Unterstützung der Therapie bei chronischen Problemen können wir auch Heilpflanzen verwenden.
Bekannt für ihre blutreinigende Wirkung sind in unseren Kreisen die Brennessel, Basilikum, Birke, Zinnkraut, Löwenzahn und Klette.
In der indischen Medizin gelten Amla, Amrita, Ashwagandha, Bhringaraj, Guggulu, Ingwer, Neem, Pippali und Gelbwurz als blutreinigend.

C) AUFBAUENDE MASSNAHMEN
nach der Pancha Karma-Therapie

1. *Brimhana* – nährende Maßnahmen durch warmen Ölguß oder Massage mit Reisbeuteln
2. Aufbau durch Ernährung
3. *Rasayana* – regenerierende und verjüngende Mittel
4. *Kuti Praveshika* – *Rasayana* für den Geist

1. BRIMHANA – NÄHRENDE MASSNAHMEN

Nach **Beendigung der ausleitenden Verfahren** wird mit den nährenden (*Brimhana*) und regenerierenden (*Rasayana*) Maßnahmen begonnen. Sie sollten immer den **Abschluß** einer Pancha Karma-Therapie bilden. Zwei der nährenden Behandlungen, die in Indien in fast allen Pancha Karma-Therapien zum Einsatz kommen, möchte ich nun vorstellen.

a) *Kayaseka* – **der Körperölguß und der Synchron-Körperölguß** – *Pizhichil*
Bei dieser Behandlung bekommt der Patient zuerst eine verkürzte Form des Abhyanga, der Ganzkörper-Ölmassage. Danach legt er sich auf den Rücken. Es ist wichtig, daß der Patient ganz entspannt liegt. Nun wird ein Topf mit sehr warmem Öl auf den Massagetisch gestellt. Hierbei handelt es sich um ein spezielles Therapieöl, das mit nährenden und kräftigenden Substanzen angereichert ist.
Der Therapeut taucht einen kleinen Schwamm oder ein saugfähiges Tuch in das Öl und drückt es dann in der geschlossenen Hand langsam aus. Dabei hält er seine Faust so, daß der gestreckte Daumen nach unten zeigt. Beim Auspressen läuft das Öl nun am Daumen entlang auf den Körper des Patienten. Indem der Therapeut ständig neues Öl aufnimmt und beim Ausdrücken seine Hand langsam über den Körper des Patienten bewegt, so wird dieser ständig mit einem Strahl warmem Öl übergossen. Beim Ölguß ist es wichtig, daß ein zweiter Therapeut regelmäßig den Behälter mit dem abgelaufenen Öl wechselt und das Öl zum Aufwärmen in das Wasserbad gibt. Auch muß er darauf achten, daß der behandelnde Therapeut immer eine ausreichende Menge warmes Öl am Massagetisch zur Verfügung hat.

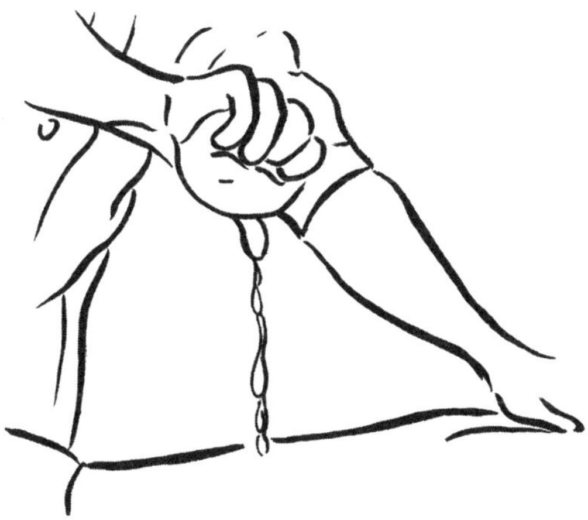

Der Ölguß erfolgt in zügigen, aber ruhigen Bewegungen über den ganzen Körper des Patienten. Er dauert etwa 30 Minuten und hat eine tief entspannende und kräftigende Wirkung. Nach dem Ölguß streift der Therapeut das Öl vom Körper des Patienten ab, hilft ihm vom Massagetisch, hüllt ihn in einen Bademantel oder ein Tuch ein und führt ihn zu einer Liege zur Nachruhe.
Da bei dieser Anwendung das Öl sehr warm sein muß, zählt sie sowohl zu *Snehana Karma* als auch zu *Svedana Karma.* Sie ist also sowohl Ölbehandlung als auch Schwitzbehandlung. Deshalb folgt keine Behandlung im Schwitzkasten.
Die günstigste Zeit für den Ölguß ist morgens oder am späten Nachmittag. Sie kann 3 bis 21 mal je nach Konstitution und Kurdauer bzw. Indikation im täglichen Rhythmus durchgeführt werden.

Zu empfehlen bei: Da es therapeutische Öle für jede Erkrankung gibt, kann der Ölguß bei allen Therapien angewendet werden. Der Ölguß hilft speziell bei Erkrankungen durch erhöhtes *Vata*, psychosomatischen Er-

krankungen, Rheuma, Immunschwäche, Osteoporose, zur Regeneration nach Knochenbrüchen, im Alter und als *Rasayana.*
Nicht zu empfehlen bei: Erhöhtem *Kapha*, Diabetes, Übergewicht, Fieber, Hautkrankheiten, bei hohem Blutdruck und während der Menstruation.

b) *Navarakizhil* - Massage mit Reisbeuteln
Eine weitere **nährende** Behandlung ist die Massage mit Reisbeuteln. Dazu wird zuerst eine Abkochung von 200 g *Bala* (Sida cordifolia) gemacht und diese mit der gleichen Menge Kuhmilch vermischt. Mit der Hälfte der Flüssigkeit wird nun Navara-Reis gekocht. Dies ist eine Reissorte, die speziell für diese Therapie in Kerala angebaut wird und von der die Behandlung auch ihren Namen hat (falls nicht erhältlich, kann auch normaler Milchreis verwendet werden).

Von dem fertig gekochten Reis werden etwa faustgroße Portionen in Stoffbeutel (*Bolus*) eingebunden. Dazu werden quadratische Leinentücher flach ausgelegt und der Reis darauf gegeben. Dann wird das Tuch an den vier Ecken zusammengenommen und mit einem kräftigen Faden fest zusammengebunden. Die andere Hälfte der Milch-Bala-Mischung wird nun in einem flachen Topf zum Kochen gebracht und die Beutel mit dem Reis (4 - 6 pro Patient) werden hineingegeben, und zwar so, daß die Reisbeutel von der Flüssigkeit gut bedeckt sind, aber die zusammengebundenen Enden des Beutels aus der Flüssigkeit herausstehen. Dies ist wichtig, da sonst Probleme beim Herausnehmen aus der kochenden Flüssigkeit entstehen würden.

Vorbereitung und Durchführung:
Als erstes bekommt der Patient ein kurzes *Abhyanga*. Anschließend wird er von einem Therapeuten mit den heißen Reisbeuteln kräftig abgerieben. Die Massage erfolgt wie beim *Abhyanga* in den bekannten 7 Positionen. Die Therapeuten müssen sehr sorgfältig darauf achten, daß die Beutel nicht zu heiß auf den Körper kommen, andererseits aber auch bei der Massage nicht zu sehr abkühlen.
Die Beutel müssen also ständig ausgewechselt werden, um die richtige Temperatur auf den Körper zu bringen. Dies bedeutet, daß die abgekühlten Beutel wieder in die kochende Flüssigkeit gestellt werden und andere zur Massage herausgenommen und bereitgestellt werden. Dies wird jeweils wiederholt, sobald die bei der Massage verwendeten Reisbeutel deutlich abgekühlt sind.
Bei dieser Massage wird nun der Körper des Patienten nach und nach mit einer dünnen Schicht Reisschleim bedeckt, dessen Nähr- und Wirkstoffe von der Haut absorbiert werden.
Die Massage wird beendet, wenn der Patient zu schwitzen beginnt oder wenn die Reismasse aus den Beuteln verbraucht ist.
Nach der Massage mit den Reisbeuteln wird die Reisschicht vom Therapeuten zuerst mit den Händen und dann mit speziell zugeschnittenen Palmblättern vom Körper gestreift, aber nicht abgewaschen und der Patient wird danach zur Nachruhe geführt.
Diese Behandlung stärkt den Körper, macht die Gelenke und Muskeln weich und regt die Durchblutung sowie die Verdauung an.

***Navarakizhil* ist zu empfehlen bei:** Allen Erkrankungen durch erhöhtes *Vata*, bei Rheuma, psychosomatischen Erkrankungen, Immunschwäche, zur Heilung von Knochenbrüchen, bei Osteoporose, Schwäche und Abmagerung im Alter und als *Rasayana* (Aufbaumittel).

***Navarakizhil* ist nicht zu empfehlen bei:** Erhöhtem *Kapha*, Übergewicht, Asthma, Husten, Fieber, Hautkrankheiten und während der Menstruation.
Diese **beiden** nährenden Behandlungen können natürlich von zwei Therapeuten als Synchronmassage durchgeführt werden. Wichtig ist, daß beim Ölguß das Öl und bei der Massage mit den Reisbeuteln die Temperatur jeweils gleich bleibt, und daß es während der Behandlung zu keinen größeren Temperaturschwankungen kommt.
Diese beiden Behandlungen können jeweils ein bis zwei Wochen täglich wiederholt werden. Die günstigste Zeit hierfür ist der Vormittag oder der späte Nachmittag und die Dauer der Behandlung beträgt je nach Konstitution 35 bis 45 Minuten.

2. AUFBAU DURCH ERNÄHRUNG

Nach einer intensiven Pancha Karma-Therapie wird es vorkommen, daß sich der Patient geschwächt fühlt und deshalb wird empfohlen, daß er eine spezielle, leichtverdauliche, aber zugleich auch **stärkende und nährende Spezialdiät** (***Samsarjana Krama***) zu sich nimmt.
Der empfohlene Zeitraum ist eine Woche und die Spezialdiät besteht aus einer dünnen Getreidesuppe aus Reis, Hafer oder Gerste. Anfangs sollte diese Suppe ohne Fett und Gewürze sein, ab dem 4. Tag können Fett und Gewürze zugesetzt werden und die Getreidesuppe mit Linsen oder Sojabohnen kombiniert werden. Danach kann der Patient wieder zu einer normalen Ernährung übergehen.
Wichtig ist, daß er zum **Abschluß der Therapie** bzw. auch schon während der Therapie eine gründliche **Ernährungsberatung** bekommt. Für den Patienten ist es gut zu wissen, was ihm gemäß seiner Konstitution bekommt und gut tut, damit er sich in Zukunft gesund ernähren und so die Störung der *Doshas* durch falsche Ernährung vermeiden kann.
Führt ein Patient die Pancha Karma-Therapie **ambulant** durch, so kann ihm zur Unterstützung der Therapie für zu Hause empfohlen werden, eine **Darmreinigung** – ***Shank Prakshalana*** – zusätzlich durchzuführen. Die Technik der *Shank Prakshalana* finden Sie im nächsten Kapitel über die Ayurveda-Kur zu Hause.

Nach einer erfolgreichen Pancha Karma-Therapie ist es auch wichtig, daß der Patient Medikamente zur Fortsetzung der Therapie, aber auch ***Rasayana*-Mittel** mit nach Hause bekommt, um den Körper zu stärken und aufzubauen.
Genauso wichtig ist es, daß der Patient genaue Instruktionen bekommt, wie er sich verhalten muß, um das Gleichgewicht der *Doshas* nicht wieder zu stören. Eine Gesundheits- und Lebensberatung gehören ebenso zum Abschluß einer Pancha Karma-Therapie. Im Idealfall werden diese schon begleitend zur Therapie angeboten. All dies ist notwendig, um die Wirkung der Pancha Karma-Therapie für einen längeren Zeitraum zu erhalten.

3. RASAYANA – REGENERIERENDE UND VERJÜNGENDE MITTEL

Als Abschluß einer Pancha Karma-Therapie sollte eine aufbauende und verjüngende Behandlung folgen. In vielen Fällen ist die Pancha Karma-Therapie auch nur die Einleitung und Vorbereitung für *Rasayana.*
Das Wort *Rasayana* setzt sich aus den Begriffen „*Rasa*" und „*ayana*" zusammen. Mit *Rasa* bezeichnet man das erste *Dhatu* (Gewebe), das Blutplasma und die Lymphe.
Alle Nährstoffe, die im Darm aufgenommen werden, bilden das „*Ahara-Rasa*", was wiederum das *Rasa-Dhatu* nährt und formt. Wenn man nun bedenkt, daß aus Rasa-Dhatu alle weiteren Gewebe genährt und gebildet werden und es so alle Zellen des Körpers mit Nahrung versorgt, so wird es verständlich, wie wichtig das *Rasa-Dhatu* für die körperliche Gesundheit ist.
„*Ayana*" bedeutet dem Sinn nach „Gesundheit weiterbefördern". Im ursprünglichen Sinn heißt also *Rasayana*, das *Rasa-Dhatu* gesund zu machen. In der heutigen Sprache bezeichnet man mit *Rasayana* alle verjüngenden, kräftigenden und regenerierenden Behandlungen.

Zu *Rasayana* gehören natürlich nicht nur Medikamente, sondern auch bestimmte Lebensmittel. Diese sind hauptsächlich von sattvischer, reiner Natur. Die wichtigsten Lebensmittel zum **Aufbau und zur Regeneration** sind von den Eigenschaften her schwer und ölig und haben einen süßen Geschmack.
Man darf allerdings nicht den Fehler machen, den süßen Geschmack nur mit Zucker zu verbinden! Alle Getreideprodukte haben einen süßen Geschmack. Getreide, Nüsse und hier vor allem Mandeln sowie Weintrauben, Datteln und unraffinierter Rohrzucker wirken besonders aufbauend und regenerierend.

Als **Gehirnnahrung** eignen sich alle Arten von Nüssen und Milch.
Nervennahrung: Mandelmilch, wobei ein Eßlöffel fein gemahlene Mandeln auf ein Glas Wasser kommt oder Orangen mit gemahlenen Nüssen mit verdünnter Buttermilch (halb Wasser, halb Buttermilch).
Gut für den **Magen** ist auch ein Glas Buttermilch mit dem Saft 1/4 Zitrone. Die Zitrone wirkt desinfizierend, denn die Zitronensäure tötet unerwünschte Bazillen.
Für **die Augen** erweisen sich Ziegenmilch, Mohrrübensaft, rohe Mohrrüben, frischer Quark besonders stärkend.
Gut für das **Herz** ist eine Rosenblätter-Marmelade. Das Rezept dafür befindet sich unter „Ayurvedische Heilpflanzen" in diesem Kapitel.
Knochenbildend sind Milch, Quark, Kokosnuß und andere Nüsse.

Wenn man nicht auf gesunde und stärkende Nahrung Wert legt, so ist es ganz natürlich, daß der Körper wenig Stärke und Widerstandskraft besitzen wird. Dies dann durch Medikamente ausgleichen zu wollen, ohne auf die Ernährung zu achten, wäre widersinnig. Es ist also im Rahmen einer Rasayana-Behandlung immer wichtig, auch auf stärkende, aufbauende und gesunde Nahrung zu achten.

Ein vorzügliches Mittel zur Regeneration und zum Aufbau des Körpers, ist das *Chavana-Prash.* Der Name wird auf eine Erzählung aus der frühen vedischen Zeit zurückgeführt.
Es gab einen berühmten Weisen namens **Chavana Muni**, der durch seine Entsagungen und sein striktes spirituelles Leben eine Segnung erhielt, daß in dem Königreich, in dem er sich aufhielt, nie Mangel herrschen würde. Natürlich versuchten alle Könige ihn in ihrem Königreich festzuhalten. Einer der Könige machte ihn zu seinem Oberberater und gab ihm auch noch seine schönste Tochter zur Frau. Der Weise lebte aber weiter ganz bescheiden in einer Lehmhütte außerhalb des Palastes und seine Frau versorgte ihn liebevoll.
Da seine Frau aber in der Blüte ihrer Jugend war, so wünschte sie sich sehnlichst Kinder. Der Weise war jedoch schon sehr alt und durch seine Askese dürr und ausgezehrt, und da war ihm der Sinn nicht nach Kindern. Doch seine Frau bettelte immer wieder und da er sie sehr liebte, wendete er sich an Dhanvantari, die Gottheit der Heilung, mit der Bitte um Jugend und Fruchtbarkeit. Dieser erfüllte ihm den Wunsch, indem er ihm ein spezielles Frucht- und Kräutermus zu essen gab. Daraufhin verwandelte sich der alte Weise in einen jungen und kräftigen Mann und er hatte viele Kinder mit seiner Frau.
Daher kommt der Name, *Chavan Prash* – das Elixier des Chavana Muni.

Chavana-Prash besteht zum größten Teil aus dem Mus der Amlafrucht. Sie wird bei der Herstellung des Chavana-Prash mit mehr als 40 verschiedenen medizinischen Substanzen gekocht. Der Hauptbestandteil dieser Substanzen sind Kräuter aus dem Himalaya und speziell aufbereitete Mineralien. Teilweise enthält das Chavana–Prash auch Gold, dem eine starke aufbauende und regenerierende Wirkung nachgesagt wird.
Chavana-Prash kann ich allen Menschen über 45 Jahren zur körperlichen Stärkung und Stabilisierung sehr empfehlen! Natürlich ist es auch sinnvoll, Chavana-Prash nach Krankheiten oder Operationen zur **Regeneration** zu nehmen, abgesehen vom Alter. Deshalb sollte es eigentlich in keinem Haushalt fehlen.

Der menschliche Körper ist nach der vedischen Auffassung genetisch so veranlagt, daß er 100 bis 120 Jahre alt werden kann. Die Gewebe und Zellen, die *Shrotas* (Körperkanäle) und *Nadis* (Energiebahnen) enthalten im allgemeinen genug Reserven an *Prana* (Lebenskraft) für ein 100 bis 120-jähriges Leben.

Das **individuelle Gesundheitspotential** hängt jedoch bei der **Geburt** von verschiedenen Faktoren ab. Etwa die Hälfte unseres Gesundheitspotentials bringen wir mit, d.h. es hängt von unseren karmischen Voraussetzungen ab. Die andere Hälfte wird beeinflußt von den Eltern und **ihrem** Gesundheitspotential, ihrem ethischen Verhalten, dem Verhalten und der Ernährung der Mutter während der Schwangerschaft etc.
In unserem Leben hängt das Gesundheitspotential von unserer **Lebensführung** ab. Falsche Ernährung und schwache Verdauung (schwaches *Agni*), falsche Schlafgewohnheiten, ein ausschweifendes und unkontrolliertes Sexualverhalten, zu viel Streß und Sorgen, unkontrollierte Gedanken und Emotionen sowie ein Mangel an Spiritualität vermindern diese Reserven und reduzieren dadurch unser Gesundheitspotential bzw. unsere Lebensspanne.
Eine Aufgabe des *Rasayana* ist es daher auch, das Gesundheitspotential zu stärken und die Reserven an *Prana* wieder aufzufüllen.
Die beste Wirkung erreicht man, wenn die Rasayana-Behandlung **nach** einer Pancha Karma-Therapie durchgeführt wird, da es den Vorteil hat, daß bereits die Giftstoffe aus dem Blut und den Geweben ausgeschieden wurden und so Rasayana bestens greifen kann.

Wenn Sie sich zu einer Ayurveda-Kur entschließen, so achten Sie darauf, daß dabei auch auf **geistig/spirituelle Regeneration** Wert gelegt wird. Eine körperliche Entschlackung und Regeneration **ohne gleichzeitiger** Erholung des Geistes und Gemütes läßt **keine** langfristige Wirkung der Kur zu.
Denken Sie immer daran, daß der Geist über dem Körper steht und diesen beeinflußt. Wenn also der Körper krank ist oder Probleme hat, so gab es auf jeden Fall vorher auch geistig/mentale oder emotionale Probleme. Es mag sein, daß man sie nicht wahrhaben wollte oder sie verdrängt hat, es gab sie auf jeden Fall!
Deshalb sollten Sie darauf achten, ob **begleitend zur Kur** auch **Yoga und Meditation** zur geistigen Erholung angeboten werden. Wichtig ist auch, daß während der Kur ayurvedische **Konstitutionsberatungen** und eventuell auch **Lebensberatungen** angeboten werden, damit man lernen kann, in Zukunft sein Leben nach ayurvedischen Richtlinien gesund zu gestalten.
Auf dieses Thema wird bei den begleitenden Therapieformen noch ausführlich eingegangen.

4. KUTI PRAVESHIKA – RASAYANA FÜR DEN GEIST

Eine der wichtigsten Rasayana-Maßnahmen für den Geist, die nur **nach** einer **Pancha Karma-Therapie** durchgeführt werden darf, ist das ***Kuti Praveshika.***
Dies ist eine sehr alte, aber bewährte Behandlungsmethode, um den Geist zu regenerieren und zu verjüngen. Gerade in unserer hektischen und rastlosen Zeit wird diese Behandlung wieder hochaktuell.
Da es einen direkten Zusammenhang zwischen gesundem Geist und gesundem Körper gibt, kann diese Behandlung zur Heilung von tiefgreifenden Erkrankungen oder Erschöpfungszuständen, wie etwa dem „Burned Out Syndrom" oder der Erschöpfungsdepression maßgeblich beitragen.

Die **Grundlage** dieser Therapie ist die **erfolgreiche Durchführung** einer intensiven **Pancha Karma-Therapie.** Es muß sichergestellt sein, daß die *Doshas* in Harmonie sind, Verdauung und Stoffwechsel einwandfrei funktionieren und der Magen-Darm-Trakt sowie die *Dhatus* (Gewebe) von *Ama* (Stoffwechselschlacken) gereinigt und befreit sind.
Es versteht sich von selbst, daß in diesem Falle die Pancha Karma-Therapie zeitaufwendiger ist und länger dauert, da auch zwischen den einzelnen intensiven Ausleitungsverfahren längere Erholungs- und Regenerationspausen eingehalten werden müssen. Im Anschluß daran erfolgt die eigentliche Behandlung.
Sinn und Zweck ist es, den Geist weitestgehend zur Ruhe kommen zu lassen, um das Gefühl der inneren Ruhe und des inneren Friedens entwickeln zu können. Dazu ist es notwendig, den Patienten soweit wie möglich von äußeren Einflüssen abzuschirmen.
In der traditionellen Therapie in Indien gibt es dazu spezielle Hütten (*Kutir*), die so konstruiert sind, daß die Tür und die Fenster von einer äußeren, um das Haus verlaufenden Mauer verdeckt sind. Dadurch wird der

Blick nach draußen verwehrt. Dies soll verhindern, daß der Patient seine Umwelt betrachtet und somit seinen Geist zum Wandern einlädt. Gleichzeitig ist so der Raum immer abgedunkelt. Außerdem wird so die Hütte vor Wind und Sonne geschützt, was wiederum den Patienten vor „Auszehrung" durch Hitze und Wind bewahrt.
Diese Hütte enthält nur einen Aufenthaltsraum. Die Einrichtung ist sehr einfach und beschränkt sich auf das zum Leben Notwendigste. Bad und Toilette sind von diesem Raum aus zugänglich.
Soweit diese Therapie in Europa oder Amerika durchgeführt wird, behilft man sich durch mit Vorhängen abgedunkelte Einzelzimmer.
Der Patient lebt nun für die vom Arzt bestimmte Zeit alleine in dieser Hütte. Die Aufenthaltsdauer hängt vom Alter des Patienten, dem Konstitutionstyp und der Art und Schwere der Krankheit bzw. des Erschöpfungszustandes ab.

Dem Patienten sind jegliche Art der Zerstreuung und Ablenkung, wie etwa Fernsehen, Radio hören oder Zeitung lesen untersagt. Nur ein religiöses Buch seiner Wahl, wie etwa die Bibel, die Bhagavat-Gita oder der Koran, sind ihm zur spirituell/geistigen Erbauung und Stärkung zum Lesen gestattet.
Das Essen und die Medikamente werden ihm zur Tür herein geschoben, um keinen Kontakt mit anderen Personen zu haben und auch der Arzt oder Therapeut nimmt nur auf Verlangen des Patienten zu diesem Kontakt auf. Er soll mit sich und seinen Gedanken alleine sein.

Die ersten Tage sind sehr anstrengend und der Patient ist einem gewaltigen Ansturm von Gedanken ausgesetzt. In dieser Zeit helfen ihm spezielle *Pranayamas* (Atemübungen) und *Yoga-Asanas* (Körperübungen) etwas zur Ruhe zu kommen. Auch Entspannungstechniken und Meditation sind sehr hilfreich, den Gedanken nicht ganz schutzlos ausgeliefert zu sein.

Je nach Persönlichkeit nimmt der Drang der Gedanken nach und nach ab, es stellt sich allmählich eine innere Ruhe ein. Nun ist Vorsicht geboten, da der Geist nur auf unachtsame Momente wartet, um den Patienten wieder in ein „Spinnennetz" von Gedanken zu verstricken. Nach dieser Phase kommt es jedoch zu tiefer Ruhe im Geist und das Gefühl des inneren Friedens beginnt sich zu entfalten und zu festigen.
Dies führt dann auch zu körperlicher Ruhe. Kreislauf und Blutdruck sowie die Nerven (vor allem das vegetative Nervensystem) werden ruhiger und stabiler, was zu einer allgemeinen Stabilität der Gesundheit führt. Der Patient lernt seine Gedanken zu kontrollieren und wird so weniger hilflos gegen den schier endlosen Gedankenfluß.

Da man jedoch den Geist nie ganz zur Ruhe bringen kann, gilt es nun, ihm sinnvolle Gedanken zu geben. Man sollte sich darüber klar werden, was der Sinn des Lebens ist und für was Gott uns dieses Leben geschenkt hat. Es gibt bestimmt Wichtigeres im Leben, als nur hart zu arbeiten und nach Profit zu streben oder zu kämpfen, um Karriere und Macht zu erlangen. In der Bibel sagt Jesus sinngemäß, daß es nicht von Vorteil wäre, wenn jemand die Welt gewinnt, aber seine Seele (seinen Seelenfrieden) verliere. Und dieser Seelenfrieden, ein ruhiger, friedlicher Geist und ein einfaches, ruhiges Leben voller Freude und Harmonie, sind für die ayurvedische Medizin Grundlagen eines gesunden Lebens.

Die Dauer einer solchen geistigen und körperlichen „Rundum-Erneuerung" (*Kuti Praveshika*) richtet sich nach dem Alter des Patienten, seinem Konstitutionstyp, nach der Schwere der Erkrankung bzw. des Erschöpfungszustandes und der Zeit, die Patient bereit ist, zu investieren.
Der durchschnittliche Zeitraum für die gesamte Kur (inklusive Pancha Karma-Therapie) liegt bei 30 bis 90 Tagen. Da es von der Dauer der Therapie abhängt, wie tief und nachhaltig die erreichte Stabilität und Ruhe wird, sollte man bei der Dauer die Kur nicht zu kurz ansetzen und sich ausreichend Zeit gönnen.

D) BEGLEITENDE MASSNAHMEN WÄHREND DER PANCHA KARMA-THERAPIE

Die in diesem Abschnitt beschriebenen Behandlungskonzepte sind in der klassischen ayurvedischen Medizin feste Bestandteile einer Pancha Karma-Kur. In vielen Kureinrichtungen im Westen, vor allem in den modernen Ayurveda-Kurhotels, ist es leider nicht immer üblich oder möglich, diese nachfolgend beschriebenen Therapien durchzuführen.
Bei der Behandlung mit Medikamenten liegt das Problem oft darin, daß diese Medikamente im Westen nicht immer erhältlich sind. Viele indische Ärzte, die in westlichen Kureinrichtungen arbeiten, sind jedoch bemüht, ayurvedische Medikamente aus Indien direkt zu besorgen.
Durch die immer bessere Ausbildung der ayurvedischen Therapeuten auch im Westen sind diese meistens in der Lage, die geistig/spirituellen Therapien anzubieten und durchzuführen.

1. BEHANDLUNG MIT MEDIKAMENTEN

Die wichtigste der begleitenden Maßnahmen ist die Behandlung mit Medikamenten. Bei der Massage werden zwar mit den ayurvedischen Massageölen medizinische Wirkstoffe in den Körper geleitet. Es ist jedoch sinnvoll, zusätzlich ayurvedische Medikamente zu verabreichen.
Für die ayurvedischen Medikamente werden hauptsächlich pflanzliche Bestandteile, aber auch Mineralien und tierische Produkte verwendet. Sie werden als Pulver (*Churna*), Kräuterpaste (*Kalka* oder *Lepa*), Mineralasche (*Bhasma*), Harzpräparate (*Guggulu*), Kräuterwein (*Arishta*), Saft (*Swara*) oder medizinischer Konfekt (*Laddus*) verabreicht. Das Pulver bildet auch die Grundlage für Tabletten, Tees und Abkochungen (*Kashaya*).

Medizin kann vom Arzt in zweierlei Art eingesetzt werden, nämlich in Gemeinsamkeit mit der Krankheit (*Samanya*) und im Gegensatz zur Krankheit (*Vishesha*). Ersteres entspricht dem homöopathischen Prinzip (Gleiches mit Gleichem heilen), das dem Körper Anreize bietet, seine Selbstheilungskräfte zu entwickeln und eigene Reaktionen zu bilden. Die zweite Art entspricht der allopathischen Sichtweise, die versucht, den Körper zu heilen durch Unterstützung von außen (Medizin, Operation u.s.w.).

WICHTIGE AYURVEDISCHE HEILPFLANZEN

Ich stelle nun einige wichtige Heilpflanzen aus Indien vor, die in der ayurvedischen Medizin Anwendung finden. Einige dieser Pflanzen sind hier nicht so bekannt, einige wurden in der letzten Zeit auch bei uns zu einem Begriff. Da viele Pflanzen über einen sehr breiten Wirkungs- und Anwendungsbereich verfügen, werde ich nur die wichtigsten Wirkungen und Anwendungen anführen.
Diese Heilkräuter haben eine hohe medizinische Wirkung und ihre Anwendung erfordert sehr viel Wissen, Erfahrung und Verantwortungsgefühl. Die Therapie mit Kräutermedizin gehört daher verständlicherweise nur in die Hand eines Arztes bzw. eines erfahrenen Kräuterkundlers.

Aloe Vera oder *Kumari*: Medizinisch verwendet wird der Saft bzw. das Gel aus den Blättern und die Blätter selbst. Das Gel wird gewonnen, indem man die Blätter abschneidet und die obere flache Seite öffnet und mit einem Löffel das Gel herauskratzt. Es gibt verschiedene Arten Aloe Vera, die aber nicht alle gleichermaßen medizinisch wirksam sind.
Aloe Vera hat eine stark reinigende und entgiftende Wirkung sowohl auf den Körper wie auf medizinische Substanzen, um giftige Bestandteile zu neutralisieren. Es wird meist der frische Saft verwendet. Der Aloe Vera-Saft hat eine stark abführende Wirkung und das Pulver löst außerdem Brechreiz aus. Deshalb sollte nur eine geringe Dosierung verwendet werden. Aloe Vera ist ein ***Rasayana***-Mittel für Leber und Milz.
Der frische Saft **reduziert Pitta und Kapha**.

Aloe Vera wirkt entgiftend, abführend, wundheilend, entzündungshemmend, verjüngend, stärkt Agni und öffnet und reinigt die Körperkanäle (*Shrotas*) und wird **eingesetzt** bei Schmerzen, Verstopfung, Appetitlosigkeit, Gelbsucht, chronischem Fieber.
Äußerlich: Bei Verbrennungen, Wunden, Furunkeln und Geschwüren wird das frische Gel verwendet.

Amla/Amalaki - **Emblica officinalis**: Die Medizin wird aus den Früchten und Samen des Amla-Baumes gewonnen. Amla ist ein sehr wirkungsvolles Verjüngungs- und **Aufbaumittel**. Es enthält einen hohen Anteil an **hitzebeständigem Vitamin C!** Amla ist der Hauptbestandteil des *Chavana-Prashs* bzw. Amla-Pürrees.
Amla reduziert alle drei Doshas und gleicht sie so aus.
Amla wirkt verjüngend, hirn- und nervenstärkend, blutbildend, Ojas verstärkend, abwehrsteigernd, blutreinigend, entzündungshemmend, und hautregenerierend und wird **eingesetzt** bei allgemeiner Schwäche, Anämie, Herzschwäche/Altersherz, zur Steigerung der Abwehr, bei Fieber und Infekten, Asthma, Husten, Nervenleiden, Kopfschmerz, Konzentrationsschwäche, schwacher Verdauung, Lebererkrankungen, Diabetes und Hautkrankheiten.

Amrita **oder** *Guduci* - **Tinospora cordifolia**: *Amrit* bedeutet im Sanskrit „Nektar der Unsterblichkeit". Dies sagt sehr viel aus über den Wert dieser Heilpflanze für die Medizin. Von den Pflanzen werden die Stengel und Wurzeln verwendet.
Amrita reduziert alle 3 Doshas und hat dadurch eine **ausgleichende** Wirkung. Sie hat jedoch eine speziell reduzierende Wirkung auf *Pitta*, wodurch sie fiebersenkend wirkt.
Ihre **Hauptwirkung** ist verjüngend und blutreinigend, wodurch sie eine hervorragende ***Rasayana***-Medizin darstellt. Desweiteren vermehrt sie die Muttermilch und wird **eingesetzt** bei chronischem Fieber, bei Gicht und Poliarthritis, Hepatitis und Bronchitis, aber auch zur **Regeneration** und bei Nahrungsmittelallergien.

Arjuna - **Terminalia arjuna**: Das Arzneimittel Arjuna wird aus der Rinde und den Früchten eines in Indien weit verbreiteten Baumes gewonnen.
Arjuna reduziert Pitta und Kapha.
Arjuna wirkt herzstärkend, blutdrucksenkend, entgiftend, antidiabetisch, senkt Fieber und heilt Knochenbrüche und Geschwüre.
Es handelt sich um ein gutes **Herz-** und **Blutdruckmittel** und wird **eingesetzt** bei Bluthochdruck, Angina Pectoris, Herzrhythmusstörungen und Herzklopfen, koronaren Herzbeschwerden, inneren Blutungen sowie Diabetes.

Ashoka - **Saraca indica**: Die Medizin wird aus der Rinde, den Samen und Blüten des Ashoka-Baumes gewonnen. Ashoka ist ein hervorragendes Mittel für **Frauenleiden**.
Ashoka reduziert Pitta und Kapha.
Ashoka wirkt schmerz- und blutstillend, beruhigend auf Nerven, menstruationshemmend, krampf- und spannungslösend bei Regelstörungen und -beschwerden, entzündungshemmend sowie stuhlbindend und wird **eingesetzt** bei Menstruationsbeschwerden, Problemen der Wechseljahre, Senkung der Gebärmutter, PMS (Prämenstrualem Syndrom), hormonell bedinger Depression. Ashoka darf Schwangeren nicht gegeben werden!

Ashwagandha - **Withania somnifera**: Die Medizin wird aus den Wurzeln und Blättern eines kleinen Busches gewonnen. Ashwagandha ist ein ***Rasayana***-Mittel speziell für Männer.
Ashwagandha ist das beste Aufbaumittel für Vatakonstitutionen und wirkt stabilisierend bei Streßsituationen. Hier besonders wirksam: Ashwagandha mit Milch, Rohrzucker, Honig, Pippali und Basmatireis.
Ashwagandha reduziert Vata und Kapha.
Ashwagandha wirkt *Ojas-vermehrend*, abwehrsteigernd, verjüngend, blutreinigend, entzündungshemmend, nährend und aufbauend, wundheilend, blutdrucksenkend, hirn- und nervenstärkend und wird **eingesetzt** bei Auszehrung, Müdigkeit, sexueller Schwäche und Impotenz, Bronchialasthma, vatabedingten Herzstörungen,

Immunschwäche, multipler Sklerose, Verletzungen und Wunden, Arthritis, Allergien, depressiver Schwäche, Störung im Urinfluß.
Äußerlich wird eine Paste mit Ashwagandha und Honig bei Lähmung verwendet.

Atmagupta /Kapikacchu - **Mucuna pruriens:** Die Medizin wird aus den Samen, Früchten und Wurzeln eines tropischen Strauches gewonnen. Es ist ein gutes Aphrodisiakum. In Indien ist Atmagupta auch unter den Namen Kapikacchu bekannt.
Atmagupta **verstärkt alle Doshas**, am stärksten jedoch *Pitta* und *Kapha.*
Atmagupta wirkt muskelaufbauend, menstruationsfördernd, diuretisch, nerventonisch und wird **eingesetzt** bei Spermamangel, Impotenz, Zittern, Parkinson, Gesichtslähmung, *Vata*-bedingter Störung des Nervensystems.

Bala - **Sida cordifolia:** Die Medizin wird aus den Wurzeln, aber auch aus den Zweigen, Blättern und Samen eines Malvenstrauches gewonnen. Bala ist ein gutes Rheumamittel.
Bala **reduziert Pitta und Vata** und **vermehrt Kapha.** In größeren Dosen vermehrt es *Ama.* Bala wirkt abwehrsteigernd, vermehrt *Ojas*, verzögert den Alterungsprozeß, ist herzstärkend, antibakteriell und antiviral, mild abführend, krampflösend. Es ist ein Stärkungsmittel bei Vataproblemen und ***Rasayana*** für Muskelgewebe und wird **eingesetzt** bei Rheuma, neurologischen Erkrankungen, Lähmung, Candida, Auszehrung, Ödemen, Genitalherpes, allgemeine Krankheitsanfälligkeit und Fieber.

Basilikum - Ocimum sanctum (*Tulasi*) und Ocimum basilicum (Barbari): In Indien wird von diesen Basilikumarten therapeutisch hauptsächlich Tulasi verwendet. Vom Tulasistrauch werden therapeutisch die Blätter und Samen **eingesetzt.** *Tulasi* ist eines der wirkungsvollsten ayurvedischen Asthma-Mittel. Da die Pflanze in Indien als heilig gilt, sollte sie mit Respekt behandelt werden.
Da die Wirkungen von *Tulasi* und Basilikum fast identisch sind, werde ich nur das „allgemeine" Basilikum beschreiben, da es auch eine einheimische Pflanze ist.
Basilikumblätter reduzieren Vata und Kapha.
Basilikum wirkt nerven- und herzstärkend, schleimreduzierend und auswurffördernd, Ama-reduzierend, blähungstreibend, wurmtötend, ölt den Verdauungstrakt, ist harntreibend, menstruationsfördernd, fiebersenkend, schweißtreibend, blutreinigend und -stillend, entgiftend **und wird eingesetzt** bei Schlaflosigkeit, Nervosität, Husten, Asthma, Übelkeit, Blähungen, Appetitlosigkeit, Ruhr, Harnverhalten, Fieber und Geschwüren.
Äußerlich: Bei Wunden und Geschwüren wirkt Basilikum blutstillend und wundreinigend. Als Nasyamittel (Nasentropfen) sehr gut bei Nasenbluten.

Bhringaraj - **Eclipta alba:** Es werden alle Teile dieser Pflanze verwendet, die über dem Boden wachsen. Bhringaraj ist ein sehr gutes Mittel zur Stärkung der Leber und ein ***Rasayana*** für die Haut.
Bhringaraj reduziert Kapha und Pitta.
Bhringaraj wirkt leberstärkend und fördert den Gallenfluß, ist blutreinigend, blutstillend, entzündungshemmend, regenerierend, auswurffördernd, ist gesund für Haut und Haare, hilft bei gesteigerter geistiger Tätigkeit und wird **eingesetzt** bei Gelbsucht, Leberzyrrhose, Leberschwäche, Blutarmut, Hauterkrankungen, Fieber, Schwindel, Bluthochdruck, Kopfschmerz. **Vorsicht:** Zu hohe Dosierung führt zu Übersäuerung, Durchfall und Herzenge.
Äußerlich als Paste bei Kopfschmerz, bei Hauterkrankungen und Insektenstichen, als Haartonikum wird der Saft oder der Pflanzenauszug verwendet.

Bibhitaki - **Terminalia bellirica:** Medizinisch wird die Frucht und das Öl aus den Samen dieses Myrobalen-Baumes verwendet. Die Frucht wirkt verjüngend und ist ein besonderes Stärkungsmittel (Rasayana) für *Kapha* und ein Darmreinigungs- und Stärkungsmittel.
Bibhitaki gleicht alle Doshas aus.

Bibhitaki wirkt schmerzstillend, augenstärkend, auswurffördernd und schleimreduzierend, verdauungsfördernd, blähungstreibend, wurmtötend, abführend, aphrodisierend, fiebersenkend, haar- und hautstärkend, wundheilend, entzündungshemmend, antibakteriell, antiviral, abwehrsteigernd, verjüngend, blutstillend, hilft die Dhatus (Gewebe) aufzubauen und wird **eingesetzt** bei Schmerzen, Schlaflosigkeit, Vatastörungen des Nervensystems, Augenentzündung, Kopfschmerz, Erkältung, Husten und Auswurf, Bronchialasthma, Tuberkulose mit blutigem Auswurf, Appetitlosigkeit, Blähungen, Verdauungsschwäche, Wurmbefall, Ruhr, Verstopfung, Gallenbeschwerden, Übelkeit und Erbrechen, Impotenz, Fieber, Hauterkrankungen, frühzeitigem Ergrauen der Haare, Wunden, Geschwüren, Entzündungen und Blutungen.
Vorsicht: Bei zu hoher Dosierung wird *Pitta* erhöht.
Äußerlich: Man verwendet bei Wunden und Geschwüren das Pulver (Curna) aus den Früchten, bei Rheuma das Öl der Samen. Auch als Haut- und Haartonikum wird das Öl empfohlen.

Brahmi **- Bacopa monniera**: Die Medizin wird aus einer kleinen Pflanze, die dicht am Boden wächst, gewonnen. Es wird die ganze Pflanze (Stengel, Blätter, Wurzeln) verwendet. Brahmi ist ein ausgezeichnetes **Hirntonikum**. Brahmi ist das indische Nabelkraut. Es gibt jedoch auch ein einheimisches Nabelkraut, das ähnliche, jedoch schwächere Wirkungen aufweist.
Brahmi ist einhervorragendes ***Rasayana*** für das Gehirn.
Brahmi reduziert Vata und Pitta.
Brahmi wirkt hirntonisch, stärkt Geist und Intelligenz, ist beruhigend, herzstärkend, blutreinigend, entzündungshemmend, entgiftend, entwässernd, schmerzstillend und fiebersenkend und wird **eingesetzt** bei Nervosität, Vergeßlichkeit, Streß, Herzleiden, Angstneurosen, Hysterie, mentaler Blockade, Depression, Altzheimer, Schlaflosigkeit, Appetitlosigkeit, Gallenstörung.

Galgant – Alpeningwer – Alpina galanga: Diese Ingwerart wächst auch in den österr. Alpen. Es werden die Wurzeln verwendet. Es ist ein gutes erhitzendes (äußerlich und innerlich) und magenstärkendes Mittel. Galgant hat die Fähigkeit, ein aus dem Gleichgewicht geratenes *Apana-Vayu* zu beruhigen. Daher ist Galgant ein vorzügliches Mittel bei Angina pectoris und Roemheld-Syndrom! Er wird in der ayurvedischen Medizin als **1. Hilfe-Mittel** dafür eingesetzt.
Galgant reduziert Vata und Kapha. Bei hoher Dosis erhöht Galgant *Pitta* und reizt die Magenschleimhaut.
Galgant wirkt nervenstimulierend, blutdrucksenkend, herzberuhigend, Asthma-beruhigend, entkrampft die Bronchien, ist speichelanregend, verdauungsfördernd, antiseptisch, fiebersenkend und entzündungshemmend und wird **eingesetzt** bei Vatastörungen der Nerven und des Herzens, Angina pectoris, Bluthochdruck, Asthma, Heiserkeit, Husten, Keuchhusten, Übelkeit, Erbrechen, Wechselfieber, Rheuma, Arthritis, Entzündungen.
Äußerlich: Bei nassem, kaltem Wetter Pulver in die Kopfhaut einmassieren. Bei Gelenkschmerz Galgantpulver mit Öl als Paste auftragen.

Gelbwurz oder *Haridra/Haldi* – Curcuma longa : Medizinisch wird die Wurzel dieser Pflanze verwendet. *Haridra - Curcuma* oder Gelbwurz ist ein Gewürz, das in keiner Küche fehlen sollte.
Es kann innerlich und äußerlich zur Heilung eingesetzt werden, z. B. hat Gelbwurz eine hervorragende reinigende und desinfizierende Wirkung auf den Darm und äußerlich ist es eines der wirkungsvollsten Mittel zur Wundbehandlung. Indische Mütter streuen ihren Kindern auf frische Schürfwunden oder Schnitte einfach das Gelbwurzpulver, was verhindert, daß sich die Wunden entzünden oder vereitern.
Gelbwurz reduziert alle 3 Doshas.
Gelbwurz wirkt schmerzlindernd, blutreinigend, -stillend und -bildend, appetitanregend, fiebersenkend, wundreinigend und -heilend, entgiftend und vernichtet Darmbakterien und wird **eingesetzt** bei Hautkrankheiten, Blutarmut, Bronchialasthma, Husten, Gelbsucht, Koliken, Darmparasiten, gestörter Darmflora, Vergiftungen, Grippe, Nervenschmerzen, Amabelastung, Allergien.
Äußerlich als Paste oder Pulver auf Wunden, Quetschungen, Juckreiz, Nesselsucht, Ekzemen, Prellungen auftragen.

Gokshura - **Tribulus terrestris:** Die Medizin wird vor allem aus den Früchten und Wurzeln einer Kletterpflanze gewonnen. Gokshura ist ein gutes Nierenmittel und ein gutes Diuretikum, das keine Nebenwirkungen zeigt.
Gokshura reduziert Vata und Pitta.
Gokshura wirkt diuretisch, löst Blasensteine, ist aphrodisierend, samenvermehrend, nervenstärkend, blutstillend, entzündungshemmend und wird **eingesetzt** bei Blasenentzündung, urogenitalen Erkrankungen, Harnblutung, Harnverhalten, Diabetes, Neuritis, Neuralgien, Muskelschmerzen, Asthma und Herzschwäche.
Äußerlich als Einlauf mit Öl bei Blähungen und Verstopfungen.

Guggulu - **Commiphora mukul**: Die Medizin wird aus dem Harz des indischen Myrrhebaumes gewonnen. Guggulu ist das Rheuma- und Blutreinigungsmittel Nr. 1 in der ayurvedischen Medizin, da es Ablagerungen aus den Adern „kratzt".
Guggulu reduziert alle Doshas.
Guggulu wirkt blutreinigend, durchblutungsfördernd, Ama-reduzierend, verdauungsfördernd, fettabbauend, erhitzend, aber entzündungshemmend, desinfizierend, verjüngend, senkt den Cholesterinspiegel und regt den Leberstoffwechsel an.
Es wird **eingesetzt** bei Rheuma, Ischias, Migräne, Bluthochdruck, Blutarmut, Lebererkrankung, Amabelastung, Gesichtslähmung, Halbseitenlähmung (Hemiplegie), Entzündung des Harntraktes, Schüttelfrost, Wunden und Übergewicht.
Es ist ein ***Rasayana*** für das Fettgewebe, das Herz und für *Kapha*-Konstitutionen.
Vorsicht! Bei starker *Pitta*konstitution oder bei Hitze im Sommer sind allergische Reaktionen möglich, aber selten.
Falls kein Guggulu erhältlich ist, kann man auf Weihrauchtabletten zurückgreifen.

Haritaki - **Terminalia chebula**: Wie bei Bibhitaki handelt es sich um die Frucht eines Myrobalen-Baumes. Es ist ein vorzügliches Stärkungsmittel (***Rasayana***) für *Vata*-Konstitutionen und ein gutes Verjüngungsmittel. Es verstärkt die Wirkung anderer Heilmittel.
Haritaki reduziert alle drei Doshas.
Haritaki wirkt nerven- und gehirnstärkend, augenstärkend, herzstärkend, schleimreduzierend, antiasthmatisch, lindert den Hustenreiz, stärkt Rachen und Stimmbänder, ist abführend, speichelanregend, verdauungsfördernd, regt Leberstoffwechsel an, ist wurmtötend, aphrodisierend, harntreibend, entzündungshemmend (Niere und Blase), fiebersenkend, blutstillend, wundheilend, *Ojas*-stärkend, antibakteriell und -viral, stärkt Haare und Haut. Es ist ***Rasayana*** (Stärkungsmittel) für das Fettgewebe.
Es wird **eingesetzt** bei *Vata*-Störungen des Nervensystems, Melancholie, Depressionen, Augenkrankheiten, Gicht und Rheumaschmerzen, Herzschwäche, Husten, Asthma, Heiserkeit, Schluckauf, Appetitlosigkeit, chron. Durchfall, Blähung, infektiöser Gelbsucht, Leber- und Milzschwäche, akuter Verstopfung, chronischem Fieber, entzündlichen Hauterkrankungen, Wunden, Geschwüren, Blutungen, Entzündungen, Karies und Zahnfleischentzündung.
Vorsicht: Schwangere und sehr erregbare *Pitta*-Naturen dürfen nur sehr geringe Dosierung erhalten.
Äußerlich: Bei nässenden Wunden und zum Zähneputzen kann das Pulver (Curna) verwendet werden.

Ingwer - Zingiber officinale: Ingwer wird in der ayurvedischen Medizin als „universale Medizin" bezeichnet. Medizinisch wird nur die Wurzel verwendet. Er ist eigentlich ein Küchengewürz, aber in der ayurvedischen Medizin wird nicht so strikt zwischen Kochen und Heilen unterschieden wie bei uns. Deshalb finden wir viele Gewürze unter den Heilpflanzen und umgekehrt.
Ingwer reduziert Kapha und Vata, ohne jedoch *Pitta* zu erhöhen.
Ingwer wirkt nerven- und herzstimulierend, antiasthmatisch, verdauungsfördernd, Ama-reduzierend, schweißtreibend, blutreinigend, antibakteriell, krampflösend.
Er wird **medizinisch eingesetzt** bei Stoffwechselstörungen, Verdauungsbeschwerden, Appetitlosigkeit, Völlegefühl, Blähungen, bei Ama-Belastung, Rheuma, bei Husten, Erkältung und zur Stärkung des Herzens.

Jatamamsi - **Nardostachys jatamansi:** Die ayurvedische Heilpflanze wächst in den hohen Bereichen des Himalaya. Es werden die Wurzeln verwendet. Sie hat vergleichbare Wirkung wie Baldrian.
Jatamamsi reduziert alle Doshas.
Jatamamsi wirkt beruhigend auf den Geist und die Nerven, ist kreislaufberuhigend, verdauungsanregend, leber- und stoffwechselfördernd, blähungstreibend, antibakteriell und wird **eingesetzt** bei allen geistigen Erkrankungen, Epilepsie, Hysterie, nervösem Kopfschmerz, Schlaflosigkeit, Kreislauferkrankungen, psychosomatischen und vegetaviven Erkrankungen.

Kalmus oder Vaca - Acorus calamus: Medizinisch wird die getrocknete Wurzel eines auch bei uns heimischen Sumpfgewächses verwendet. Vaca ist ein gutes Magenmittel und ein Hirntonikum. Als Kalmuswurzelpulver in unseren Apotheken erhältlich.
Kalmus oder Vaca verstärkt Pitta und reduziert Vata und Kapha.
Kalmus wirkt hirntonisch, durchblutungsfördernd für das Gehirn, pranaverstärkend, mental stimulierend, intelligenz- und gedächtnisfördernd, beruhigend, verdauungsfördernd, blähungstreibend, harntreibend, antiallergisch, fettreduzierend und blutreinigend und wird **eingesetzt** bei nervösen Störungen, Sprachstörungen, Ohnmacht, Epilepsie, Gedächtnis- und Konzentrationsschwäche, Neuralgie, Bluthochdruck, Appetitlosigkeit, Völlegefühl, Blähungen, Ama-Belastung, Koliken, Übergewicht und Allergien.
Als **Schnupfpulver** hilft es zur Steigerung der Konzentration und des Gedächtnisses und Beruhigung des Geistes.

Madanphal - **Randia dumetorum.** Von diesem kleinen, stacheligen Baum, der in ganz Indien wächst, werden die Früchte, Samen, aber auch die Rinde verwendet. Madanphal heißt übersetzt „Frucht Gottes" und drückt die Wertschätzung für diese Pflanze aus. Die getrockneten Früchte sind ein hervorragendes Brechmittel und werden in der **Pancha Karma-Therapie** eingesetzt.
Madanphal öffnet die *Shrotas* (Körperkanäle) und **reinigt bei hoher Dosierung** den Körper von **überschüssigem Kapha und Pitta.** In **normaler Dosierung reduziert Madanphal Kapha und Vata.**
Madanphal wirkt beruhigend, schmerzlindernd, schleimlösend, löst Erbrechen aus, ist entgiftend, krampflösend, schweißtreibend, fiebersenkend, wundreinigend und -heilend, blutreinigend und gewichtsreduzierend und wird **eingesetzt** bei nervösen Störungen, grippalen Schmerzen, Fieber, Zahnschmerzen bei Kleinkindern, Asthma, Erkältung und Husten, innerlich und äußerlich bei Hauterkrankungen, Abszessen und Geschwüren und bei Rheuma sowie Übergewicht.

Neem - **Azadiracta indica:** Die Medizin wird aus den Blättern und aus der Rinde des Neem-Baumes gewonnen. Die Hauptwirkung liegt in der Blutreinigung und Entgiftung. In Indien werden Neemzweige an einem Ende aufgefasert und als natürliche Zahnbürsten verwendet. Der Neembaum liefert auch ein gutes Pflanzenschutzmittel.
Neemblüten reduzieren Kapha, Blätter reduzieren Pitta und Öl verringert Vata.
Neem wirkt ausgezeichnet blutreinigend, entgiftend, desinfizierend, fiebersenkend, wundreinigend, juckreizstillend, entzündungshemmend, als Bittertonikum und heilt Hautkrankheiten.
Es wird **eingesetzt** bei Hautkrankheiten, Parasiten (Mensch und Tier), Diabetes, Gelbsucht, Fieber und Grippe. Neem ist ein gutes Wundmittel, reduziert exzessives Gewebe („wildes Fleisch" und reduziert Narbenbildung). Alle Pflanzenteile gemischt, ergeben ein gutes Anti-*Pitta*-Mittel.
Äußerlich als Zweige zum Zähneputzen, Neemöl bei Rheuma, Juckreiz und Hautreizungen.
Neempulver oder -öl ist ein sehr gutes, äußerliches Desinfektionsmittel auch für Tiere.

Pippali - **Piper longum:** Medizinisch werden die langen Fruchtkolben (frisch oder getrocknet) dieses Pfefferstrauches und die Samen verwendet.
Pippali ist ***Rasayana***-Medizin für Atemwege und Lunge, z. B. bei TBC.
Pippali reduziert Vata und Kapha und erhöht Pitta.

Pippali wirkt nervenstimulierend, augenstärkend, verjüngend, antiseptisch, aufbauend, herzstärkend, antiasthmatisch, hustenreizlindernd, speichelanregend, magen- und verdauungstärkend, Ama-reduzierend, krampflösend, leicht abführend, harntreibend, aphrodisierend, samenbildend und -vermehrend, fiebersenkend, hauterwärmend, durchblutungsfördernd, blutreinigend und schmerzlindernd.
Es wird **eingesetzt** bei Konzentrationsschwäche, Herzschwäche, Husten, Asthma, Schnupfen, Schluckauf, Grippe, Erkältung, Appetitlosigkeit, Völlegefühl, Blähung, Amabelastung, Impotenz, chron. Fieber, Rheuma, Gicht, Diabetes, Ischiasschmerz.
Vorsicht: bei erhöhtem *Pitta*. Bei Erkältung und zur Stärkung der Verdauung Trikatu (Pippali, Ingwer, schwarzer. Pfeffer) verwenden.
Äußerlich: Bei Ischias Einreibung mit Senfsamenöl mit Pippali und Ingwer.

Rizinus - ***Vardhamana*** - **Ricinus communis**: Vom Rizinusbaum werden die Blätter, Samen und Wurzeln verwendet. Am bekanntesten ist das auch bei uns verwendete Rizinusöl, es werden aber auch *Arishtas* (Weine) therapeutisch eingesetzt.
Neben Triphala ist Rizinus das wirksamste Mittel zum Abführen (*Virecana*) und bei Verstopfung. Da aber Triphala den Darm austrocknet und deshalb für *Vata*-Konstitutionen nur bedingt geeignet ist, kann Rizinus bei allen Konstitutionen eingesetzt werden.
Rizinus reduziert Vata und Kapha.
Rizinus wirkt wurmtötend, abführend, löst Verkrampfungen im Darm (ölt den Darm). Rizinus ist gehirn-, nerven- und herzstärkend, schleimreduzierend (Lunge), fiebersenkend, schweißtreibend (wird unterstützend bei Schwitzkuren eingesetzt), entgiftend und allgemein stärkend und nährend (günstig als Anteil am *Vata*-Massage-Öl).
Es wird eingesetzt bei Verstopfungen, zur Entgiftung und *Ama*-Reduzierung, Blähungen, Koliken, Wurmbefall im Darm, Nervenschmerzen, vor allem Ischias-, Rheuma-, Gesichts- und Gelenkschmerzen, Angina Pectoris, Husten und Asthma, Fieber sowie Entzündungen im Brust- und Lungenbereich.

Rose - **Rosa spp.**: Es gibt Hunderte von Rosenarten. In der ayurvedischen Medizin werden meistens die Blütenblätter der Provence-Rose – Rosa centifolia – verwendet. Sie ist ein ganz spezielles Stärkungsmittel für das Herz und das Herzchakra. Rose hilft, Herzqualitäten zu entwickeln (Mitgefühl, Liebe etc.).
Rose verringert Pitta und Vata, stärkt Kapha.
Rose wirkt beruhigend, kühlend, stärkt den Geist und das Herz, ist leicht bei hoher Dosierung abführend, sexuell anregend, fiebersenkend, entzündungshemmend, wundheilend, blutstillend, umstimmend bei Depression.
Sie wird **eingesetzt** bei Konzentrationsschwäche, Herzschwäche/Altersherz, Verdauungsschwäche, Fieber, zur Kühlung des Körpers, bei Wunden, Entzündungen und Blutungen.
Rose ist ein gutes ***Rasayana*-Mittel für alle *Doshas***: Für *Pitta*konstitutionen mit Zucker, für Vatakonstitutionen mit getrocknetem Ingwer und Pippali (Piper longum) und für *Kapha*konstitutionen mit Honig.
In Indien stellt man eine vorzügliche **Rosenblättermarmelade** her, die sehr gut bei Herzbeschwerden wirkt.
Zubereitung: Man gibt abwechselnd eine Lage Rosenblütenblätter und eine Lage Rohrzucker in ein Glas und läßt dies mehrere Wochen in der Sonne verschmelzen. Dazu benötigt man allerdings einen langen und heißen Sommer.
Äußerlich: Rosenwasser ist ein gutes Augenwasser bei Augenentzündung. Dazu gibt man einige Tropfen Rosenwasser auf ein Glas Wasser und spült damit das entzündete Auge. Auch zum Kühlen der Haut kann Rosenwasser verwendet werden.
Rosenduft (Räucherstäbchen, Duftlampe) reinigt die Raumatmosphäre und stärkt die Spiritualität. Achten Sie dabei auf reine, gute Qualität!

Sarpagandha - **Rauwolfia serpentina**: Die Medizin wird aus den Wurzeln und Blättern eines Kletterstrauches gewonnen. Rauwolfia ist das blutdrucksenkende Mittel der 1. Wahl und ein Beruhigungsmittel. Rauwolfia ist auch bei uns bekannt und ist ein Bestandteil einiger blutdrucksenkender Mittel.

Rauwolfia reduziert Kapha und Vata.
Sarpagandha wirkt beruhigend, hirn- und nervenstärkend, blutdrucksenkend, entgiftend, menstruationsfördernd, antiaphrodisierend und entspannt die glatte Muskulatur und wird **eingesetzt** bei Bluthochdruck, vor allem bei essentiellem Bluthochdruck, Nervosität, Streß, Schlaflosigkeit, Manie, Herzleiden, verursacht durch *Vata* oder psychosomatischen Ursachen, bei zu starkem Sexualtrieb und sexueller Aggression, da es die Lust dämpft.

Shatavari **- Asparagus racemosus:** Die Medizin wird aus einer Spargelart gewonnen, die in Höhe von über 1.000 Meter im Himalaya wächst. Es werden Blätter und Wurzeln verwendet.
Shatavari ist ein hervorragendes Regenerationsmittel (***Rasayana***) bei Frauenkrankheiten.
Es reduziert Vata und Pitta und verstärkt Kapha. Deshalb Vorsicht bei Übergewicht und Amabelastung.
Shatavari wirkt milchbildend, *Ojas*-vermehrend, stärkend für das weibliche Fortpflanzungsgewebe, gebärmutteraufbauend und -stärkend, hirn- und nerventonisch, herzstärkend, verjüngend, blutdrucksenkend, auswurffördernd, appetitanregend, harntreibend, entzündungshemmend und wundheilend.
Es wird **eingesetzt** bei Menstruationsbeschwerden, PMS (prämenstrualem Syndrom), vaginalem Ausfluß, Unfruchtbarkeit, Gebärmuttersenkung, Erschöpfung, vorzeitigem Altern, Anämie, Übersäuerung des Magens (Mittel 1. Wahl).

Shilajit **- Schieferöl:** Bei Shilajit handelt es sich um ein Steinöl bzw. um ein Erdpech, das aus ganz bestimmtem Schiefergestein bei Hitze „hervorschwitzt". Es ist also kein Pflanzenprodukt, sondern ein mineralisches Heilmittel. Es enthält reichlich Mineralstoffe, wie Eisen, Aluminium, Magnesium, Kalk, Silikate, Silizium.
Da es in Kombination die Wirkung anderer Arzneimittel verstärkt, empfiehlt Caraka Muni, Shilajit zur Unterstützung der Heilung aller Krankheiten zu geben.
Shilajit reduziert Vata- und Kapha.
Shilajit wirkt regenerierend, entzündungshemmend, wundheilend, wunddesinfizierend.
Es wird eingesetzt bei Hauterkrankungen, Hepatitis, Leberzirrhose, Harnwegsinfekten, Milz- und Prostatavergrößerung, Ekzemen, Frakturen.
Äußerlich verwendet, hat es eine vergleichbare Wirkung wie Ichthyolan-Salbe (Zugsalbe).

Süßholz/Lakritze – ***Madhuka*** **– Glycyrrhiza glabra** : Medizinisch wird die Wurzel und der Saft daraus verwendet. Lakritze ist der eingedickte Saft des Süßholzes. Süßholz ist ein phantastischer Schleimlöser, ein Hustenmittel und Nerventonikum. Es ist ***Rasayana***-Medizin für die Augen. Süßholz wird auch in der Pancha Karma-Therapie eingesetzt, um das Erbrechen (Vamana) einzuleiten.
Es reduziert Vata und Pitta, verstärkt Kapha (bei hoher Dosierung oder Langzeitgabe).
Süßholz wirkt nerven- und gehirnstärkend, augenstärkend, auswurffördernd und schleimlösend, antibakteriell, abführend, harntreibend, menstruationsfördernd, milch- und samenbildend, aphrodisierend, kühlend, fiebersenkend, haut- und wundheilend, blutstillend, knochenstärkend, nährend und verjüngend.
Es wird eingesetzt bei Sehschwäche, Augenkrankheiten, Vatastörungen des Nervensystems, Kopfschmerz, Husten, Heiserkeit, Asthma, TBC, Bronchitis, Kolik, Übersäuerung des Magens, Verstopfung, Impotenz, Entzündungen im Urogenitaltrakt, chronischem Fieber, Wunden, Geschwüren, Hautkrankheiten, Blutungen, Entzündungen. **Vorsicht**: Bei längerer Einnahmedauer kann sich der Blutdruck erhöhen.
Äußerlich: Süßholzpulver in Ghee anbraten und als Salbe verwenden.

Vasaka **- Malabarnuß - Adhatoda vasika**: Die Medizin wird aus den Wurzeln, Blättern und Blüten eines Strauches gewonnen, der an der Malabarküste wächst. Vasaka ist ein gutes auswurfförderndes und krampflösendes (Husten)Mittel.
Vasaka reduziert Kapha und Pitta.
Vasaka wirkt schleimbildend, auswurffördernd, entzündungshemmend, bittertonisch, schmerzstillend, harntreibend, antiseptisch, parasymphatikussenkend, blutreinigend und -stillend, krampflösend und wundheilend und wird eingesetzt bei Husten, Bronchitis, Asthma, TBC, Grippe, Fieber, Erbrechen und Verletzungen.

Achtung: Es darf Schwangeren nicht gegeben werden!

Im „Ayurveda Lebensbuch" finden sich im Kapitel „Gewürze und Kräuter als Heilmittel" weitere Heilpflanzen und Gewürze zum Ausgleich von *Doshas.*

Zum Abschluß möchte ich noch **zwei wichtige Mischpräparate** erwähnen, die in der ayurvedischen Medizin vielfach verwendet werden.

Triphala – Mischung von 3 Früchten: Amla, Bibhitaki und Haritaki, zu gleichen Teilen:
Triphala ist ein sehr wirksames *Rasayana*-Mittel. Amla ist ein Verjüngungsmittel für *Pitta*, Bibhitaki für *Kapha* und Haritaki für *Vata*. Es ist also ein vollkommenes Regenerations- und Verjüngungsmittel für alle drei *Doshas.* Triphala ist auch sehr wirksam, um alle *Doshas* zu harmonisieren.
Triphala wirkt regenerierend, abwehrsteigernd, antidiabetisch, verdauungsfördernd, fördert den gesunden Haarwuchs, Intellekt und Sehkraft. Triphala hat eine leicht abführende Wirkung und hilft daher den Stoffwechsel und die Ausscheidung zu harmonisieren. Triphala hilft bei Kurzsichtigkeit, Ödem und besänftigt gereizte Schleimhäute.
In Ausnahmefällen kann Triphala den Darm austrocknen und zu Verstopfung führen. Es ist daher bei *Vata*-Konstitutionen nur mit Vorsicht zu verwenden.

***Trikatu*:** Es besteht aus der **Mischung gleicher Anteile von Pippali, schwarzem Pfeffer und Ingwer.**
Er wird verwendet, um Agni und *Pitta* zu steigern. Zum Abnehmen wird die Verdauung mit Trikatu so gesteigert, daß Fett im Übermaß verbrannt wird.
Trikatu-Tee mit Honig ist der ideale Trunk für *Kapha.* Trikatu kann bei alle Arten von Verdauungsstörungen sowie bei Stoffwechselproblemen durch ein schwaches *Pitta* und bei Kälte bzw. Erkältung gegeben werden. Trikatu beseitigt auch Blockaden in den *Shrotas* (Körperkanälen). Trikatu stärkt das Herz und den Kreislauf.

In der ayurvedischen Medizin gibt eine **Besonderheit, was die Einnahme der Medikamente betrifft:**
Man schluckt die Medizin nicht einfach, sondern gibt sie zusammen mit Substanzen, die den Transport in den Körper, und zwar an die richtige Stelle, übernehmen. Dies ist ein Wissen, das wir nicht unterschätzen oder vernachlässigen sollten. Es handelt sich dabei um Substanzen wie Ghee, Honig, Zucker, Milch, Wasser etc.

Generell läßt sich über den Transport von Wirkstoffen in die Gewebe sagen:
Wasser transportiert ins *Rasa Dhatu* (Lymphe und Plasma),
Honig transportiert ins *Rakta Dhatu* (Blut) und Mamsa Dhatu (Muskelgewebe),
Milch und Zucker transportieren ins *Rasa Dhatu* und *Rakta Dhatu* (Lymphe und Blut) und wirken zugleich stärkend.
Alkohol transportiert ins *Majja Dhatu* (Nervengewebe und Knochenmark) – dies erklärt auch die verheerende Wirkung bei Alkoholmißbrauch.
Ghee transportiert ins *Majja Dhatu* und *Shukra Dhatu* (Nerven- und Fortpflanzungsgewebe) und stärkt *Ojas.*

2. GEISTIGE UND SPIRITUELLE THERAPIEN

Da die ayurvedische Medizin eine **ganzheitliche** Sicht des Patienten hat, ist es nicht verwunderlich, daß sie auch Therapien für den Geist und die Seele entwickelt hat. Die wichtigsten möchte ich hier vorstellen und beschreiben. Einige dieser Therapien sind heute bei uns gut bekannt, andere, bei uns unbekannte, werden jedoch in Indien und Sri Lanka mit Erfolg eingesetzt.
Diese Therapien können begleitend zur eigentlichen Kur angeboten, aber auch vorbeugend zur Prophylaxe durchgeführt werden. Sie sollten auch Bestandteil einer **Wellness-Kur** sein.

In der ayurvedischen Medizin gibt es einige Therapieformen, die ich als begleitende oder vorbeugende Therapien bezeichnen möchte. Begleitend, da sie in Verbindung mit der Haupttherapie den Heilungsprozeß begleiten und unterstützen und hier wertvolle Dienste leisten können, vorbeugend, weil sie im Zuge der Tagesroutine (Dinacharya) zur Harmonisierung von Körper, Geist und Seele beitragen und somit zur Gesunderhaltung. Deshalb sollte es selbstverständlich sein, daß diese geistigen Therapieformen nicht nur im Rahmen eines Kuraufenthaltes, sondern auch **zu Hause**, in unserem täglichen Leben, angewendet werden.

Die wichtigsten geistig/spirituellen Therapieformen sind:
a) Yoga- und Atem-Therapie,
b) Mantra- und Gebets-Therapie,
c) Musik-Therapie,
d) Gesprächs-Therapie.

a) YOGA- UND ATEM-THERAPIE

Sie ist die bekannteste dieser Therapien und beinhaltet Körperübungen, Atemtherapie, Entspannung und Meditation. Daher wirkt sie sowohl auf der körperlichen wie auf der geistigen Ebene. Sie sollte bei keiner guten und authentischen Ayurveda-Kur fehlen.

Durch die Körperübungen, den ***Yoga-Asanas***, kann man Körper, Geist und Seele ausgleichen. Ich persönlich halte ein ausgewogenes Yogaprogramm, das alle Bewegungselemente, wie etwa Vorbeuge, Rückbeuge, Streckung etc. enthält, für wichtig. Dadurch erreichen wir eine allgemeine und ganzheitliche Harmonisierung des Körpers. Wir können jedoch auch einzelne Asanas **gezielt** einsetzen, um die *Doshas* zu harmonisieren:
Dieses Thema habe ich bereits ausführlich in meinem „Ayurveda Lebensbuch" behandelt und möchte hier nur eine kurze Zusammenfassung geben. Allerdings gilt hier das gleiche wie bei den Atemtechniken: Es ist sinnvoll, sie von einem guten Lehrer persönlich zu lernen.

Zum Ausgleich von Vata sind z. B. alle Asanas nützlich, die Druck auf das Becken und den Dickdarm ausüben sowie alle Asanas, die wir im Liegen ausführen, die uns entspannen und zu ruhiger und langsamer Atmung führen. Als Beispiele: Lotussitz, Pflug, Heuschrecke, Kobra und Knie zur Bruststellung, Totenstellung mit Tiefenentspannung.
Zum Ausgleich von Pitta sind alle Asanas nützlich, die Druck auf die Nabelgegend ausüben und den Magen, die Milz und die Leber stärken. Vorteilhaft sind auch Asanas, die wir im Sitzen ausführen. Als Beispiele: Zange, Bogen, Pflug, Variante mit Knie zum Ohr, Fisch, Schulterstand.
Zum Ausgleich von Kapha sind alle Asanas nützlich, die wir im Stehen ausführen und die Druck auf Magen, Brust und Kopf ausüben sowie Asanas, die Bewegung erfordern und Beweglichkeit fördern. Als Beispiele: Sonnengruß, Drehsitz, Boot, Löwe, Rumpfbeuge im Sitzen, Baum und Tadasana.
Im Ayurveda wird jedoch eine Übungsreihe des Yoga besonders empfohlen. Es handelt sich hierbei um den **„Sonnengruß -** ***Surya Namaskar*"**. Diese Übungsreihe besteht aus 12 Einzelübungen, die jedoch ohne Pause und zügig hintereinander durchgeführt werden. Diese Übungen werden als Rasayana, als Regenerationsmittel

angesehen, da sie eine sehr starke gesundheitsfördernde Wirkung haben. Bei dieser Übungsreihe läßt sich die Wirkung der einzelnen Übungen noch durch bestimmte Mantren verstärken.
Dabei wird bei jeder Übung jeweils ein Mantra mit einem Namen des Sonnengottes gedacht oder gesprochen. Diese Namen finden Sie in meinem „Ayurveda Lebensbuch" im Kapitel über Yoga. Die Gottheit der Sonne wird gesehen als die Persönlichkeit der Kraft und der Potenz der Sonne, die ja Lebensspenderin für die Erde ist. Diese **Lebenskraft** soll bei der Durchführung des **Sonnengrußes** in uns geweckt werden.

Durch ***Pranayama***, den **Atemtechniken des Yoga**, werden dem Übenden zuerst die Fehler in seiner Atemtechnik aufgezeigt und dann behutsam korrigiert. Dadurch wird die Versorgung des Körpers mit Sauerstoff verbessert und die Versorgung mit ***Prana*** – Lebensenergie –optimiert, wodurch die körperlichen Funktionen und die Abwehr gestärkt werden. Dadurch wird eine wichtige Grundlage für die Gesundheit wieder hergestellt.
Dadurch, daß man lernt, ruhig und tief zu atmen, wird auch der sonst so unstete Geist wieder ruhiger. Vor allem bei Vatastörungen ist eine tiefe und richtige Atmung wichtig.
Spezielle Atemtechniken können helfen, vorhandene körperliche Störungen, die auf Energieblockaden beruhen, zu beheben oder auszugleichen.

Auch **Störungen der Doshas** lassen sich durch Pranayama-Übungen harmonisieren bzw. ausgleichen:
Kapha wird durch ***Kaphalabhati*** und ***Bastrika*** sowie die ***Surya Bheda*** **Atmung** reduziert.
Bei der Surya Bheda Atmung wird *Kapha* durch Erhöhung des *Pitta* ausgeglichen.
Pitta wird durch Atemübungen wie ***Sitali***, die den Körper kühlen, reduziert bzw. ausgeglichen.
Vata wird durch die **Wechselatmung *Analoma Viloma***, ausgeglichen und beruhigt.

Die Techniken der einzelnen Atemübungen finden Sie anschließend im Kapitel 3 genauer erläutert.

Zur **Reduzierung von Schmerzen** läßt sich der Atem auch einsetzen. Hierzu müssen wir den Atem mit der Vorstellung verbinden, daß mit der Einatmung Wärme und Prana/Heilenergie in den Körper einströmt und daß mit der Ausatmung alle Schmerzen und alles Kranke aus dem Körper ausgeschieden wird. Wenn man etwa Schmerzen im Rücken hat, so stellt man sich vor, daß mit der Einatmung Wärme und Heilenergie in den schmerzenden Rückenbereich einströmt und sich dieser Bereich total entspannt. Bei der Ausatmung stellt man sich dann vor, daß sich alle Schmerzen aus diesem Bereich lösen und mit der Ausatemluft den Körper verlassen. Ich persönlich habe mit dieser Methode schon sehr gute Resultate erzielt und auch schon einige ermutigende Rückmeldungen von anderen Ratsuchenden erhalten. Deshalb möchte ich Ihnen diese Atemübung sehr empfehlen.

Es gibt natürlich noch viele dieser speziellen Atemtechniken, die ich hier nicht aufführen möchte, da manche bei unsachgemäßer Ausführung auch schädliche Nebenwirkungen haben können. Es ist in jedem Fall günstig, diese Atemtechniken von einem erfahrenen Yogalehrer zu erlernen.

b) MANTRA- oder GEBETS-THERAPIE

Dies ist eine Therapieform, die in Indien schon seit Urzeiten mit großem Erfolg eingesetzt wird. In der letzten Zeit gewinnt sie auch bei uns immer mehr an Bekanntheit.
In der vedischen Zeit, als Religion und Wissenschaft noch nicht so strikt getrennt waren, war die Behandlung oder die Unterstützung der Behandlung mit *Mantren* – also mit Klangschwingungen – ein fester Bestandteil einer jeden Therapie.

Auch heute noch gibt es in Indien traditionale Ayurveda-Ärzte (*Vaidyas*), die Heilmantren zur Unterstützung der medikamentösen Behandlung oder der Ausleitungs- und Reinigungstherapie (*Pancha-Karma*) einsetzen.

Die Mantratherapie hilft aber auch, den normalerweise sehr unruhigen und ruhelosen Geist zu beruhigen und friedlich zu stimmen.
Mantren können in der Meditation still gedacht, aber auch laut gesprochen oder gesungen werden.

Die Mantra-Therapie läßt sich unterstützend mit jeder Therapieform kombinieren.
Am wirkungsvollsten ist sie bei Störungen des Geistes (*Manas*), aber auch bei Geisteskrankheiten, bei Störungen des vegetativen Nervensystems und bei psychosomatischen Erkrankungen, also immer dann, wenn der geistig/seelische bzw. der feinstoffliche Bereich des Menschen betroffen ist.
Der wichtigste Aspekt der Mantra-Therapie ist jedoch, für den Patienten das passende **Heilmantra** zu finden und in der Therapie einzusetzen. Jeder moderne Mensch, der sich für Ayurveda interessiert, sollte nicht den Fehler machen, Mantren als mystischen Hokuspokus abzuwerten. Im Gegenteil –durch das Wissen über Mantren erschließt sich uns erst der tiefere Sinn des Ayurveda!

Auf die **Meditation** werde ich im 3. Kapitel dieses Buches über die „Ayurveda Kur zu Hause" näher eingehen. Hier möchte ich jetzt nur die verschiedenen geistigen Therapieformen vorstellen.
Als erstes möchte ich den Ausdruck **Geist** näher erläutern. Im Sanskrit, der vedischen Sprache, wird der Geist mit *Manas* bezeichnet. Darunter versteht man die Fähigkeit zu denken, zu fühlen, anzuzweifeln, zuzustimmen, abzulehnen, aber auch zu vergleichen und zu werten. Der Geist ist nicht materiell, sondern feinstofflich und er befindet sich im Astralkörper. Deshalb kann man den Geist auch schlecht mit unserem Verständnis von Anatomie beschreiben.
Deshalb gibt es auch in unserer Sprache keinen vergleichbaren Ausdruck. Ich glaube, der Ausdruck Gemüt kommt dem, was man unter *Manas* versteht, am nächsten.

Da der Geist feinstofflich ist, schläft er im Gegensatz zu unserem materiellen Körper nicht. Im Gegenteil, im Schlaf hat der Geist eine Verbindung zu dem Unterbewußtsein und arbeitet viel von dem auf, was man tagsüber verdrängt. Dies kann man als Träume erfahren. Das heißt aber auch, je mehr man tagsüber verdrängt und unerledigt läßt, muß der Geist während der Nacht erledigen. Die Nacht sollte eigentlich der körperlichen Regeneration dienen. Je mehr der Geist aber aufarbeiten muß, um so unruhiger ist der Schlaf. Dies gilt besonders, wenn er unerfreuliche Dinge wie Angst, Schuld, Streit und erduldetes oder begangenes Unrecht verarbeiten muß!
Man sagt, der Geist herrscht über die Materie. Und darin liegt viel Wahrheit. Die meisten Krankheiten haben ihren Ursprung im Geist/Gemüt. Nur wenn der Geist entspannt und gesund ist, kann der Körper entspannt und gesund sein. Deshalb ist die Ayurveda Kur nur vollständig, wenn auch der Geist/Gemüt und die Seele „gereinigt und erholt" ist.

In der **Mantra-Therapie** arbeitet man mit Mantren. Mantra heißt sehr vereinfacht „Geistbefreier". Das Mantra hilft, den Geist von seiner Ruhelosigkeit zu befreien, aber auch von negativen Schwingungen wie Sorgen, mentaler Anspannung und schlechter Denkweise. Daneben sind Mantren in der Lage, unsere eigentliche spirituelle Natur zu erwecken.
Vom wahren Wesen her sind alle Menschen göttliche Seelen, die jedoch durch die Bedeckung mit dem materiellen, grobstofflichen Körper das Bewußtsein für ihre Göttlichkeit „vergessen" haben. Durch die Arbeit mit Mantren wird also unser göttliches Bewußtsein nach und nach wieder erweckt und uns unsere Beziehung zu Gott wieder bewußt. Wenn dadurch der Glaube wieder stark wird und man sich von Gott beschützt und behütet fühlt, so stärkt dies unsere Abwehrkräfte und dadurch die Gesundheit. Dabei ist es nebensächlich, welcher Religion jemand angehört und mit welchem Namen man Gott bezeichnet und anspricht.

Ich möchte nun einige **Beispiele für die Arbeit mit Mantren** für die Gesundheit geben. In der Mantra-Therapie gibt es Mantren, die die Patienten zur Unterstützung ihrer Heilung anwenden. Jedoch gibt es auch Mantren, die der Arzt anwendet, um die positive Schwingungen in der Praxis oder in der Klinik zu stärken. Man-

che Ayurveda-Ärzte sprechen Mantren oder Gebete, bevor sie einen Patienten untersuchen, um so eine günstige Atmosphäre zu erzeugen, in der die Zusammenarbeit zwischen Arzt und Patient gut gedeihen kann.
Mir ist natürlich bewußt, daß ich hier dieses Thema nur streifen kann. Wenn ich aber bei meinen Lesern das Interesse für die Mantra-Therapie wecken konnte, so möchte er sich bitte an einen vedischen *Vaidya*, einen Ayurveda-Arzt wenden.

Der für uns in diesem Buch wichtigste Bereich der Mantren ist wohl der der **Heilmantren.**
Diese Schwingungen sind in der Lage, **unser Bewußtsein zu verändern.** Es ist eine bekannte Tatsache, daß unser Bewußtsein, unsere Gedanken und Gefühle uns auf der körperlichen Ebene beeinflussen.
Desweiteren bekommen wir mit den Mantren ein Mittel in die Hand, ungünstige Zustände, wie etwa Streß, Überanstrengung, Traurigkeit oder aufgestaute Wut zu kompensieren oder auszugleichen. Mittels Mantren können wir uns mental und emotional stärken und ausgleichen und so etwas für unsere Gesundheit tun, und zwar körperlich wie geistig.
Die ideale Zeit zum Meditieren ist der frühe Morgen oder die Abenddämmerung. Zur Unterstützung eines Heilungsprozesses empfehle ich zweimal am Tag für mindestens 20 Minuten mit diesen Mantren zu meditieren.
Die zwei wichtigsten und **machtvollsten vedischen Heilmantren** sind das ***Gayatri Mantra*** und das ***Maha Mrityunjaya Mantra.*** Es gibt zahlreiche Berichte von erstaunlichen Heilerfolgen mit diesen beiden Mantren. Ich möchte jedem interessierten Freund von Ayurveda ans Herz legen, mit diesen beiden Mantras zu arbeiten.

Das ***Gayatri Mantra*** ist eine Anrufung an die Sonne als wichtige Quelle unserer Lebenskraft. Es wird sowohl zur Erweckung unseres spirituellen Bewußtseins als auch zur Stärkung der körperlichen Heilkräfte und der Gesundheit angewendet.
Die wirkungsvollste Weise mit diesem Mantra zu arbeiten, ist die stille Meditation. Hierbei wird das Mantra im Geist leise wiederholt, wobei man darauf achten muß, das sich keine anderen Gedanken ins Bewußtsein „schleichen" und die Meditation stören:

OM BHU BHUVAH SVAHA
TAT SAVITUR VARENYAM
BHARGO DEVASYA DHIMAHI
DHIYO YO NAH PRACO DAYADE

Das ***Maha Mrityunyaja Mantra*** ist ein Gebet oder eine Anrufung an *Mahadeva* – den erhabenen Gott –den man um **Schutz vor Unglück, vor Krankheit oder frühen Tod** bittet. Es gibt genügend Berichte von **Spontanheilungen bzw. Heilungserfolgen**, die mit Unterstützung dieses Mantras erzielt wurden:

OM TRAYAMBAKAM YAJAMAHE
SUGANDHIM PUSHTI-VARDHANAM
URVARUKAMIVA BHANDHANAM
MRITYOR MUKSHIYA MAMRITAT

Ich möchte noch ein **Schutzmantra** zum göttlichen Schutz vor allgemeinen Gefahren des Lebens empfehlen. Sei es, daß wir auf eine Reise gehen, eine gefährliche Arbeit auszuführen haben oder mit feindlich gesinnten Menschen umgehen müssen. Auch vor zu materialistischer Lebenseinstellung kann uns dieses Mantra schützen. Als Abendgebet ist es sehr zu empfehlen, da es uns Frieden und Zuversicht für die Nachtruhe gibt:

OM HRIM KSHRAUM
UGRAM VIRAM MAHA- VISHNUM JVALANTAM SARVATO MUKHAM
NRISHIMHAM BHISHASANAM BHADRAM
MRTYO-MRITYUM NAMAMY AHAM

Eine weitere Möglichkeit besteht darin, die ***Mahabhutas*, die 5 großen Elemente**, aus denen der ganze Körper zusammengesetzt ist, durch Mantren **zu stärken.** Dadurch können Defizite bestimmter Elemente im Körper ausgeglichen oder die harmonische Zusammensetzung der Elemente im Körper gestärkt werden. Fehlt dem Körper z. B. das Wasserelement, so wiederholen wir einige Minuten lang das Mantra VAM und stellen uns dabei einen See vor.

Erdelement:	LAM. Dabei stellen wir uns ein Gebirge oder einen Berg vor,
Wasserelement:	VAM. Dabei stellen wir uns den Ozean oder einen See vor.
Feuerelement:	RAM. Dabei stellen wir uns die Sonne oder ein loderndes Feuer vor.
Luftelement:	YAM. Dabei stellen wir uns den Wind mit seinen Bewegungen vor.
Ätherelement:	HAM. Dabei stellen wir uns die Weite des Weltraums vor.

Mit speziellen **Heilmantren** können wir auch direkt den göttlichen Schutz und göttliche Heilkraft anrufen. Dazu ist es wichtig zu verstehen, daß die alten, vedischen Seher und Weisen bestimmte Gottheiten bzw. personifizierte Teilaspekte Gottes speziellen Körperteilen oder Organen zugeordnet haben. Diese Gottheiten „überwachen" die jeweiligen Körperbereiche und geben Kraft, die zur Heilung beiträgt. Dazu werden Mantren, mit denen die jeweiligen Gottheiten verehrt oder angerufen werden, gesprochen oder gedacht, um so die richtige Kraft und Heilschwingung im Körper zu aktivieren.
Dieser Gedanke, daß bestimmte Gottheiten über den Körper wachen und ihn stärken und schützen, sollte uns auch immer wieder bewußt machen, mit dem Körper sorgsam umzugehen.
Wenn wir die göttlichen Naturgesetze nicht beachten oder gar bewußt mißachten, so bezahlen wir dies mit dem Verlust unserer Gesundheit.

Es gibt in der ayurvedischen Medizin eine Gottheit, die ***Dhanvantari*** genannt wird und die als der göttliche Aspekt und die göttliche Kraft der Medizin und der Heilung verehrt wird. Die Gebete um Heilung werden an diesen göttlichen Aspekt gerichtet. So ist es auch leicht verständlich, daß es einige Heilmantren gibt, die Dhanvantari geweiht sind.
Die einfachste Form Danvantari zu verehren und Ihn um Schutz und Gesundheit zu bitten, ist das folgende Mantra:

OM HRIM DANVATARAYE NAMAHA

Dhanvantari wird in Indien sehr verehrt, in vielen Ayurveda-Kliniken oder -Praxen findet sich ein Bildnis oder eine Statue von Dhanvantari - so wie ich es selbst bei meinem Praktikum in Pune beobachten konnte. In einigen Ayurveda-Kliniken wird der klinische Betrieb erst begonnen, wenn Ärzte und medizinisches Personal gemeinsam zu Dhanvantari gebetet haben.

Auch die **Heilkraft der Pflanzen** läßt sich durch Mantren verstärken, wie z. B. durch das Mantra:

OM SHREEM SOMAYA NAMAHA.

Dieses Mantra verehrt die heilende Kraft der Natur und sollte benutzt werden, wenn wir mit Heilkräutern arbeiten. Es gibt aber auch Gebete, die vom Ayurveda-Arzt gesprochen werden, während die Pflanzen gepflückt werden, um so die Wesenheit der Heilpflanze zu verehren und gütig zu stimmen.
Auch bei der Zubereitung der Medizin werden Mantren und Gebete verwendet. Einer meiner ayurvedischen Ausbildungsärzte und Lehrer in Indien hat in seiner Medikamentenküche einen kleinen Altar, wo er jede zubereitete Medizin zuerst Gott opfert (Ihm weiht), bevor er sie an Patienten weitergibt.

Auch zugunsten der **Verdauungskraft** können wir mit Hilfe von Mantren unterstützend eingreifen. So ist der Begriff „***Agni***" für unsere Verdauungskraft zugleich der Name der Gottheit des Feuers und der Umwandlung. Deshalb spricht man im Ayurveda auch von „Verdauungsfeuer".

So wie das Feuer das Brennmaterial in Kraft, Hitze und Asche verwandelt, so verwandelt das „Verdauungsfeuer" unsere Nahrung in Wärme, Kraft und Asche oder Schlacke. Ist das Verdauungsfeuer zu schwach oder essen wir zu viel, so wird die Nahrung nicht ausreichend verdaut und es entstehen besonders viel Schlacken. Diese Schlacke werden im Ayurveda als Ama bezeichnet und gelten als Ursache vieler Störungen und Krankheiten. Daher verwendet man im Ayurveda einige Mantren, die zur Stärkung der Verdauung führen. Diese Mantren sind Anrufungen an Agni, die Gottheit des Feuers und Vishnu, den Erhalter der Harmonie und des Gleichgewichts.

Auch zu diesem Thema möchte ich **zwei** Mantren empfehlen. Das erste ist ein Vers aus der Bhagavad Gita, dem Heiligen Buch der Inder:

BRAHMARPANAM BRAHMA HAVIR
BRAHMAGNAU BRAHMANA HUTAM
BRAHMAIVA TENA GANTAVYAM
BRAHMA-KARMA-SAMADHINA

Das zweite Mantra können wir unmittelbar nach der Mahlzeit sprechen. Es ist eine Anrufung an *Vishnu* – den Beherrscher der Sinne – mit der Bitte zu helfen, das Essen gut zu verdauen. Während wir das Mantra sprechen – laut oder in Gedanken – drücken wir mit dem rechten Daumen auf den Solar-Plexus.

Das stimuliert zusätzlich unsere Verdauungskraft und ist auch bei Verdauungsschwäche zu empfehlen:

VISHNU SAMASTENDRIYA DEHI DEHI
PRADHANA BHUTO BHAGAVAN YATAIKA
SATYENA TENANNAM ASHESHAM ETAD
AROGYA-DAM AME PARINAMAM ETAT

Unsere ***Chakren* – die feinstofflichen Energiezentren** – lassen sich auch sehr effektiv durch Mantras behandeln und stärken. Die Chakren leiten das Prana/Lebensenergie durch den Körper und versorgen jeweils einen Körperbereich mit Lebensenergie. Bei der Blockade eines Chakras wird der entsprechende Körperbereich nur mangelhaft mit Energie versorgt. Dies hat Auswirkungen sowohl auf der körperlichen als auch auf der geistigen Ebene.
Jedem Chakra ist ein Mantra zugeordnet, dessen Klang der feinstofflichen Eigenschwingung des Chakras entspricht und diese bei der Meditation verstärken kann. So wird das Chakra aktiver, durchlässiger und Blockaden werden aufgehoben.
Meditieren wir mit dem Mantra **eines** Chakras, so richten wir dabei unser Bewußtsein auf den Sitz des Chakras im Körper und konzentrieren uns auf den Klang des Mantras. Hierbei empfehle ich eine Meditationszeit von etwa 10 - 20 Minuten.

Wir können jedoch auch eine **Meditationsreise** durch die Chakren durchführen. Dabei beginnen wir mit dem Wurzelchakra und wandern von Chakra zu Chakra aufwärts, bis wir beim Kronenchakra angelangt sind. Auch bei dieser Meditationsreise konzentrieren wir uns auf den jeweiligen Sitz des Chakras und den Klang des Mantras. Als Meditationszeit empfehle ich 3 - 10 Min. pro Chakra. Diese Chakrenmeditation ist auch zur allgemeinen Aktivierung und Stabilisierung geeignet.

Ich werde nun die Mantren der jeweiligen Chakren anführen. Zum besseren Verständnis der Chakren, ihrer Sitze und ihrer Funktionen lesen Sie gegebenenfalls nochmals in den Grundlagen, Kapitel 1 unter „Chakren - die feinstofflichen Energiezentren des Körpers" nach.

1. Wurzel- oder Basis-Zentrum	Muladhara-Chakra:	Mantra LAM
2. Sakral- oder Sexual-Zentrum	Swadhistana-Chakra:	Mantra VAM

3. Solarplexus oder Sonnengeflecht	Manipura-Chakra:	Mantra RAM
4. Herzzentrum	Anahata-Chakra:	Mantra YAM
5. Hals- und Kehlzentrum	Vishuddha-Chakra:	Mantra HAM
6. Stirnzentrum/3. Auge	Ajna-Chakra:	Mantra KSHAM
7. Kronenzentrum/Scheitelchakra	Sahasrara-Chakra:	Mantra OM

Wir können allerdings auch die **Chakren miteinander harmonisieren**, wobei wir mit dem Mantra LAM beginnen und alle Mantren bis zum OM für einige Minuten hintereinander sprechen oder denken. Die Mantren LAM bis KSHAM sprechen wir kurz, während wir das OM länger dehnen.

Für den Fall, das sich jemand nicht von den ayurvedischen Mantren angesprochen fühlt oder aus religiösen Gründen lieber mit **Gebeten zur Heilung** arbeiten möchte, so ist dies kein Problem. Auch **Gebete** haben eine große Heilkraft. Sie öffnen und verstärken das Bewußtsein für die göttliche Hilfe, die für jeden Heilungserfolg wichtig ist. Auch aktiviert das Gebet das Herzchakra und verstärkt dadurch die **Selbstheilungskräfte**.
Durch Gebete kann man aber auch Streß abbauen, indem man seine Sorgen oder den Druck, unter dem man steht, Gott in einem persönlichen Gespräch anvertraut. Dadurch kann ein Gefühl des Vertrauens und Schutzes aufgebaut werden, das hilft die Probleme des Lebens gelassener zu sehen. Auch aufgestaute negative Gefühle können im Gebet abgebaut werden. Dies entlastet den Geist und beruhigt ihn. Dadurch kann auch der Körper entspannen und regenerieren.

Um eine Vertrauensbeziehung zu Gott aufbauen zu können, muß man aber erst das **richtige Verständnis** über Gott gewinnen. Dabei sind jedoch unzureichende und falsche Vorstellungen von Ihm hinderlich, wenn man z. B. Gott nur als das strafende Prinzip sieht und sich vor Ihm fürchtet.
Wir können nicht Gott für alle schlimmen Zustände der Welt verantwortlich machen, sondern nach dem Gesetz von Ursache und Wirkung sind es wir selbst, die durch unsere Handlungen Glück und Leid verursachen. Unsere Handlungen ziehen positive und negative Reaktionen nach sich. Nicht Gott straft, sondern die Reaktionen auf unsere negativen Handlungen sind es, die uns Leid bringen.
Jesus Christus drückte diese Gesetzmäßigkeit, die in östlichen Religionen „Karma" genannt wird, mit einfachen Worten so aus: „Was der Mensch sät, das muß er ernten".

Wenn es allgemein schwerfällt, bestimmte Situationen des Weltgeschehens bzw. die sogenannte „Ungerechtigkeit der Welt" zu verstehen oder einzuschätzen, so liegt das an der allgemeinen Unkenntnis über das Gesetz der Wiedergeburt. Dieses besagt, daß Leben auf Leben wie Perlen auf einer Kette folgen.
Die Seele kleidet sich **immer wieder** in neue Hüllen und wir Menschen entwickeln uns bewußtseinsmäßig stetig weiter, wir bekommen dazu stets neue Chancen. Wir lernen aus den Erfahrungen, entwickeln Fähigkeiten und allmählich erwacht in uns die Erkenntnis über unsere göttliche Herkunft, unser wahres Wesen und letztendlich das Gottesbewußtsein. Das können wir nie in einem Leben schaffen.
Alles was wir **jetzt** schaffen, hat Auswirkungen auf unser nächstes Leben und alles, was uns jetzt widerfährt, haben wir in diesem oder einem **früheren** Leben bewirkt.

Geht man hingegen nur von **einem** Leben aus, so muß man zwangsläufig an einen ungerechten Gott denken, der Glück und Leid willkürlich verteilt. Viele Menschen hadern mit Gott und ihrem Schicksal, machen Schuldzuweisungen und gehen aus der Selbstverantwortlichkeit heraus. So versäumen sie wertvolle Chancen für ihre Weiterentwicklung und können keine gute Beziehung zu Gott aufbauen.

Die Quelle allen Leids ist die Unwissenheit des Menschen über seine wahre Natur. Wenn der Mensch in der Illusion des Getrenntseins von Gott lebt, sich mit dem Körper und seiner Rolle identifiziert und nicht im „Ein-Klang" mit dem Schöpfer lebt, verstrickt er sich in Leid.
Leid und Krankheit sind nur Hinweise, daß wir nicht „stimmig" sind und fordern uns zur Korrektur in der Lebensführung auf, sie sind im wahrsten Sinne „not-wendig".

Oft bringen leidvolle Erfahrungen und Lebenskrisen die positive Wende im Leben und sind neue Wachstums- und Orientierungschancen! Wir hinterfragen den Sinn des Lebens und kommen wieder auf das Wesentliche im Leben. Und dabei hilft uns das vertrauensvolle Gebet.

Es ist auf jeden Fall wichtig, daß wir eine **liebevolle** Beziehung zu Gott herstellen, da er die Liebe ist. Das kann am besten in einer **persönlichen Form** geschehen. Gott nimmt viele Formen an, so kann Ihm jeder nach seinem **Herzen** näherkommen: Der Christ verehrt Jesus Christus, der Hindu verehrt Ihn als Sri Krishna oder als Göttliche Mutter, der Moslem als Allah, um nur einige Religionen aufzuzählen. Zu Gott kann man vielfältige Beziehungen aufbauen und Ihn als Vater, Mutter und Freund verehren.
Er hat und hatte viele **Namen** in allen Religionen und früheren Kulturen. Besonders in der hinduistischen Religion wird Er in Seinen vielen Aspekten verehrt, die alle einen eigenen Namen tragen. Hier ein kleines Gleichnis zum **Gottesverständis:**
Betrachten wir eine Frau. Ihr Ehemann beschreibt und benennt sie in einer ganz bestimmten Art und Weise, aber ganz anders werden sie ihre Kinder, ihre Eltern und Freunde, ihr Chef und der Kaufmann, bei dem sie einkauft, beschreiben und ihr auch verschiedene Namen oder Koseworte geben. Aber alle reden immer von der **gleichen** Person.

Gott offenbart sich auch in Seiner **unpersönlichen** Form als tiefer Friede, umfassende Liebe, Freude, innere Glückseligkeit, als inneres Licht, als Schönheit und Harmonie. Er durchdringt den Mikrokosmos als auch den Makrokosmos. In der Schönheit und den Wundern der Natur, in den Blumen, in der Stille kann man Ihn wahrnehmen.

c) MUSIK-THERAPIE

In der heutigen Zeit setzt sich immer mehr die Erkenntnis durch, daß Töne eine heilende oder zumindest eine beruhigende und harmonisierende Wirkung auf Geist und Körper haben. Diese Erkenntnis wird in der ayurvedischen Medizin schon seit Jahrhunderten als Therapie eingesetzt.
Hauptsächlich werden in der Musiktherapie zwei Arten verwendet:
Die instrumentale Musik, sie wird als ***Gandharvaveda*** bezeichnet und das gesungene Gebet oder ***Mantra.***

Die *Gandharvas* waren in der vedischen Epoche Indiens die „himmlischen" Sänger und Musikanten, die an den Höfen der Könige und Fürsten sangen und musizierten. Sie schufen ein Musiksystem, das 21 Töne pro Oktave enthält, und zwar ganze Noten, halbe Noten und Viertelnoten.
Für die **Musikstücke** - ***Ragas*** - gibt es genaue Regeln, die zwingend festschreiben, wieviele Töne und welche Tonfolgen das Stück enthalten darf. Mit diesen Ragas werden nun Schwingungen erzeugt, die bestimmte gefühlsmäßige Stimmungen wie etwa bei einem Sonnenaufgang oder Frühlingsgefühle in dem Zuhörer wachrufen.

Daneben gibt es Meditationsragas und auch Heilungsragas;
Die **Meditationsragas** versetzen den Zuhörer in einen schönen und ruhigen Zustand der Meditation. Dies ist besonders hilfreich bei mentalen oder emotionen Problemen, wie etwa bei Sorgen, Ängsten oder innerer Unruhe. Aber auch gesungene Mantren und Gebete haben eine tiefgreifende beruhigende Wirkung.
Heilungsragas können den Körper oder Bereiche des Körpers in eine harmonische Schwingung versetzen, was sehr zur Heilung beiträgt. Durch diese Musik kann sich der Mensch, ob gesund oder krank, wieder ganz in die Harmonie mit sich selbst und seiner Umgebung, der Natur, bringen. Dies ist besonders wertvoll für die sogenannten zivilisierten Menschen, die oft jeden Bezug zur Natur und jede Sensibilität für ihre Schwingungen und Stimmungen verloren haben.

Es gibt auch Ragas, die die Stimmung **bestimmter Tageszeiten** wiedergeben, und zwar im 3-Stunden Rhythmus, z. B. 0 Uhr bis 3 Uhr, 3 Uhr bis 6 Uhr etc. Durch diese Stimmungen können sich die Menschen wieder in

Einklang mit der Natur und ihrer Atmosphäre bringen. Seit jeher ist Gandharvaveda als „Melodie der Schöpfung" bekannt.

Wir können aber auch die ***Doshas*** durch diese Raga-Musik **harmonisieren**. Erinnern wir uns, daß den *Doshas* bestimmte Tageszeiten zugeschrieben werden. Dies können wir therapeutisch nutzen, wenn wir etwa zur Beruhigung eines erhöhten *Pittas* „*Kapha*-Ragas" hören (6 bis 9 Uhr und 18 bis 21 Uhr). Dazu sollte man jedoch die Stimmungen der Ragas - die alle 3 Stunden wechseln - für die jeweiligen Tageszeiten genau kennen.

Hierzu einige Beispiele:

Mitternacht bis 3 Uhr:	Raga Hibranjani,
3 Uhr früh bis 6 Uhr:	Raga Lalita,
6 Uhr morgens bis 9 Uhr:	Raga Todi und Raga Bairavi,
9 Uhr bis Mittag 12 Uhr:	Raga Malkoch u. Raga Sudh-Sarang.
Mittag bis 15 Uhr:	Raga Bhimpalasi,
15 Uhr bis 18 Uhr:	Raga Bhimpalasi, Raga Marva und Raga Madhuvanti,
18 Uhr bis 21 Uhr:	Raga Imam, Raga Puriya und Raga Rageshree,
21 Uhr bis Mitternacht:	Raga Bihag und Raga Darbari Kanhra.

Falls Sie sich für Ragas interessieren, finden Sie in einigen Musikgeschäften Aufnahmen auf Musikkassetten und CD's mit klassischer indischer Musik. Suchen Sie sich jeweils die Ragas aus, die Ihren Konstitutionstyp harmonisieren.

In Bezug auf die moderne Musik empfehle ich für ***Kapha*** Musik mit beschwingenden, aufmunternden Rhythmen und Tonfolgen wie etwa Disco, Dancefloor, aber auch schnelle Standardtänze.
Pitta braucht als Ausgleich ruhige, langsame und beruhigende Musik wie europäische Klassik.
Vata benötigt Entspannungsmusik. Schnelle, hektische, vor allem atonale Musik sollte *Vata* soweit wie möglich vermeiden.

Spirituelle Musik, wie z. B. Messen von Mozart, Bach, Schubert, hebt uns auf eine höhere Ebene. Im Wellness-Teil im 3. Kapitel werde ich noch eingehender auf die Wirkung von Musik und Tönen eingehen.
Über die heilsame, kraftvolle Wirkung von **religiösen Liedern** möchte ich Ihnen aus **eigener** Erfahrung berichten: Vor 12 Jahren trafen wir, meine Frau und ich, uns regelmäßig mit Freunden und sangen traditionelle *Bajans* und *Kirtans*, indische religiöse Lieder/Gebete. Wir waren eine kleine Gruppe, die musikalische Begleitung dazu war das indische Harmonium, die indischen Tablas und ein Tamburin.
Das sprach sich herum und so wurden wir öfters eingeladen, bei Veranstaltungen zu singen, u.a. bei einer Fachärztin für Psychiatrie. Wir sollten anläßlich eines mehrtägigen Heil-Seminars für ihre Patienten dabei den „Musikteil" übernehmen und jeden Tag ca. 1 bis 2 Stunden unsere Bajan-Lieder vortragen.
Die Wirkung war verblüffend und für alle völlig unerwartet: Eine Frau, die zwei Jahrzehnte unter Depressionen gelitten hatte, begann während unseres Konzerts aufzustehen und voller Freude im Raum zu tanzen. Eine andere, sehr schwierige Patientin, die der Ärztin bei ihrem Seminar immer wieder Probleme bereitete, fing an laut mitzusingen und war für den Rest des Seminars vollkommen harmonisch und ist es auch geblieben. Wie uns im Nachhinein die Ärztin bestätigte, hatte auch die depressive Patientin keinen Rückfall mehr.

Wie ist das zu erklären? Durch die hohe Schwingung der spirituellen Lieder wurden der Geist und das Gemüt von krankmachenden Schwingungen geheilt und die Teilnehmer auf eine höhere, göttliche Bewußtseinsebene gehoben.
Allein die Schwingung der Silbe OM ist heilsam. Es ist die göttliche Urschwingung, die die Schöpfung erhält. Versuchen Sie es einmal selbst und singen Sie einfach die heilige OM-Silbe für eine Weile. Sie werden sehr ruhig und friedlich dabei. Übrigens, unser christliches „Amen" ist eine Ableitung der Silbe OM.
Ebenso hat das „Halleluja" hat eine heilsame Schwingung und wirkt positiv auf die Chakren.

d) GESPRÄCHS-THERAPIE

In der ayurvedischen Medizin hat sich die Gesprächstherapie von Anfang an als unentbehrlich erwiesen. Die alten Weisen des Ayurveda wiesen schon darauf hin, daß oftmals nicht der Patient, sondern sein Umfeld, seine Familie, seine Arbeit therapiert werden müssen, damit eine nachhaltige Gesundung erreicht werden kann.
Eine der häufigsten Krankheitsursachen der heutigen Zeit sind unterdrückte Gefühle und ungeklärte innere Konflikte. Dazu gehören Ängste und Aggressionen. Es ist eine Tatsache, daß nur die wenigsten Menschen in der Lage sind, das auszudrücken, was sie wirklich denken oder fühlen.
Denken wir etwa an Beziehungen, die auf falschen Erwartungen aufgebaut sind und die keiner der Partner sich traut, zu zerstören, oder denken wir an die vielfachen Situationen im Leben, wo Menschen ein künstliches Bild von sich selber aufbauen und mühsam aufrechterhalten. Es erzeugt Ängste, diese Fassade vor der Umwelt nicht aufrechterhalten zu können und den Anforderungen nicht gewachsen zu sein.
Oder denken Sie an das immer häufiger werdende Mobbing im Berufsleben, wo es darum geht, zum eigenen Vorteil dem Kollegen zu schaden. Dies alles führt beim Betroffenen zu unbewältigten Gefühlen und inneren Konflikten, die ihn langsam aber sicher krank machen.

Für solche Situationen empfiehlt die ayurvedische Medizin die Gesprächstherapie. Allgemein nimmt sich der ayurvedische Arzt wesentlich mehr Zeit für seine Patienten und ihre Probleme als in der westlichen Schulmedizin. So wird schon bei der Eingangsuntersuchung über das allgemeine Umfeld und die Lebenssituation des Patienten gesprochen, damit sich der Arzt ein genaues Bild über Familiensituation, Arbeitsplatz und Arbeitsklima, die sozialen Verhältnisse und vor allem über die emotionalen Belastungen des Patienten machen kann.

Darauf aufbauend wird in der Gesprächstherapie behutsam versucht, die unterdrückten und aufgestauten Emotionen durch ein Gespräch zu lösen, so daß der innere Druck oder die innere Verletzung des Patienten zur Sprache gebracht und gelöst werden können.

Vom Therapeuten wird dabei zweierlei verlangt: Zum einen muß er ein sehr guter Zuhörer sein, andererseits auch ein sehr guter, einfühlsamer Redner, der nach Möglichkeit immer die richtigen Worte findet.
Das setzt voraus, daß er mit sich selbst in Harmonie ist, um zu verhindern, daß sich eigene Probleme mit denen des Patienten vermischen oder daß er durch eigene Probleme vorschnelle Schlüsse zieht. Er muß immer in der Lage sein, vorurteilsfrei und selbstlos mit dem Patienten umzugehen.

Für den Therapeut als Zuhörer ist es wichtig, eine gute Intuition zu besitzen, um zu spüren, was den Patienten wirklich bewegt und was er wirklich sagen will. Der Therapeut muß ein Gefühl des Vertrauens aufbauen, da nicht zu erwarten ist, daß der Patient ohne weiteres bereit ist, sich zu öffnen und über seine innersten und verborgensten Probleme zu reden.
Deshalb setzt die Gesprächstherapie vom Therapeuten einiges voraus: fachliche Kompetenz, Intuition, Geduld, Einfühlungsvermögen, positive Sichtweise und viel Lebenserfahrung.

ॐ

3. KAPITEL: DIE AYURVEDA KUR ZU HAUSE

In diesem Kapitel werden Ihnen nun Methoden vorgestellt und beschrieben, mit denen Sie zu Hause einerseits den Körper und andererseits den Geist reinigen und regenerieren können. Die Reinigung und Regeneration des Geistes spielen in der ayurvedischen Medizin eine wichtige Rolle.
Bei der Ayurveda-Kur habe ich in diesem Zusammenhang schon *Kuti Praveshika*, die geistige „Rundum-Erneuerung" beschrieben. Auch zu Hause kann man einiges tun, um den Geist zur Ruhe kommen zu lassen und so geistig Kraft zu tanken. Man darf jedoch auch nicht den Einfluß unserer Seele für die allgemeine Gesundheit unterschätzen.

Zunächst möchte ich auf die Regeneration und Gesunderhaltung auf der **körperlichen Ebene** eingehen und Anwendungen vorstellen und erklären, die Sie ohne großen Aufwand zu Hause, also in der gewohnten Umgebung, durchführen können.
Der Schwerpunkt liegt hierbei in einigen der ***Yogakriyas***, Reinigungs- und Ausleitungsverfahren, die im Hatha-Yoga angewendet werden. Diese Übungen sind alle durch ihre reinigende und entschlackende Wirkung gesundheitsfördernd, einige haben aber zusätzlich noch eine *Dosha*-reduzierende Wirkung. Diese Übungen möchte ich zur Harmonisierung bei *Dosha*-Störungen empfehlen. Sie unterscheiden sich nicht stark von den Anwendungen des Pancha Karma. Bitte verwechseln Sie nicht Yogakriyas mit Kriya Yoga. Beide haben außer der Ähnlichkeit des Namens nichts miteinander zu tun. Das Wort *Kriya* bedeutet „Handlung".

Neben den oben genannten Techniken erkläre ich auch verschiedene Methoden aus der ayurvedischen Medizin, die Ihnen helfen, **mit einfachen Mitteln akute Dosha-Störungen auszugleichen**, dazu gehören u.a. **Atemübungen** des Yoga.

Auch einfache Formen von wohltuenden **Ölmassagen** werde ich beschreiben. Sie haben dann die Möglichkeit, sich selbst zu massieren oder sich von einem lieben Freund, einer Freundin oder Familienangehörigen verwöhnen zu lassen.

Am Ende dieses Kapitels finden Sie Vorschläge für eine **Wellness**- und eine **ayurvedische Fasten- und Entschlackungskur zu Hause**.
Der Wellness-Teil ist der reinen Schönheitspflege und Erholung gewidmet. Möchten Sie jedoch Gewicht reduzieren und *Dosha*-Störungen ausgleichen, empfehle ich Ihnen die Fasten- und Entschlackungskur.
Mit dem Wissen aus diesem Kapitel können Sie diese Kur individuell nach Ihrer Konstitution oder gemäß Ihrer *Dosha*-Störung gestalten.

Ich möchte bei Ihnen aber auch das Bewußtsein dafür wecken, akute Störungen der *Doshas* zu erkennen und sofort auszugleichen. Dies sollte Sie aber **keinesfalls** ermutigen, schwere Erkrankungen selbst zu kurieren. Schwere Störungen der *Doshas* gehören in die Hand eines Arztes, entweder in die eines *Vaidyas* – eines Ayurveda Arztes – oder falls keiner in Ihrer Nähe ist, in die eines Schulmediziners.

Nun ein kurzer **Überblick** über die Methoden für die Reinigung und Regenerierung von Körper und Geist, die Ihnen in diesem Kapitel für die **Kur zu Hause** vorgestellt werden.

- Erkennen der *Dosha*-Störungen anhand körperlicher Merkmale
- Yogakriyas, Reinigungsübungen, Shank Prakshalana zur Reinigung des Darms
- Atemübungen des Yoga
- Ölmassagen
- Ernährung zur Reduzierung der *Doshas*

* Tiefenentspannung für den Geist, Affirmation und Visualisieren
* Meditation
* Eigenes Schönheitsprogramm, u.a. Gesichtspflege, Gesichtsmassagen, Teilmassagen und diverse Blüten-, Kräuter- und Reinigungs-Bäder.

In diesem Kapitel geht es um die **akuten** Störungen eines oder mehrerer *Doshas*, die wir ausgleichen können, damit sie erst gar nicht chronisch werden können.
In diesem Zusammenhang ist es wichtig, die **Entstehung** von Krankheiten aus ayurvedischer Sicht zu verstehen. Im ersten Kapitel über die Grundlagen der ayurvedischen Medizin habe ich dieses Thema behandelt, und wenn Sie sich jetzt unsicher fühlen, lesen Sie bitte den betreffenden Abschnitt noch einmal in Ruhe durch.

Bevor ich jedoch beginne, das **Erkennen** von *Dosha*-Störungen und die ausgleichende Behandlung zu beschreiben, vorerst ein **allgemeiner Überblick** über die **Möglichkeiten zur Reduzierung von gestörten Doshas** nach der *Caraka-Samhita.*
Später im Text gehe ich an den betreffenden Stellen ausführlicher auf die einzelnen Punkte ein.

Gesundheit kommt aus der natürlichen
Ausgewogenheit der Doshas. Daher trachten die Weisen danach,
sie im Gleichgewicht zu halten.

Caraka Samhita

„Man kann niemals die Früchte einer verjüngenden Therapie erlangen,
wenn man nicht Geist und Körper gereinigt hat."

Caraka, Chik. Sth. 1.4, 36-38

ALLGEMEINER ÜBERBLICK ÜBER MÖGLICHKEITEN ZUR REDUZIERUNG GESTÖRTER DOSHAS

Gestörtes KAPHA wird reduziert durch
Erbrechen (*Vamana*), Magenreinigung oder Spülung (*Dhauti*),
Schleimableitung über die Nase mit *Nasya*-Öl oder mit Schnupf- oder Nießpulver.
Honig zum Süßen oder als Medizingrundlage (bestes Heilmittel bei *Kapha*).
Speisen oder Heilmittel mit dem Geschmack sauer, scharf, bitter und herb oder mit trockenen und heißen Eigenschaften, alter Wein (herb/sauer).
Langes Wachbleiben, wenig Schlaf, Vermeiden von Tagesschlaf, anregende Gesellschaft und Gespräche, viel Bewegung, Geschlechtsverkehr.
Ausgleich bei sitzender Tätigkeit: Laufen oder Wandern.
Fastenkur oder strenge Diät bei Übergewicht.
Anregende, lebensweckende Düfte: z.B. Bergamotte, Zitronengras, Zimt.
Farbtherapie: Generell grelle, anregende Farben, speziell rot, gelb, grün und lila.

Gestörtes PITTA wird reduziert durch
Abführmittel (*Virecana*),
Speisen mit viel *Ghee* (zerlassener Butter), bestes Heilmittel bei *Pitta*.
Speisen oder Heilmittel mit dem Geschmack süß, bitter und herb, kühle bzw. kalte Milch.
Heilmittel mit kühlendem Charakter, wie Kampfer oder Sandelholzpaste.
Kalte Bäder, ruhige Gespräche, Zärtlichkeit, Mondlicht, kühle Winde, das Tragen von Perlen, Mondstein und Korallenschmuck (zur *Pitta*-Verstärkung Rubin),
kühlende Atemübungen: *Sitali/Sitkari*,
wohlriechende Substanzen, Blumendüfte: Rose, Jasmin, Geranien, Sandelholz.
Farbtherapie: Generell dunkle, ruhige Farben, speziell blau und violett.

Gestörtes VATA wird reduziert durch
Einläufe (*Basti*) mit warmer Abkochung mit vatareduzierenden, beruhigenden Kräutern oder mit warmem Sesamöl, und durch Ölmassagen (*Abhyanga*),
Sesamöl ist das beste Mittel, um *Vata* zu dämpfen, sowohl innerlich als auch äußerlich.
Medikamente mit zerlassener Butter (*Ghee*) oder warmer Milch,
Speisen oder Heilmittel mit Geschmack süß, sauer oder salzig und erwärmenden Eigenschaften, Appetitanreger, Stärkungsmittel (*Rasayana*).
Milde Abführmittel bei Verstopfung.
Beruhigende Gedanken, fröhliche Gespräche, Märchen und Erzählungen lauschen, sowie lachen.
Viel Ruhe, Entspannung, Meditation, früher Schlaf am Abend (vor 22 Uhr!)
Annehmlichkeit, Bequemlichkeit und Zufriedenheit sind wichtig für den Heilerfolg.
Mäßigung und Regulierung in allen Tätigkeiten.
Sitzende oder liegende Tätigkeiten bzw. Übungen.
Beruhigende, ausgleichende Düfte: Rose, Lavendel, Orange.
Farbtherapie: Generell dunkle, beruhigende und warme Farben, speziell blau, rot.

ERKENNEN VON STÖRUNGEN DER DOSHAS

Bevor wir gestörte *Doshas* reduzieren, ist es wichtig zu wissen, **wie** wir die Störungen der *Doshas* ohne viel Aufwand erkennen können. Die wichtigsten Indikatoren dafür sind die **Zunge**, unsere **Ausscheidungen** und die **Haut**.

Tagsüber sind die Verdauung und der Stoffwechsel im Magen-Darm-Trakt aktiv. Während der Nacht jedoch sind die Verdauung und der Stoffwechsel sowie die Regeneration in den Geweben aktiv und Abbauprodukte und Schlacken wandern in die Ausscheidungsorgane, um morgens ausgeschieden zu werden. Deshalb ist ausreichende Nachtruhe so wichtig, um diese Entschlackungs- und Regenerationsvorgänge des Körpers zu unterstützen.

Sehr wichtig ist es, auf täglichen, morgendlichen Stuhlgang zu achten, für regelmäßige Ausscheidung zu sorgen, denn Verstopfung vergiftet den ganzen Körper.

Außerdem ist es nützlich, wenn wir uns angewöhnen, bei der Morgentoillette unsere Zunge, unsere Ausscheidungen (Stuhl und Urin) und die Haut zu betrachten. Denn diese geben uns zuverlässig Hinweise auf Störungen der *Doshas*. So können wir **rechtzeitig, bevor** Krankheiten auftreten, Maßnahmen zur Beseitigung von *Dosha*-Störungen ergreifen.

a) Die Zunge als Indikator für Doshastörungen

Wenn wir morgens ins Bad gehen, sollten wir uns als erstes die Zunge ansehen. Sie ist unser erster Indikator für eine Störung im Gleichgewicht der *Doshas* und auch ein zuverlässiger Faktor, um eine Amabelastung zu erkennen. Eine Zunge mit zart rosa Farbe und ohne Belag zeigt, daß die *Doshas* in Harmonie sind.

Zeigt die Zunge jedoch eine weißliche Farbe und ist geschwollen und befindet sich auf der Zunge und im Mund ein zäher, klebriger Schleim mit schalem Geschmack, so deutet dies auf eine **Erhöhung des Kapha-Doshas** hin. In diesem Fall kann es auch zu einem dicken, zähen und weißlichen Belag auf der Zunge kommen Bei einem solchen Belag muß an Hand weiterer Symptome abgeklärt werden, ob es sich um eine *Kapha*störung oder um eine Amabelastung handelt.

Ist die Zunge leuchtend rot und zeigen sich Bläschen und entzündete Stellen auf der Zunge und im Mund, so liegt eine **Erhöhung des Pitta-Doshas** vor. Es können sich auch rote Verfärbungen am Zungenrand zeigen. Der Geschmack im Mund ist dabei meist säuerlich oder brennend. Ein säuerlicher Geruch aus dem Mund deutet auf eine *Pitta*störung im Magen hin.

Wenn die Zunge trocken und rauh ist und Risse zeigt, so deutet dies auf ein **erhöhtes Vata-Dosha** hin. Deutliche Risse auf der Zunge zeigen meist ein Vataproblem im Dickdarm an.

Eindrücke am Zungenrand, die aussehen, als wenn sie von Zahnabdrücken stammen, zeigen eine verminderte Absorptionsfähigkeit im Dünndarm an.

Eine tiefe Furche in der Zungenmitte, die von der Zungenwurzel zur Zungenspitze führt, deutet auf emotionelle Belastung und Verspannung in der Wirbelsäule und im Rücken hin.

b) Die Zunge als Indikator für Amabelastung

Die Zunge zeigt uns zuverlässig jede bestehende Amabelastung im Darm bzw. im Körper an. Da die Schleimhäute der Zunge und des Mundraums mit den Zellen des gesamten Körpers in Verbindung stehen, so können Abfallstoffe der Körperzellen über diese Schleimhäute ausgeschieden werden. Dies zeigt sich am Belag der Zunge und dies wird bei der **Ölziehkur** genutzt. Genauso werden auch medizinische Wirkstoffe über die Mund- und Zungenschleimhäute aufgenommen und direkt den Zellen zugeleitet, ohne den Verdauungsapparat zu durchlaufen. Dies macht sich die homöopathische Medizin zunutze.

Findet man also bei der morgendlichen Kontrolle Ablagerungen auf der Zunge, so gibt uns der Belag Auskunft über den Ort und die Intensität der Amabelastung.

Befindet sich der Belag hauptsächlich an der Zungenspitze, so entsteht das Ama im Magen, also bei der Eiweißverdauung.
Befindet sich der Belag mehr in der Zungenmitte, so zeigt dies eine Amabelastung im Zwölffingerdarm und im Anfang des Dünndarms an. Hier entsteht das Ama bei der Kohlehydrat- und Fettverdauung.
Befindet sich der Belag an der Zungenwurzel, dem hinteren Teil der Zunge, so deutet dies auf eine Amabelastung im Ende des Dünndarms und im Dickdarm hin. Hierbei liegt eine Resorptionsstörung im Darm vor, meistens wird nicht genügend Wasser vom Darm aufgenommen.

Für die Hygiene des Körpers ist es wichtig, diesen Belag zu entfernen. In der indischen Kultur verwendet man dazu einen Zungenschaber, aber ich persönlich habe gute Erfahrung mit einem Teelöffel gemacht. Zur Reinigung der Zunge drehe ich den Löffel mit der hohlen Seite nach unten und ziehe ihn mit sanftem Druck über die Zungenoberfläche, und zwar von hinten zur Zungenspitze hin.
Dabei ist es von Bedeutung wie fest der Belag an der Zunge haftet. Ist der Belag nur sehr dünn und läßt er sich ganz leicht, mit nur wenig Druck und wenigen Zügen entfernen, so gibt es keinen Grund zu Sorge. Dann hat sich noch kein Ama im Darm oder den Geweben festgesetzt und der Körper ist bereits dabei, es auszuscheiden.
Ist der Belag jedoch dicker und es erfordert mehrere Züge mit dem Schaber, um den Belag zu entfernen, so hat sich bereits Ama im Magen- Darmbereich festgesetzt.
Falls sich der Belag jedoch auch nach mehrmaligem und druckvollem Schaben nicht ganz entfernen läßt, so hat sich das Ama bereits in den Geweben festgesetzt.

Im ersten Fall reicht es, das Frühstück ausfallen zu lassen. Bei den beiden anderen Fällen ist es angebracht, einen oder mehrere Fastentage einzulegen.
Ein gutes ayurvedisches Mittel, um ***Ama* zu reduzieren**, vor allem wenn es sich bereits in den Geweben festgesetzt hat, ist ***Trikatu.*** Hierbei handelt es sich um die Mischung aus Ingwerpulver, gemahlenem schwarzem Pfeffer und gemahlenem Pippali. Pippali ist der indische, lange Pfeffer. Diese Mischung kann man bei verschiedenen indischen Versandhändlern bestellen oder aber auch selbst machen, wenn man die Zutaten besorgen kann. Ich persönlich ziehe es vor, medizinische Kräutermischungen, aber auch Massageöle und Salben selbst herzustellen, falls ich die Zutaten dafür bekommen kann. Zum einen macht es Spaß, etwas selbst zu kreieren, andererseits bekommt man eine ganz andere Beziehung zu den Medikamenten und Ölen.

Ein wichtiger Schritt zur Vermeidung von Ama ist ein starkes Verdauungsfeuer – Agni. Wenn man gut verdaut, so bilden sich keine Verdauungsschlacken. Rufen Sie sich bitte ins Gedächtnis, daß **alles, was nicht richtig verdaut wird**, Verdauungsschlacken – *Ama* – **bildet**! Alles was man tut, um eine gute und starke Verdauung zu bekommen, hilft dem Körper frei von Ama zu bleiben. Seien Sie bitte achtsam in der Wahl Ihrer Nahrung, der Menge, die Sie essen und der Zeit, wann Sie essen.

c) Die Malas als Zeichen von Doshastörungen

Um einen Einblick in den Zustand der *Doshas* zu gewinnen und ein bestehendes Ungleichgewicht zu erkennen, sollten wir uns als nächstes mit den **Ausscheidungen, den *Malas*** befassen. Das bedeutet, daß wir morgens routinemäßig auf der Toilette den **Stuhl** und den **Urin** betrachten, vor allem wenn es uns nicht gut geht und wir die Ursache herausfinden wollen. Man kann es sich aber auch zur generellen morgendlichen Gewohnheit machen, um ein Ungleichgewicht oder eine Störung der *Doshas* frühzeitig zu sehen. Bei Urin und Stuhl achtet man auf die Farbe, den Geruch und die Konsistenz.

Ein gesunder Mensch, dessen *Doshas* sich in Harmonie befinden, sollte ein bis zweimal täglich Stuhlgang haben. Als ideal wird angesehen, wenn nach jeder Mahlzeit auch eine Ausscheidung erfolgt. Der Stuhl sollte sich problemlos ausscheiden lassen; er sollte fast geruchlos sein und nicht an der Toilettenschüssel kleben.

Wenn der Stuhl eine fahle, kalkweiße oder milchige Farbe hat, er schal riecht oder geruchlos ist, man nur einmal am Tag Ausscheidung hat, jedoch in großer Menge und von einer festen und wohlgeformten Konsistenz, so weist dies auf ein angeschwollenes *Kapha-Dosha* hin. Auch eine schleimige Konsistenz läßt auf ein **hohes Kapha** schließen.
Hat der Stuhl eine bräunlich gelbe Farbe und riecht er scharf oder säuerlich, so deutet dies auf ein **erhöhtes Pitta-Dosha** hin. Er hat dann eine eher flüssige Konsistenz. Die Menge ist zwar normal, jedoch erfolgen mehrere Ausscheidungen am Tag. Durchfall hat seine Ursache ebenfalls in erhöhtem *Pitta.*
Wenn der Stuhl eine dunkel bis schwärzliche Farbe hat mit einem extrem unangenehmen Geruch, so liegt ein **erhöhtes Vata-Dosha** vor. Die Menge ist dann gering und in Form von kleinen, sehr harten Klümpchen. Auch Verstopfung mit schmerzhafter Ausscheidung, die oftmals nur nach mehreren Tagen erfolgt, sowie teils krampfartige Blähungen, zeigen ein agitiertes *Vata* an.
Ist der Stuhl besonders schmierig und klebrig, so läßt dies eine **Amabelastung** vermuten. Ein **Test** für eine Belastung des Körpers mit Ama, kann mit dem Stuhl gemacht werden. Dabei betrachtet man, ob der Stuhl auf der Wasseroberfläche schwimmt oder untergeht:
Schwimmt der Stuhl auf dem Wasser, so gibt es kein Ama im Stuhl und damit auch nicht im Körper. Versinkt der Stuhl jedoch wie ein Stein im Wasser, so befindet sich Ama im Stuhl, und es gibt im Körper eine Amabelastung.

Normaler Urin ist hell, transparent und klar. Allerdings färbt sich der Urin dunkler, wenn man zu wenig trinkt, deshalb sollte man bei dunklem Urin unbedingt die tägliche Trinkmenge erhöhen. Bei der Beurteilung des Urins nach Farbe und Menge muß man unbedingt die Menge an Flüssigkeit berücksichtigen, die man zu sich genommen hat. Vegetarier haben auch einen eher dunklen Urin, was aber auf natürliche Ursachen zurück zu führen ist. Urin eines gesunden Körpers läßt sich ohne Probleme ausscheiden und kommt in einem kräftigen Strahl.
Ist der Urin von weißlicher, trüber Farbe und hat er einen schalen Geruch, so liegt ein **erhöhtes Kapha-Dosha** vor. Der Urin kann dann eine dickflüssige oder flockige Konsistenz haben. Die tägliche Menge ist eindeutig erhöht, es kommt jedoch seltener am Tag zum Wasserlassen, jedoch mit großer Menge.
Wenn der Urin eine dunkelgelbe bis rötliche Farbe hat und sehr intensiv oder unangenehm scharf oder sauer riecht, so liegt ein **erhöhtes Pitta-Dosha** vor. In diesem Fall kann die tägliche Menge verringert sein und in wenigen Schüben mit geringem Harndrang erfolgen. Die Konsistenz kann dabei auch dickflüssig sein. Auch ein brennendes Gefühl beim Wasserlassen deutet auf ein erhöhtes *Pitta* hin.
Ist der Urin dunkel, hat jedoch keinen starken oder auffallenden Geruch, und erfolgt die Urinausscheidung in kürzeren Intervallen und in kleinen Mengen, jedoch mit teils starkem Harndrang, so liegt ein **erhöhtes Vata-Dosha** vor. Auch wenn das Wasserlassen trotz Harndrang nur zögernd erfolgt und keine Erkrankung der Prostata vorliegt, so ist an eine Vatastörung zu denken.
Ist der Urin zähflüssig, weißlich und schwer, dann zeigt dies, daß der Körper mit einer Amabelastung zu kämpfen hat.

d) Die Haut als Indikator für Doshastörungen

Beim morgendlichen Waschen oder Duschen haben wir Gelegenheit, die Haut sowie die Fingernägel und die Haare zu betrachten, denn sie geben uns auch Warnhinweise für gestörte *Doshas.* Eine kalte, trockene, spröde, schuppige oder rissige Haut zeigt ein **erhöhtes Vata-Dosha** an. Auch juckende, trockene Haut deutet auf eine Vatastörung hin. Hierbei ist es wichtig zu wissen, daß erhöhtes *Vata* die Haut schneller altern läßt.
Sind die Fingernägel spröde und brechen leicht, so deutet auch dies auf ein erhöhtes *Vata* hin. Das gleiche gilt auch für die Haare. Bleiben wir z. B. mit den Fingernägeln immer wieder an Wolle oder Kleidungsstücken aus feinem Gewebe hängen, so ist dies ein Alarmzeichen, daß unser *Vata-Dosha* aus dem Gleichgewicht geraten ist.

Ist die Haut kalt, geschwollen mit bleicher Farbe und fühlt sie sich ölig oder fettig an, so deutet dies auf ein **erhöhtes Kapha-Dosha** hin. Juckt die Haut und näßt gleichzeitig, so liegt auch eine *Kapha*störung vor. Eine *Kapha*störung zeigt sich an den Fingernägeln durch weiße oder helle Flecken.

Wenn die Haut eine deutliche Rotfärbung zeigt oder wenn sie sich öfter und schnell entzündet, liegt eine **Erhöhung des Pitta-Dosha** vor. Fingernägel mit geschwollenem, gerötetem oder entzündetem Nagelbett weisen auf eine *Pitta*störung hin.

Die Haut ist aber auch das größte Ausscheidungsorgan des Körpers. Leidet die Haut sehr oft an Unreinheit, entzündet sie sich schnell und es entstehen dabei Pickel oder Eiterbläschen, so zeigt dies, daß der Körper nicht genug Schlacken und Giftstoffe über die Niere und Darm ausscheiden kann. Auch schlecht verheilende Wunden lassen darauf schließen. Wenn der Körper jedoch nicht ausreichend ausscheiden kann, so wird in den meisten Fällen das Rasa- (Lymphe) und das Rakta-Dhatu (Blut) betroffen. Deshalb ist bei Hautunreinheiten und den oben geschilderten Hautproblemen unbedingt eine Blutreinigung durchzuführen!

Falls keine schweren *Kapha*störungen vorliegen, empfiehlt die ayurvedische Medizin zur Entschlackung und Blutreinigung **heißes Wasser** zu trinken.
Dazu kocht man einen Liter gutes Leitungswasser etwa 15 Minuten lang. Wenn das Leitungswasser keine gute Qualität hat, nimmt man besser ein gutes Wasser ohne Kohlensäure aus dem Laden. Es werden sehr gute Mineralwasser aus den Vogesen angeboten, die sehr naturrein sind und daher zur Blutreinigung bestens geeignet sind.
Das gekochte Wasser füllt man in eine Thermoskanne und hat es dann immer parat, wenn man trinken möchte.
Als Kur trinkt man dieses ayurvedische Heilwasser etwa drei Wochen lang, und zwar jede Stunde eine Tasse heißes Wasser.

REDUZIERUNG GESTÖRTER DOSHAS

Nach diesen Betrachtungen haben wir ein Bild, ob und welche *Doshas* möglicherweise gestört oder beeinträchtigt sind, und wir können beginnen sie auszugleichen und zu harmonisieren.
Ich stelle nun verschiedene Methoden zur Reduzierung der *Doshas* vor:

1. *Yogakriyas* – Reinigungsübungen
2. Atemübungen des Yoga – *Pranayama*
3. Ölmassagen
4. Ernährung

1. REDUZIERUNG GESTÖRTER DOSHAS DURCH YOGAKRIYAS

Reduzierung von Kapha:
Gestörtes und angeschwollenes ***Kapha-Dosha*** zeigt sich meist in Form von Verschleimung. Wenn man also angeschwollenes oder gestörtes *Kapha* ausgleichen oder harmonisieren möchte, so muß man versuchen, den Schleim im Körper zu reduzieren. Da das ***Kapha-Dosha*** seinen Hauptsitz und seine Entstehung im **Magen** hat, so ist hier der effektivste Bereich für die Behandlung.

a) Bei den Yogakriyas gibt es eine Technik, die der des ***Vamana*** (Erbrechen) bei der Pancha Karma-Therapie entspricht. Sie wird ***Antara-Dhauti*** genannt. Sie gehört zu der Gruppe der Reinigungsübungen oder „Waschungen". Einerseits ist es gesund, den Magen von Zeit zu Zeit zu reinigen, andererseits bietet das Erbrechen eine gute Möglichkeit, ein **gestörtes Kapha-Dosha zu reduzieren.**

Im Gegensatz zu der Pancha Karma-Therapie sind jedoch die Yogakriyas nicht so tiefgreifend und rigoros in der Wirkung und daher auch für den „Hausgebrauch" gedacht und geeignet.
Wenn Sie die Gelegenheit haben, so lassen Sie sich alle diese Reinigungsübungen von einem erfahrenen Yogalehrer zeigen. Sie werden dann durch die Erfahrung lernen, auf welche Art und Weise Ihnen diese Übungen gut tun.
Im Kapitel über die Pancha Karma-Therapie habe ich schon darauf hingewiesen, das *Vamana* nichts damit zu tun hat, nach einem übermäßigen Essen einfach alles wieder zu erbrechen. Das gleiche gilt natürlich auch für *Antara-Dhauti.*
Ich wiederhole dies hier trotzdem noch einmal, weil mir dieser Punkt so wichtig ist. Auch für Übergewichtige ist Fasten auf jeden Fall besser und gesünder, als zu essen und danach zu erbrechen!

Durchführung:
Wichtig ist, daß das *Antara-Dhauti* nur auf **leeren** Magen durchgeführt wird. Als erstes trinkt man langsam vier bis acht Gläser leicht gesalzenes Wasser. Wenn man einen Teelöffel voll Salz in einen Liter Wasser auflöst, so entspricht dies dem Salzgehalt des menschlichen Blutes und wird deshalb vom Körper nicht als störend empfunden. Am besten nimmt man Meersalz oder Himalaya-Salz, da diese viele Mineralien enthalten und daher für den Organismus am gesündesten sind. Dieses Salzwasser hat zum einen durch seine pittaerhöhende Wirkung die Fähigkeit, *Kapha* zu verflüssigen und zusätzlich reinigt und desinfiziert es den Magen.
Nachdem man das Wasser getrunken hat, macht man eine **Yogaübung**, die ***Nauli*** genannt wird. Dabei beugt man sich leicht nach vorne und zieht nach der Ausatmung die Bauchdecke nach oben. Dies geschieht, indem man so tut, als ob man einatmet, ohne jedoch Luft in die Lunge zu lassen. Nun läßt man die Bauchdecke durch Anspannen und Loslassen der Bauchmuskulatur vor und zurück schnellen. Danach entspannt man die Bauchdecke wieder. Dadurch wird das Salzwasser im Magen verteilt und dieser gut gespült.
Nach etwa drei bis vier Durchgängen dieser Übung begibt man sich auf die Toilette, beugt sich über die Schüssel und steckt zwei Finger in den Hals und übergibt sich. Danach sollte man mit frischem Wasser den Mund gut ausspülen und gurgeln.

Man kann sehen, daß neben eventuellen Speiseresten sehr viel Schleim ausgeworfen wird. Als Reaktion darauf reduziert der Körper *Kapha* aus allen anderen Bereichen, um den Hauptsitz wieder aufzufüllen und zu stärken. Wenn etwa bei einer Erkältung die Nase, der Kopf und die Lunge verschleimt ist, so führt das Antara-Dhauti meistens zu einer sehr raschen und willkommene Erleichterung. Wo vorher viel flüssiger Schleim war, wird es trocken, die Schwellungen lassen nach und die Atmung wird frei und ungehindert.

Auch bei allen anderen Arten von Verschleimungen ist das *Antara Dhauti* eine gute Hilfe.
Natürlich kann man bei allen Anzeichen einer akuten und leichten Störung des *Kapha-Doshas* ein *Antara-Dhauti* durchführen. Hierzu würde ich zum Beispiel Trägheit und Antriebsschwäche, die mit einem allgemeinen Schweregefühl einhergehen und depressive Stimmung mit schwerer Müdigkeit zählen.

Der Vorteil eines *Antara-Dhauti* zur Reduzierung von erhöhtem *Kapha* sehe ich darin, daß es schnell hilft und wenn es richtig durchgeführt wird, keine Nebenwirkungen zeigt. Bei *Kapha*störungen sollte man allerdings immer bedenken, daß *Kapha* ja für Stabilität und Fülle steht und daß man deshalb für die Harmonisierung oft viel Geduld und Ausdauer benötigt. *Kapha*störungen lassen sich nicht immer über Nacht ausgleichen.
Selbst wenn es nicht sofort gegen die *Kapha*störungen helfen sollte, so hilft die Reinigung des Magens für eine verbesserte Verdauung und damit unserem Stoffwechsel.

b) Um festsitzenden Schleim im Kopfbereich zu lösen und auszuscheiden, kann man zur Technik des Nasya greifen. ***Nasya*** bedeutet, wie schon bei der Pancha Karma-Therapie erwähnt, die Behandlung des Kopfes durch die ***Nase.*** Hierzu gibt es für den Hausgebrauch zwei Behandlungsmethoden:

Schnupfen von scharfen und erhitzenden Pulvern sowie
Inhalieren von heißen Kräuterdämpfen.

Beim Schnupfen werden die Nasenschleimhäute gereizt, um einerseits die Ausscheidung von angesammeltem Schleim aus dem Kopfbereich zu verstärken und andererseits den Niesreflex anzuregen und dadurch vermehrt *Kapha* aus dem Kopfbereich zu eliminieren. Diese Art des Nasya ist sehr wirkungsvoll, wenn der Schleim nicht zu fest sitzt oder ganz zu Beginn einer *Kapha*störung mit beginnender Verschleimung.

Das Inhalieren von heißen Dämpfen dagegen hat eine bessere Wirkung, wenn der Schleim sich verfestigt hat und man das Gefühl hat, der Kopf sei total blockiert. Fester Schleim reagiert wie Knochenleim. Dieser hat die Tendenz, sich beim Erkalten zu verhärten. Wenn man nun den Knochenleim auf ein Feuer stellt, so verflüssigt er sich durch die Hitze.
Auch zähes, verhärtetes *Kapha* wird bei Hitzebehandlung flüssig und damit leichter auszuscheiden. Deshalb werden erhitzende Schnupfpulver oder heißer Dampf zur Behandlung verwendet.
Für die Inhalierung kocht man die Kräuter in einem Topf und stellt ihn dann auf einen Tisch. Man setzt sich davor und beugt dem Kopf über den dampfenden Topf. Nun hängt man sich ein großes Handtuch über den Kopf, so daß der Kopf und der Topf eingeschlossen sind. Dann inhaliert man den Dampf tief durch Mund und Nase.
Durch den heißen Dampf werden die Bronchien und vor allem der Kopf sehr schnell frei und die Blockierung löst sich auf.

Die besten Substanzen zum Inhalieren sind Kamille, Eukalyptus und Menthol, aber auch eine Abkochung von Ingwer oder Galgant und Trikatu bringt ein gutes Resultat. Trikatu ist ein ayurvedisches Gewürzpulver aus Ingwer, schwarzem Pfeffer und Pippali, den indischen langen Pfeffer.

Reduzierung von Pitta:
Eine weitere Reinigungsübung, nämlich **die Reinigung des Darms**, entspricht dem Virecana der Pancha Karma-Therapie. Beim Virecana wird durch Medikamente ein Durchfall ausgelöst, um das ***Pitta-Dosha*** aus seinem Hauptsitz, dem Zwölffingerdarm, zu entfernen.
Bei der **Yogareinigung** wird eine **milde Abführung** angestrebt, die den gleichen Effekt bewirkt, nur eben milder ist und daher den Organismus nicht so belastet. Bei dieser Abführmethode wird einerseits der Darm von oben her „gewaschen" und Ablagerungen werden ausgespült, aber auch gestörtes *Pitta-Dosha* aus dem Körper entfernt.
Hierbei gilt das gleiche Prinzip wie beim vorher behandelten Erbrechen. Entfernt man ein *Dosha* aus seinem Hauptsitz, dem Ort, wo es für den Organismus lebensnotwendig ist, so reduziert der Körper das *Dosha* aus seinen Nebensitzen und aus allen Bereichen des Körpers, um den Hauptsitz wieder aufzufüllen.

In der klassischen Yogapraxis trinkt man bei dieser Reinigungsübung stark gesalzenes Wasser. Salz hat in niedriger Dosierung eine *Pitta*-erhöhende und Agni-steigernde Wirkung, was der Verdauung sehr zugute kommt. Erhöht man jedoch die Dosierung, so hat das Salz eine abführende Wirkung, die sich bis zu einem Durchfall steigern kann. Bei uns sind solche Darmreinigungen mit Glaubersalz oder Karlsbader Salz bekannt, es können aber auch ayurvedische Kräuter mit milder abführender Wirkung verwendet werden wie Triphala oder Sennesblätter.
Da diese jedoch eine austrocknende Wirkung auf den Darm haben, sind sie nicht für *Vata*-Naturen geeignet. Für sie ist eher Rizinusöl zu empfehlen, da es zu der abführenden auch eine nährende Wirkung hat.

Durchführung:
Für diese Darmreinigung sollte man nach Möglichkeit am Tag vorher fasten und viel trinken. Am Morgen beginnt man dann mit der Darmreinigung. Entweder löst man Glaubersalz oder ein Salz seiner Wahl in 1 Glas lauwarmem Wasser auf oder man bereitet sich eine Abkochung mit abführenden Kräutern, z.B. Sennesblätter. *Vata*-Naturen nehmen besser Rizinusöl.
Falls Sie keine Erfahrung mit der Darmreinigung haben, empfehle ich mit einer niedrigen Dosierung zu beginnen und diese dann solange zu steigern, bis der gewünschte Effekt eintritt.

Bei der Yoga-Darmreinigung ist es am besten, wenn viel flüssige Substanz ausgeschieden wird. Wenn diese Flüssigkeit sauer oder scharf riecht, ist viel *Pitta* enthalten und die Reinigung sollte fortgesetzt werden, bis die Flüssigkeit klar wird und nur wenig oder gar kein Geruch mehr wahrzunehmen ist.
Da bei der Darmreinigung mit der Flüssigkeit auch viele Mineralstoffe ausgeschwemmt werden, ist es enorm **wichtig**, nach der Reinigung viel zu trinken. Am besten Mineralwasser ohne Kohlensäure! Nach der Darmreinigung sollte man sich viel Ruhe gönnen.
Obwohl diese Darmreinigung nicht so eine tiefe Wirkung hat wie etwa das *Virecana* bei der Pancha Karma-Therapie, so hat der Organismus doch einiges zu tun und etwas Erholung wird gut tun. Man muß auch verstehen, daß durch die Reduzierung des *Pitta* etwas an Schwung und Dynamik verloren geht. Es ist daher zu empfehlen, solch eine Darmreinigung am Wochenende durchzuführen oder sich einen Tag frei zu nehmen.

Diese Darmreinigung möchte ich **vor** längeren Fastenkuren oder zur Verbesserung der Absorptionsfähigkeit im Darm empfehlen. Auch bei einer Blutreinigung leistet sie einen guten Dienst.
Aber immer, wenn eine leichte Störung des Pittta-*Doshas* vorliegt, sollte man an sie denken. Entweder als Erste Hilfe oder begleitend zur normalen Behandlung, z. B. bei Entzündungen, **außer** im Magen und Darmbereich. Hier könnte eine Darmreinigung als Selbsthilfe **gefährlich** werden.
Bei Fieber und Hitzewallungen, bei brennendem Empfinden der Haut und bei brennendem Schmerz kann man eine Linderung erreichen. Man sollte aber immer bedenken, daß schwere *Pitta*störungen in die Hand eines Arztes gehören!

Reduzierung von Vata:
Bei den Yogakriyas wird ***Basti*** – **der Einlauf** – eigentlich nur zur Reinigung des unteren Darmabschnitts eingesetzt. Da jedoch das *Vata-Dosha* hier seinen Hauptsitz hat, ist der **Dickdarm** der ideale Angriffspunkt, um das ***Vata*** zu beruhigen.
Vata kann im Gegensatz zu *Kapha* und *Pitta* nicht aus dem Körper ausgeschieden werden, wenn es gestört oder angeschwollen ist. **Vata muß beruhigt und harmonisiert werden**, um Störungen zu beseitigen.
Da *Vata-Dosha* als Bewegungsprinzip immer an der Ausbreitung von Doshastörungen im Körper (ab der dritten Stufe der Entstehung von Krankheiten) maßgeblich beteiligt ist, so ist es sehr wichtig, immer dafür zu sorgen, daß das *Vata-Dosha* in Balance ist.

Für mich sind trockene Haut, brüchige Nägel und Haare, Aufstoßen längere Zeit nach dem Essen, Blähungen, erhöhte Sensibilität für Schmerz, stechende Empfindungen auf der Haut sowie Muskelverspannungen und -verhärtungen die wichtigsten Alarm- und Warnzeichen für eine Störung des *Vata-Doshas.* Hier muß nun möglichst rasch ausgleichend eingegriffen werden. Schmerzempfindlichkeit steht immer in Verbindung mit einem erhöhten *Vata-Dosha*, deshalb sollte zur Schmerztherapie eigentlich immer eine Reduzierung des *Vata-Doshas* gehören.

Der einfachste und effektivste Weg, gestörtes *Vata-Dosha* zu beruhigen, **ist *Basti*, der Einlauf** mit warmem Sesamöl. Sesamöl wird als das wichtigste Mittel zur Reduzierung des *Vata-Doshas* angesehen, und fehlt in keiner ayurvedischen Behandlung.
Für das Basti besorgt man sich in der Apotheke ein Darmrohr. Dies besteht aus einer Plastikspritze mit einem Fassungsvermögen von etwa 60 bis 100 ml und einem festen, dünnen Schlauch von etwa 60 bis 80 cm. Die Angaben variieren, da es verschiedene Ausführungen gibt. Wählen Sie sich die, die Ihrer Körpergröße entspricht. Je größer ein Mensch ist, um so länger ist sein Darm und umso länger und größer sollte das Darmrohr sein.

Durchführung:
Nun wird die Spritze mit warmem Sesamöl gefüllt und der Schlauch fest auf die Spritze aufgesetzt und mit sanften Drehungen durch den After in den Darm hinein geschoben. Dieses Einführen wird erleichtert, wenn man ab und zu durch Drücken der Spritze etwas Öl in den Darm gibt. Dann legt man sich auf die linke Seite

und zieht die Beine an den Körper und ruht eine Weile. Je länger das Öl im Darm verbleibt, um so schneller wird die Wirkung einsetzen.
Nach dem Entfernen des Darmrohrs aus dem Darm sollte es eine Selbstverständlichkeit sein, das Darmrohr gründlich zu reinigen. Bei der Anwendung mit Öl ist dies sehr wichtig.

Mit etwas Übung gelingt das Basti sehr gut. Da das Basti als Erste Hilfe-Maßnahme verstanden werden sollte, muß man es ja auch nicht so oft anwenden.
Wenn man aber daran gewöhnt ist, zur Darmreinigung regelmäßig einen Einlauf zu machen, so läßt sich solch ein Basti auch mit einem Irrigator durchführen. Im Idealfall verwendet man auch wieder **Sesamöl**, man kann aber auch eine **Kräuterabkochung** mit *Vata*-reduzierenden, also beruhigenden Kräutern verwenden. Von den ayurvedischen Kräutern sind hier *Ashwaghanda* (Withania somnifera) und *Bala* (Sida cordifolia) zu empfehlen. Von den einheimischen Kräutern empfehle ich Johanniskraut und Baldrian. Es sollte natürlich klar sein, daß ein Basti mit Kräuterabkochung nicht so schnell und durchgreifend wirkt, wie mit Sesamöl!

Bei einer **Vata-Störung im Kopf**, die sich durch unruhige Gedanken und mangelnde Konzentrationsfähigkeit äußert, kann man mit einem ***Nasya*** sehr gute Erfolge erzielen. Dabei handelt es sich um das Schnupfen von vatareduzierenden Kräuterpulvern.
Am besten hat sich hierbei das Schnupfen von Kalmuswurzelpulver bewährt. Man gibt etwas davon auf den Handrücken, zwischen Daumen und Zeigefinger und zieht das Pulver jeweils durch ein Nasenloch, während man andere Nasenloch zuhält. Es stellt sich meist sehr schnell eine deutliche Beruhigung der Gedanken und eine Erhöhung der Konzentration ein. In der ayurvedischen Medizin heißt Kalmuswurzelpulver „*Vaca*", aber einige Fachleute verwenden dafür auch den Ausdruck „Peace of Mind", was soviel wie „Frieden im Geist" heißt.

2. REDUZIERUNG GESTÖRTER DOSHAS DURCH ATEMÜBUNGEN DES YOGA

Auch bei ***Pranayama***, den Atemübungen des Yoga, gibt es Übungen, die helfen, die *Doshas* zu reduzieren.

KAPHA wird durch die ***Bastrika***- und ***Kaphalabhati***- sowie die ***Surya Bheda*-Atmung** reduziert.
Bei den ersten beiden Atemübungen wird so schnell wie möglich kraftvoll ein und aus geatmet, wobei der Schwerpunkt auf der Ausatmung liegt. Dadurch wird der Sauerstoff im Blut und allen Zellen erhöht, was zu einer Aktivierung des Organismus führt. Diese Übungen wirken am besten bei mehrmaliger Wiederholung.

Bei ***Kaphalabati***, der Reinigungsatmung setzen wir uns ganz entspannt hin, am besten im Schneider- oder Diamantsitz. Im Diamantsitz knien wir uns auf den Boden und setzen uns auf die Fersen.
Der Oberköper bleibt aufgerichtet, die Wirbelsäule ist gerade und gestreckt. Dies gilt auch für den Fall, daß wir es vorziehen, auf einem Stuhl oder Sessel zu sitzen. Der Wirbelkanal entspricht der *Sushumna* – unserem zentralen Nerven- und Energiekanal – und sollte möglichst immer gerade aufrecht sein, um den Energiefluß nicht zu blockieren.
Nun holen wir tief Luft, wobei wir darauf achten, daß die Bauchdecke nach vorne gewölbt ist. Falls wir die Bauchatmung nicht beherrschen, beginnen wir mit einer tiefen Ausatmung und helfen mit sanftem Druck der Hand nach, daß sich die Bauchdecke dabei soweit wie möglich einzieht. Dann folgt eine Reihe schneller Ein- und Ausatmungen, wobei wir besonders auf die kräftige Ausatmung Wert legen. Für den Anfang genügen ca. 40 Atemzüge.
Danach atmen wir einmal ganz tief aus, holen wieder tief Luft, atmen wieder tief aus, und dann folgt eine ganz entspannte, ruhige Einatmung. Nun halten wir die Luft, solange es uns ohne Probleme möglich ist, in der Lunge, im Idealfall 1 bis 2 Minuten. Dabei ist unbedingt darauf zu achten, sich nicht zu bewegen und vollständig entspannt zu sitzen.
Nach der Ausatmung beginnen wir wieder mit dem stoßweisen Ein- und Ausatmen. Diese Übung sollten wir 4- bis 6-mal wiederholen.

Bei ***Bastrika***, dem Blasebalg, verwenden wir die gleiche Technik wie bei *Kapha*labati, nur daß die Betonung auf der extrem starken Ausatmung liegt.
Der Vorteil dieser beiden Übungen liegt darin, daß wir einerseits durch das kräftige Ausatmen die Lunge von verbrauchter Luft reinigen und vermehrt mit frischer Luft versorgen, andererseits reinigen wir auch das Blut, indem wir mehr Kohlendioxyd ausscheiden als unser Körper neu produziert. Das Kohlendioxyd ist ein Abfallprodukt des Zellstoffwechsels und wird genauso wie der Sauerstoff von den roten Blutkörperchen transportiert. Durch Senkung des Kohlendioxyds im Blut durch die Ausatmung bleiben mehr rote Blutkörperchen zum Sauerstofftransport. So wird der Sauerstoffanteil im Blut ansteigen!
„Nebenbei" nehmen wir vermehrt *Prana* – Lebensenergie – mit dieser Atemübung auf und können dadurch unsere Energiebatterie im *Manipura-Chakra* – das entspricht in etwa dem Solar-Plexus – aufladen, was zu mehr Lebenskraft und Lebensfreude führt. Die Yogis nennen die *Kaphalabati* deshalb auch „Pranische Aufladung".
Wenn es unsere Wohnsituation erlaubt, ist es wichtig, diese Übung bei offenem Fenster oder noch besser, in freier Natur auszuführen. In der verkehrsreichen Großstadt bleiben wir auf jeden Fall in unserer Wohnung.

Bei der ***Surya Bheda***-Atmung hält man sich beim Einatmen das linke Nasenloch zu und atmet nur durch das rechte kräftig und tief ein. Danach preßt man das Kinn fest an den Hals und hält die Luft so lange wie möglich an. Danach atmet man wieder durch beide Nasenlöcher aus. Diese Atemtechnik **erhöht das Pitta** im Körper und aktiviert. Auch diese Übung muß mehrmals wiederholt werden.

PITTA wird durch die **Sitali-Atmung** sehr gut reduziert. Hierbei wird die Zunge durch die leicht geschlossenen Lippen gestreckt und dabei werden die Zungenränder so nach oben gewölbt, daß die Zunge zu einer Röhre wird. Nun wird bei der Einatmung die Luft durch diese Röhre gesogen. Der Luftstrom der dabei über die Zunge streicht, kühlt zuerst den Rachen, aber bald merklich den ganzen Körper.
VATA wird durch die **Wechselatmung**, ***Analoma Viloma***, ausgeglichen und beruhigt.
Wenn man durch das linke Nasenloch atmet, hält man das rechte mit dem Daumen der rechten Hand zu.
Wenn man durch das rechte Nasenloch atmet, hält man das linke mit dem Zeigefinger der rechten Hand zu.
Wenn man die Luft anhält, hält man beide Nasenlöcher mit dem Daumen und dem Zeigefinger der rechten Hand zu.
Man beginnt mit der Einatmung links und hält dann die Luft an. Dann atmet man rechts aus und wieder ein. Danach folgt wieder das Luftanhalten, bevor man links ausatmet. Dies entspricht einem Durchgang. Dieser kann beliebig oft wiederholt werden.
Da die Ausatmung doppelt so lange sein soll wie die Einatmung, zählt man beim Einatmen bis 5 und beim Ausatmen bis 10. Das Luftanhalten sollte viermal so lange sein wie das Einatmen, deshalb zählt man bis 20. Die vorgeschlagenen Zahlen lassen sich natürlich je nach der eigenen Möglichkeit variieren. Wenn man diese Übung regelmäßig und richtig ausführt, beruhigt man den Geist und das Gemüt, was zu einer deutlichen Reduzierung von Streß und innerer Anspannung führt.

Übe mit Beständigkeit und mit Liebe
Für das zu erreichende Ziel.

Aus den Yoga-Sutras des Patanjali 1,14

3. ÖLMASSAGEN ZUR REDUZIERUNG DER DOSHAS, BESONDERS VON VATA

Die beste Methode, das ***Vata-Dosha*** auf lange Sicht zu **harmonisieren und zu beruhigen**, ist jedoch das ***Abhyanga*, die Ölmassage.** Zur Beruhigung des *Vata-Doshas* muß diese Massage mit warmem Sesamöl durchgeführt werden. Für Menschen mit einer ausgeprägten *Vata*-Konstitution oder für alle Menschen ab dem Alter von 40 Jahren ist es von großem Vorteil, täglich oder mindestens zweimal pro Woche eine Ölmassage zu bekommen. Hat man dafür keine Gelegenheit oder Zeit, sollte man sich **täglich die Ohren, die Hände und die Füße** mit Öl massieren. Da in den genannten Bereichen der **ganze** Körper in Reflexpunkten angelegt ist, so kann man wenigstens auf reflektorischem Weg die Körperfunktionen anregen.

Wenn man keinen Ayurveda-Masseur in der Nähe hat und auch nicht alle paar Monate eine Ayurveda-Kur besuchen kann, so werde ich **zwei ayurvedische Massagen** zur **Selbstbehandlung** vorstellen. Die eine kann man sich ohne Probleme und ohne besonderen Aufwand selbst geben. Schöner und mehr zum Verwöhnen ist es jedoch, sich von einem Partner massieren zu lassen.
Dafür stelle ich Ihnen auch eine einfache Massagetechnik in einer Position, also nur im Liegen vor, die aber den Wert einer therapeutischen Massage hat.
Allerdings benötigt man dafür einen speziellen Tisch für Ölmassagen, der durch seine Konstruktion verhindert, daß das Öl bei der Massage von Tisch fließt. Da eine Massage mit warmem Öl jedoch so etwas Schönes und Zärtliches sein kann, glaube ich, daß sich diese Investition jedenfalls für Paare lohnt.
Wenn wir uns selbst massieren oder massieren lassen, gilt natürlich die gleiche Regel wie bei der therapeutischen Massage während eine Kur: **Keine Ölmassage bei Amabelastung!** Deshalb ist es wichtig, immer gut die Zunge zu kontrollieren, ob sich ein dicker und fester Belag zeigt. In diesem Fall sollte man auf eine Ölmassage verzichten. Über die Beseitigung von Ama lesen Sie bitte in diesem Kapitel unter „Erkennen der Störung der *Doshas*" nach.

ABHYANGA - SELBSTMASSAGE

Es handelt sich dabei um die ursprüngliche Form des Abhyanga. Im eigentlichen Sinn heißt Abhyanga soviel wie „Salben" oder „Einölen". In der alten Tradition waren keine Massagegriffe oder Positionswechsel nötig, es ging nur darum, den Patienten einzuölen. Das Öl mußte die Arbeit verrichten, es kam also in erster Linie auf das Öl und die darin verkochten Heilpflanzen an.
Diese Tradition hat sich hauptsächlich in Nord- und Mittelindien (außerhalb Keralas) erhalten, und wird dort auch heute noch von den Therapeuten angewendet. Auch die Kunst, gute Öle herzustellen, findet man meist in dieser Region.

Für diese Massage genügt ein normales Badezimmer oder ein Raum, in dem der Fußboden ölig werden darf. Alles was man benötigt, ist ein Hocker aus Holz oder Plastik, zwei alte Handtücher und etwa 100 ml Öl. Am besten füllt man das Öl in eine kleine Glasflasche und stellt sie in das Waschbecken mit heißem Wasser. Das Öl sollte während der ganzen Zeit der Massage angenehm warm sein (ca. 40 Grad). Dann legt man ein Handtuch auf den Hocker und das andere legt man auf den Boden für die Füße. Nun setzt man sich so auf den Hocker, daß man immer gut an das Öl im heißen Wasser gelangen kann.

Man beginnt mit der Massage, indem man zuerst die Hände gut einölt und sich dann das Öl auf den Oberkopf verreibt. Dort befindet sich mit dem Brahmarandra (Fontanelle), ein wichtiges Energiezentrum. Mit kreisenden Bewegungen den Kopf massieren, mit den Fingerkuppen den Kopf klopfen und die Haaren sanft anziehen und ausstreichen.
Dann trägt man das Öl auf das Gesicht auf. Dabei darauf achten, daß kein Öl in die Augen gelangt!
Bei der Gesichtsmassage wenden wir unsere besondere Aufmerksamkeit der Stirn und den Augenbrauen, dem Punkt zwischen Nase und den Augenbrauen, der Nase und dem Übergang zu den Wangen, den Wangen sowie den Kiefern zu. Ober- und Unterkiefer werden ausgestrichen. Die Ohren werden mit Daumen und Zeigefinger kräftig massiert, da der gesamte Mensch mit all seinen Organen und Gliedern über Reflexpunkte mit dem Ohr verbunden ist.
Als nächstes werden die Schultern und der Nacken massiert. Dann streicht man den Hals hinunter, über die Schlüsselbeine zu den Schultern und die Arme entlang bis zu den Händen. Die Ellenbogen umstreicht man kreisförmig im Uhrzeigersinn. An den Händen streicht man die Handflächen, den Handrücken und die Handgelenke. Die Finger werden einzeln zwischen dem Daumen und dem Zeigefinger der jeweils anderen Hand geknetet.
Wenn man mit den Armen und Händen fertig ist, wird der Brustkorb von oben nach unter gestrichen. Am Bauch massiert man in kreisförmigen Bewegungen, und zwar vom Bauchnabel in immer größer werdenden Kreisen bis zu den Hüften und dann wieder in immer kleiner werdenden Kreisen bis zum Bauchnabel, in den man zum Abschluß noch etwas Öl verreibt. Der Bauchnabel ist ein wichtiger Reflexpunkt, über den man *Vata* besonders gut kontrollieren kann. Dies kann man jederzeit nutzen, wenn es darum geht, gestörtes *Vata-Dosha* sehr schnell und effektiv zu reduzieren.
Jetzt massiert man in langen Strichen von den Achseln über die Flanken zu den Hüften. Diese werden ausgiebig im Uhrzeigersinn massiert. Nun geht es die Beine entlang bis zu den Füßen. Dabei geht man zuerst seitlich an den Beinen hinab und dann vorne.
Auch die Kniegelenke werden kreisförmig im Uhrzeigersinn umkreist. Nun folgen die Füße, wobei zuerst die Knöchel und die Fersen kreisend massiert werden und dann die Fußrücken und die Fußsohlen kräftig mit den Daumen gestrichen werden. Die Zehen knetet man wie die Finger zwischen Daumen und Zeigefinger.
Zum Abschluß streicht man nochmals in langen Strichen vom Rücken abwärts über den Po und hinten die Beine entlang zu den Füßen. Im Bereich der Kniekehlen darf man nur mit wenig Druck massieren, da sich hier Nervenendpunkte sehr dicht unter der Haut befinden und es bei zu starkem Druck zu Durchblutungsstörungen in den Beinen kommen könnte.

Nach der Massage hüllt man sich in einen alten Bademantel und ruht für mindestens 30 Minuten. Das ist wichtig, damit das Öl seine Wirkung richtig entfalten kann.
Danach wäscht man das Öl mit einer milden Seife oder mit einem Babyshampoo ab. Man sollte darauf achten, daß immer noch ein feiner Ölfilm auf der Haut verbleibt! Dadurch bleibt die Haut weich und straff, da das Öl eine Zunahme des *Vata-Doshas* und damit eine Austrocknung der Haut verhindert.

Ich habe diese Massageform als Selbstmassage beschrieben, natürlich eignet sie sich auch als Partnermassage. Das hat jedenfalls den Vorteil, daß der Partner besser den Rücken massieren kann, als man selbst dazu ohne all zu große Verrenkungen in der Lage ist.

PARTNERMASSAGE

Diese bietet neben dem gesundheitlichen Aspekt noch die Möglichkeit, den Partner zu verwöhnen. Dabei sollte man sich ausgiebig Zeit nehmen und durch schöne und ruhige Musik sowie angenehme Düfte einer Duftlampe oder mit Räucherstäbchen eine angenehme und entspannte Atmosphäre schaffen. Es gibt sehr gute ayurvedische Räucherstäbchen, die auf die *Doshas* oder die Chakren wirken. Man kann damit die Wirkung der Massage noch zusätzlich verstärken. Zudem trägt eine schöne Stimmung sehr zum Wohlgefühl bei.

Man sollte den Einfluß des Wohlgefühls auf die Gesundheit auf gar keinen Fall unterschätzen. Wenn es uns gut geht, so sind wir meist auch gesund.
Die Partnermassage entspricht schon eher der therapeutischen Massage, wie sie heute in den meisten Ayurveda-Kuren durchgeführt wird. Allerdings massiert man hierbei nur in **einer Position**, nämlich in der **Rückenlage**. Das hat den Vorteil, daß man bei dieser Massage tiefer entspannen kann, da der Wechsel zwischen den einzelnen Positionen wegfällt. Wie ich schon erwähnt habe, ist es von Vorteil, einen speziellen Massagetisch für Ölmassagen zu benutzen. Man kann diese Massage natürlich auch auf einem normalen Massagetisch oder auf einem großen Küchentisch durchführen, allerdings muß man dann mit dem Öl sehr sparsam umgehen, oder den Fußboden mit einer Plastikplane abdecken.
Wenn man sich ausgiebig verwöhnen möchte, so benötigt man für diese Massage ca. einen 1/2 Liter Öl. Am besten gibt man das Öl in eine Vorratsflasche aus Glas, und man sollte unbedingt einen Wärmebehälter in der Nähe haben, in den man die Ölflasche immer wieder stellen kann. Dieser Wärmebehälter steht möglichst so, daß er von allen Stellen am Tisch gut zu erreichen ist. Wie bei der ersten Massage muß das Öl während der gesamten Massage etwa 40 Grad warm sein.
Ein Punkt ist sehr wichtig bei der Ölmassage: Man gießt unter keinen Umständen das Öl direkt auf den Körper, sondern immer **zuerst** in die Hand. Dann merkt man es sofort, falls das Öl einmal im Wärmebehälter zu heiß geworden sein sollte. Und man vermeidet den Partner zu verbrennen! Auch hat man eine bessere Kontrolle über die Verteilung des Öls, wenn man es zuerst in die Hand gießt. Dies ist besonders bei der Partnermassage wichtig, da man bei der Selbstmassage meistens das Öl erst in die eigene Hand gibt und es nicht direkt auf den Körper gießt.

Zuerst hilft man dem Partner, der die Massage bekommt, sich auf den Tisch zu legen. Man sollte darauf achten, daß er gut und entspannt liegt. Dann stellt man sich seitlich von Kopf an den Tisch. Man gibt sich etwas Öl in die hohle rechte Hand und gießt das Öl in einem dünnen Strahl auf die Stirn. Dabei achtet man darauf, daß **kein** Öl in die Augen fließt. Mit diesem Öl reibt man nun sanft die Stirn und den Oberkopf ein. Man kann dabei auch sanft die Haare durch die Finger ziehen. Dann gibt man sich erneut Öl in die Hand und gießt dies in einem dünnen Strahl auf das Brustbein. Denselben Vorgang wiederholt man auf dem Bauchnabel.

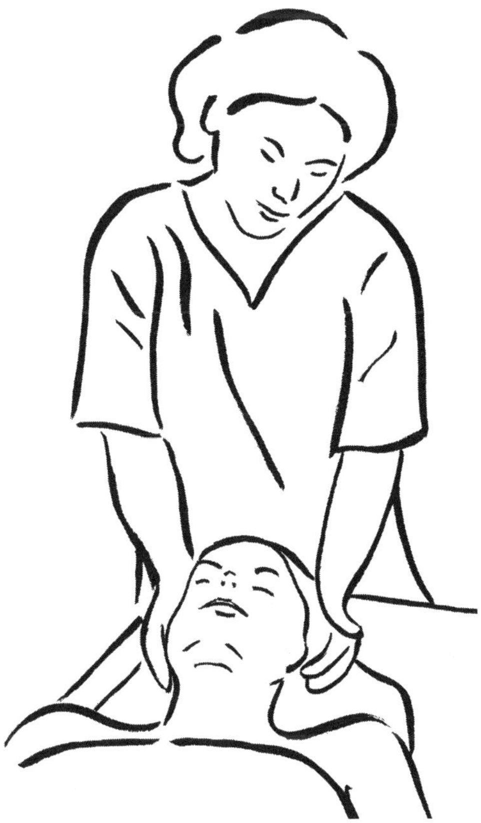

Ist dies abgeschlossen, stellt man sich **hinter** den Kopf an den Tisch und massiert das Gesicht. Im ganzen **Gesichtsbereich** sollte man sanft und zärtlich streichen. Man geht mit beiden Handflächen die Stirn nach außen über die Schläfen bis zu den Ohren. Diese werden nun ausgiebig sanft geknetet und gestrichen. Dann streicht man die Nase und den Nasensattel, den Übergang von der Nase zur Stirn und die Augenbrauen mit den Daumen und dann mit den Handflächen die Wangen nach außen und über die Kiefern zum Kinn. Dabei achten Sie unbedingt darauf, daß kein Öl in die Augen kommt!

Es gibt noch eine sehr zärtliche Variante, die ich Ihnen empfehlen möchte: Dabei beugt man sich nach vorne über den Partner und massiert mit den Innenseiten der Unterarme ganz sanft die Wangen und die Kiefern vom Kinn nach außen zum Ohr.

Danach streicht man mit beiden Handflächen in langen Zügen von der **Halsgrube** über das **Brustbein nach unten,** vor dem **Bauchnabel** teilen sich die Hände und gehen etwas nach außen und über die **Brust** nach oben zu den **Schlüsselbeinen. Diese Züge wiederholen Sie etwa 6-mal.**
Dann streicht man mit jeweils einer Handfläche rechts und links von der **Halsgrube** etwas nach außen und dann durch die Achselhöhle und **seitlich am Brustkorb nach unten.** Jetzt gleiten die Hände **unter den Körper** und man zieht am **Rücken wieder nach oben** und durch die Achselhöhlen **zum Hals zurück.** Auch diese Züge werden mehrmals **wiederholt.**
Wichtig für eine gelungene Massage ist, daß immer genug warmes Öl auf dem Körper und den Händen ist. Falls nicht, muß immer wieder etwas Öl aus der Vorratsflasche nachgegossen werden!

Jetzt geht man auf die **rechte Seite** des Tischs neben den Kopf und massiert den **Hals** und den **Nacken.** Dabei gleitet die linke Hand unter den Nacken und streicht unter die hinteren Schulterpartien, während die rechte Hand von oben den Hals und die Schlüsselbeinbereiche streicht. Am Hals darf nur mit wenig Druck gestrichen werden, die anderen Bereiche vertragen etwas mehr Druck. Dann umgreift man mit beiden Händen das **Schultergelenk** und massiert es kreisend.
Danach umfaßt man den **Arm** mit beiden Händen von außen und innen und streicht mehrmals mit langen, gleichmäßigen Zügen von der Schulter bis zur **Hand.** Beim letzten Zug umkreist man das Ellenbogengelenk ausführlicher. Es ist wichtig, daß man bei diesen langen Massagezügen seinen Körper mit der Massagebewegung bewegt, um sich nicht zu verkrampfen.
Jetzt massiert man die Hand. Dabei wird zuerst das Handgelenk umfaßt und gestrichen, dann der Handrücken mit der Handfläche kreisend massiert und dann die Zwischenräume der Handwurzelknochen mit den gespreizten Fingern nach außen gestrichen. Dann dreht man die Hand des Partners so, daß die Handfläche nach oben zeigt und massiert die Handfläche mit der geballten Faust. Danach nimmt man die Finger einzeln zwischen Daumen und Zeigefinger und massiert sie. Als Abschluß zieht man jeden Finger ganz sanft in die Länge.
Nun geht man am Tisch **entlang nach unten, bis man neben dem Brustkorb steht** und gleitet mit beiden Händen **unter den Körper** und streicht mit den Handflächen in kräftigen Zügen den **Rücken.**
Dann wechselt man auf die andere Seite des Tischs und massiert die Schultern, die Arme und Hände, geht auch hier zum Brustkorb, schiebt beide **Hände unter den Körper** und streicht mit den Handflächen kräftig **den Rücken.**

Jetzt verteilt man das Öl aus dem Bauchnabel über den Bauch. Falls das Öl nicht für den ganzen Bauch reicht, sollte man wieder etwas nachgießen. Es folgt die **Bauchmassage** in Spiralen. Man massiert zuerst ganz sanft den Bauchnabel mit dem Zeigefinger. Dann liegen beide Handflächen auf dem Bauchnabel und man beginnt in einer Spirale im Uhrzeigersinn von innen nach außen zu kreisen. Der größte Kreis sollte den gesamten Bauch umfassen. Nun geht man spiralförmig wieder zum Bauchnabel zurück.

Dann stellt man sich so **seitlich** neben den Tisch, daß man mit beiden Händen an den **Beinen** entlang nach unten streichen kann. Als erstes umfaßt man jedoch das Hüftgelenk mit beiden Händen und massiert es kreisförmig im Uhrzeigersinn. Danach streicht man mehrmals mit beiden Händen auf dem Oberschenkel bis zum Knie. Dann massiert man mit beiden Händen die Innenseite des Oberschenkels von der Leiste bis zum Kniegelenk. Danach umfaßt man mit den Handflächen den

Oberschenkel fest von außen und von innen und streicht mehrmals mit den Händen kräftig zum Knie. Nun wird das Kniegelenk massiert. Zuerst mit den Handflächen außen und innen und dann von oben und unten. Zuletzt umfaßt man mit den Fingern die Kniescheibe und massiert sie kräftig.
Nun geht man am Tisch entlang zu den Unterschenkeln, umfaßt sie mit beiden Händen und streicht mehrmals bis zu den Füßen nach unten. Danach dreht man sich etwas nach rechts und faßt mit der linken Hand den Fuß. Die rechte Hand greift unter die Kniekehle und man schiebt den Fuß nach oben und hebt gleichzeitig das Kniegelenk an. Nun steht das Bein angewinkelt.
Mit der linken Hand fixiert man den Fuß und mit der rechten Handfläche massiert man die Wade mit kräftigen drehenden Bewegungen. Danach legt man das Bein wieder auf den Tisch.
Nun wechselt man auf die **andere** Seite des Tischs und beginnt den gleichen Ablauf mit dem Hüftgelenk, den Oberschenkeln, den Kniegelenken und den Unterschenkeln.

Jetzt geht man an das **Fußende des Tischs und massiert die Füße**, wobei jeweils eine Hand einen Fuß massiert. Dabei umkreist man die Fußgelenke, massiert die Knöchel innen und außen, streicht die Fußrücken, wobei man die Zwischenräume der Mittelfußknochen mit den gespreizten Fingern streicht. Nun nimmt man die Zehen einzeln zwischen Daumen und Zeigefinger und massiert sie. Anschließend zieht man jeden Zeh noch in die Länge. Danach läßt man die Füße locker nach außen fallen, hält jeweils einen Fuß am Fußrücken und massiert die Fußsohle kräftig mit der Faust. **Zum Abschluß** werden die Füße noch mit den Unterarmen sanft gestrichen.

Um den Partner besonders zu verwöhnen empfehle ich, den Partner in ein altes Bettlaken zu hüllen und ihn dann noch mit einer warmen Decke zuzudecken und ihn etwa 30 Minuten **ruhen** zu lassen. Es wird von den meisten Menschen als sehr angenehm empfunden, nicht sofort aufstehen zu müssen und so die Entspannung der Massage noch weiter genießen zu können.
Ich möchte nochmals betonen, wie angenehm es ist, immer reichlich warmes Öl auf dem Körper zu spüren. Deshalb nutzen Sie, wenn nötig, jeden Stellungswechsel am Tisch, um erneut warmes Öl aus der Vorratsflasche zu holen und auf Ihre Hände und somit auf den Körper des Partners zu geben.
Nur wer einmal so eine ayurvedische Ölmassage bekommen hat, weiß, wie schön das ist und wie zärtlich massierende Hände sein können.
Danach kann sich der Partner **duschen**. Es empfiehlt sich dazu eine sanfte Seife oder ein Babyshampoo zu verwenden, da auch nach dem Duschen ein leichter Ölfilm auf der Haut verbleiben sollte. Ideal ist eine Waschpaste aus Seifenkraut, Tumerik und Mungdal-Mehl.

ZUBEREITUNG THERAPEUTISCHER MASSAGEÖLE

In dem Abschnitt über Ölkunde habe ich schon erklärt, welches Öl für welchen Konstitutionstyp zu verwenden ist und wie man ein ayurvedisches Massageöl selbst kochen kann. Wer die Möglichkeit hat, ayurvedische Kräuter aus Indien zu beziehen, kann natürlich diese Kräuter zur Zubereitung seiner Massageöle verwenden. Dazu benötigt man aber ein fundiertes Wissen über die Wirkung der einzelnen Kräuter.
Ist dies nicht der Fall, ist es besser, fertige Öle zu beziehen. Jene Personen, die sich kein Öl selbst herstellen wollen oder können, haben bei uns die Möglichkeit, ohne Probleme ayurvedische Massageöle zu beziehen. Es lohnt sich auf jeden Fall, ein gutes Öl zu kaufen und dabei nicht zu sparen.

Für Wellness-Massagen oder um **leichte Störungen** der *Doshas* auszugleichen, gibt es als Alternative zu den käuflichen Ölen die Möglichkeit, das jeweilige Öl pur zu verwenden. Hierbei gilt natürlich wieder die Regel, daß Personen mit einer ***Vata***-Konstitution mit **Sesamöl**, Personen mit einer ***Pitta***-Konstitutionen mit **Kokosöl** oder –fett und Personen mit einer ***Kapha***-Konstitution mit **Sesamöl** oder **Senfsamenöl** massiert werden sollen. Es ist die billigste Möglichkeit und sie hilft auch.

Es ist aber sehr wichtig, daß diese einfachen Öle **vor** dem Gebrauch unbedingt einmal aufgekocht werden sollten, man nennt dies „das Reifen", um eine gute Wirkung als Massageöl zu haben. Durch den Vorgang des Kochens wird die Molekularstruktur der Öle so verändert, daß sie besser in die Haut eindringen und vom Gewebe absorbiert werden können.
Es muß aber jedem klar sein, daß diese Öle natürlich nicht die gleiche tiefgreifende Wirkung haben können, wie die therapeutischen Öle, die mit speziellen Wirkstoffen angereichert sind.
Zur Behandlung von ausgeprägten Störungen der *Doshas* empfehle ich auf jeden Fall, auf **therapeutische** Öle zurückzugreifen.

Für diejenigen, die Interesse und Freude daran haben, sich selbst ihr persönliches Massageöl zu kreieren, möchte ich hier noch einige Tipps geben. Wenn man sich mit den einheimischen Heilkräutern auskennt, so ist es nicht allzu schwer, sie auch nach dem ayurvedischen Verständnis einzusetzen.
Als erstes kann man die Kräuter nach dem Geschmack auf ihre Wirkung auf die *Doshas* einteilen. Der süße Geschmack ist z. B. hervorragend zur Regeneration geeignet, während der bittere und der herbe Geschmack hervorragend zur körperlichen Reinigung und Entschlackung eingesetzt werden kann.

Süß verstärkt *Kapha* und reduziert *Pitta* und *Vata.*
Salzig verstärkt *Kapha* und *Pitta* und reduziert *Vata.*
Sauer verstärkt *Kapha* leicht und *Pitta* stark und reduziert *Vata.*
Scharf verstärkt *Pitta* und *Vata* und reduziert *Kapha.*
Bitter verstärkt *Vata* und reduziert *Kapha* und *Pitta.*
Herb verstärkt *Vata* am meisten und reduziert *Kapha* und *Pitta.*

Der saure und der scharfe Geschmack erhitzen und der süße, der salzige, der bittere und der herbe Geschmack kühlen unseren Körper. Das gilt natürlich auch allgemein für Lebensmittel.
Das zweite Kriterium für den **Gebrauch von Kräutern** ist ihre therapeutische Wirkung. Sie wird in der ayurvedischen Medizin ***Prabhava*** genannt. Es ist aber im Prinzip sehr einfach, die Wirkung einheimischer Kräuter in Bezug zur ayurvedischen Medizin zu bringen. Wir müssen nur etwas „Übersetzungsarbeit" leisten.

Entzündungshemmend, stoffwechselreduzierend oder fiebersenkend bedeutet **Pitta reduzierend.**
Pitta steigernd heißt dann appetitanregend, schweißtreibend, durchblutungssteigernd oder erhitzend.
Beruhigend, nervenstärkend, schmerzlindernd oder krampflösend bedeutet **Vata reduzierend.**
Vata steigernd heißt nervenstimulierend, anregend, kreislaufstimulierend oder blutdrucksteigernd.
Schleimlösend, gewichtsreduzierend, entwässernd oder antidepressiv bedeutet **Kapha reduzierend.**
Kapha steigernd bedeutet etwa beruhigend, sedierend, kühlend, aufbauend, regenerierend.

Es gibt natürlich auch Wirkungen, die sich nicht eindeutig mit den *Doshas* in Verbindung bringen lassen, wie etwa Wirkungen, die sich auf Organfunktionen beziehen. Dadurch sollte man sich jedoch nicht unsicher machen lassen und Kräuter mit solchen therapeutischen Wirkungen auch in der ayurvedischen Kur zur Heilung einsetzen.
Zum Beispiel bedeutet darmreinigend natürlich das gleiche in der westlichen wie auch in der ayurvedischen Medizin.
Es ist also für Menschen mit Interesse an Heilkräutern eine dankbare Aufgabe, einheimische Kräuter bei der Zubereitung ihrer ayurvedischen Massageöle oder Medizin zu verwenden. Ich möchte jedoch nochmals betonen, daß es dabei einiger Erfahrung im Umgang und guter Kenntnis der Heilpflanzen bedarf.

Als Beispiel für ein Massageöl, das sich sehr einfach herstellen läßt und mit dem ich gute Erfahrungen gemacht habe, möchte ich ein Öl anführen, das einerseits *Vata*-beruhigend, andererseits hautpflegend wirkt. Es eignet sich hervorragend als **Massageöl für Vata-Probleme**, wie z. B. Muskelverspannungen oder wenn die Massage der allgemeinen Entspannung dient. Auch für Gesichtsmassagen ist es geeignet.

REZEPT FÜR 1 LITER MASSAGEÖL:
Dazu kocht man 1 Liter einer Kräutermischung aus **Johanniskraut und etwas Kamille** mit 16 Litern Wasser und reduziert es auf 4 Liter Abkochung. Diese 4 Liter-Kräuterabkochung werden mit 1 Liter Sesamöl verkocht, bis alles Wasser verdampft ist.
Da ich keine Kochtöpfe mit einem Fassungsvermögen von 16 Litern habe, koche ich von den Kräutern jeweils die Volumenmenge eines 1/4 Liters mit 4 Litern Wasser und reduziere die Flüssigkeitsmenge dabei jeweils auf einen Liter. Wenn ich diesen Vorgang viermal wiederhole, habe ich am Ende die benötigten 4 Liter Kräuterabkochung.
Diese 4 Liter Kräuterabsud koche ich mit einem Liter Sesamöl und einer kleinen Menge Kräuter. Jetzt lasse ich alles kochen, bis das letzte Wasser verdunstet ist und nur noch das reine Öl übrig ist. Durch das Kochen sind die Wirkstoffe der Kräuter ganz in das Öl übergegangen.
Um ganz sicher zu gehen, daß alles Wasser verdampft ist, nehme ich etwas von den Kräutern aus dem Öl, lasse sie etwas abkühlen und drehe sie zwischen den Fingern zu einer Wurst und halte sie in eine Kerzenflamme. Wenn die „Kräuterwurst" in der Flamme knistert, ist noch Wasser im Öl enthalten und der Kochvorgang muß fortgesetzt werden. Diesen Test wiederhole ich solange, bis es in der Kerzenflamme nicht mehr knistert.
Dann wird das fertige Öl abgegossen und gefiltert. Dazu gebe ich ein Küchentuch oder eine Papierserviette in ein größeres Metallsieb und gieße das Öl hindurch. Zum Aufbewahren des Öls eignen sich besonders dunkle Glasflaschen.

Neben diesem Standardrezept gibt es eine **vereinfachte** zweite Möglichkeit, ein Öl herzustellen: Hierzu kocht man 1 Liter Öl mit 4 Liter Wasser und 1/4 Liter Kräuter. Der Herstellungsprozeß entspricht dem klassischen Rezept. Diese vereinfachte Methode geht zwar wesentlich schneller, das Öl ist aber nicht ganz so wirkungsvoll wie das nach der klassischen Methode hergestellte. Außerdem geht beim Absieben der Kräuter einiges Öl verloren.
Da es oft schwierig ist, ayurvedische Kräuter von guter Qualität zu bekommen, verwende ich seit einiger Zeit fast nur noch einheimische Kräuter. Einerseits hat das den Vorteil, daß es leichter ist, die Qualität der Kräuter zu überprüfen, andererseits sind die einheimischen Kräuter besser für unsere Gesundheit, da sie mehr unserer Natur entsprechen. Eine ayurvedische Regel besagt, daß es vorteilhaft ist, von dem zu leben, was in der Nähe unseres Wohnortes wächst. Und das schließt für mich auch Heilkräuter mit ein.

Als ein weiteres Beispiel für die Verwendung **einheimischer Heilkräuter** zur Herstellung von Massageölen gebe ich folgende Rezeptur für **ein Liter Gelenköl** gegen Arthrose:
Ich nehme die Volumenmenge von 1/4 Liter von Brennessel, Weidenrinde, Teufelskralle und ganzen Chilischoten. Ich koche jede 1/4 -Menge der Kräuter separat mit 4 Liter Wasser, sodaß ich jeweils 1 Liter Kräuterabsud erhalte und somit bekomme ich insgesamt 4 Liter Kräuterabkochung. Diese Kräuterabkochung koche ich nun mit 1 Liter Sesamöl, bis alles Wasser verdampft ist.
Wenn es sich aber um schmerzende Gelenke handelt, bei denen zusätzlich eine Entzündung vorliegt, also bei Arthritis, so muß das therapeutische Öl mit **Kokosöl** hergestellt werden und ich würde auch auf die Chilischoten verzichten.

Dieses Öl ist nicht gedacht für eine Ganzkörpermassage, sondern nur **zur** Behandlung der betroffenen Gelenke. Man reibt sie jeden Morgen und Abend kräftig mit kreisenden Bewegungen ein, bis das Öl in die Haut einzuziehen beginnt. Das kann je nach Hauttyp einige Minuten dauern, es hat aber den Vorteil, daß möglichst viel Öl vom Körper aufgenommen wird und nicht in die Kleidung geht.
Aus Erfahrung weiß ich, daß durch regelmäßige Massage mit dem geeigneten Öl sich Schmerzfreiheit und Beweglichkeit weitgehend auch ohne Medikamente erhalten lassen.

Mit diesen Beispielen möchte ich zeigen, daß die ayurvedischen Heilmittel sehr wirkungsvoll sind. Und es soll anspornen, durch Finden und Zubereiten von Heilmitteln nach eigener Wahl mehr Selbstverantwortung für seinen Körper und seine Erkrankungen zu übernehmen.

Aber auch Kräuter mit allgemein beruhigender Wirkung, wie etwa Lavendel, Gartenrose, Thymian, Veilchen etc., lassen sich gut zur Herstellung eines Massageöls für Personen mit einer ausgeprägten *Vata*-Konstitution oder zur Behandlung von leichten Vatastörungen benutzen. Auch erhitzende Kräuter wie Ingwer, Zimt sind gut für Personen mit *Vata*-Konstitution, vor allem, wenn sie leicht frieren. Bei einer ausgeprägten *Vata*-Störung würde ich auf jeden Fall ein ayurvedisches **Therapieöl** anwenden.

Zur Herstellung eines **Massageöls** für Personen mit einer ausgeprägten *Pitta*-Konstitution oder zur Behandlung von **leichten Pittastörungen**, lassen sich Kräuter mit entzündungshemmender Wirkung wie Kamille, Salbei, Taubnessel und Schafgarbe etc. und kühlender Wirkung wie Gänseblümchen, Weinrebe etc. verwenden. Aber auch Kräuter mit beruhigender Wirkung kann man für ein *Pitta*öl verwenden. Bei einer starken *Pitta*-störung empfehle ich, ein ayurvedisches **Therapieöl** zu verwenden.

Zur Herstellung eines **Massageöls** für Personen mit *Kapha*-Konstitution oder zur Behandlung von **leichten Kaphastörungen** empfehle ich Kräuter mit erhitzender und aktivierender Wirkung wie Senfkörner, Anis, Zimt, Fenchel, Ingwer etc., zu verwenden. Allerdings sollte darauf geachtet werden, daß die *Kapha*personen nicht zu übergewichtig sind und die Störungen nicht zu stark „entwickelt" sind, wenn wir mit Öl massieren wollen. *Kapha*störungen erfordern immer die längste Zeit und die größte Mühe bei der Behandlung. Hier sollte besser ein ayurvedisches Therapieöl verwendet werden, oder ganz auf eine Ölmassage verzichtet werden. In diesem Fall ist eine kräftige Massage mit einem Kräuterpulver wie *Triphala* oder einer feinen Heilerde vorzuziehen. Auch eine Trockenmassage mit einem weichen Tuch ist sehr gut, allerdings darf dabei der Druck etwas stärker sein.

Noch ein Tipp: Um den **Verwöhneffekt** der Partnermassage zu erhöhen oder um sich selbst etwas Gutes zu tun, kann man ins Massageöl **Duftessenzen** geben.
Ich empfehle, einige Tropfen Duftöl vor dem Erwärmen des Massageöls dazuzugeben. Die Düfte sollte man je nach Stimmung und Konstitutionstyp auswählen.
Um eine Stimmung zu unterstützen, gibt es bei der Auswahl der Düfte keine Grenze. Man sollte jedoch darauf achten, nur reine, kaltgepreßte Öle aus biologischem Anbau **ohne** chemische Zusätze zu verwenden.

Rosenduft ist für alle *Doshas* geeignet, obwohl es besonders auf *Vata* und *Pitta* beruhigend wirkt. In der ayurvedischen Medizin wird **Rosenwasser** mit Erfolg bei entzündeten und brennenden Augen eingesetzt. Dazu spült man entweder das Auge mit Wasser, in das man einige Tropfen Rosenwasser gibt oder man legt in Rosenwasser getränkte Wattebäusche auf die geschlossenen Augen.
Zur Anregung für Kapha sind erwärmende und anregende Düfte wie Zimt, Nelke, Bergamotte, Patchouli, Ingwer und leichte, blumige Düfte wie Flieder, Lemongras und Veilchen bestens geeignet. Räucherstäbchen sind besonders gut für *Kapha*, da der Rauch leichte und warme Eigenschaften hat.
Zur Beruhigung von Pitta sind kühlende Duftnoten wie etwa Sandelholz, Orangenblüten und Jasmin bestens geeignet.
Zur Beruhigung von Vata sind schwere Düfte wie Moschus, Amber und Zeder, erwärmende Düfte wie Zimt, Nelke und beruhigende Düfte wie Lavendel, Weihrauch, Orange und Vetiver bestens geeignet.

Wie ich aber schon sagte, ist bei der Auswahl der Duftnoten keine Grenze gesetzt. Experimentieren Sie nach Herzenslust, und stellen Sie fest, wann welche Düfte Ihnen gut tun.
Wenn wir schon bei den Düften sind, darf ich noch einmal an die entspannenden Kräuter- oder Blütenbäder erinnern, die ich unter den Ölanwendungen im vorigen Kapitel sowie bei den Wellness-Kuren beschrieben habe.

Ich möchte noch einmal betonen, daß natürlich ernstere Störungen der *Doshas* in die Hand eines **Arztes** gehören und daß hierfür die klassischen ayurvedischen Therapieöle immer vorzuziehen sind. Für ein Massageöl zur Harmonisierung leichter Störungen der *Doshas* bzw. für vorbeugende Massagen, aber auch zum Verwöhnen, lassen sich mit sehr gutem Erfolg einheimische Kräuter verwenden.

ZUBEREITUNG EINER HEILSALBE

Für die Behandlung von offenen Wunden aber auch bei Entzündungen der Haut wird in der ayurvedischen Medizin ***Grita*** empfohlen. Hierbei handelt es sich um eine **Salbe** aus *Ghee*, aus geklärtem Butterfett.
Ghee zählt zu den besten Mitteln, um ein gestörtes *Pitta-Dosha* zu beruhigen, und ist daher zur Herstellung einer Wundsalbe bestens geeignet. Dieses Grita kann man mit den verschiedensten Heilkräutern zubereiten. Ich verwende meistens Ringelblumen und Kurkuma/ Gelbwurz. Ringelblume hat eine starke wundheilende Wirkung und Kurkuma hat eine gute desinfizierende, aber auch eine hervorragende heilende Wirkung. Allerdings färbt Gelbwurz sehr stark, so daß man beim Gebrauch vorsichtig sein muß, um nicht die Kleidung zu verschmutzen. Aber auch Kamille, Arnika, Beinwell und Sonnenhut eignen sich besonders für eine Heilsalbe.
Die **Herstellung** ist so ähnlich wie die des Massageöls, nur daß man statt des Öls ***Ghee*** benutzt. Wenn kein Butterfett zu bekommen ist, so kann man es ganz einfach selbst herstellen.
Man benötigt dazu 1 kg Sauerrahmbutter. Man gibt die Butter in einen gußeisernen Topf. Falls man keinen hat, geht auch ein normaler. Nun läßt man die Butter bei niedriger Hitze schmelzen und kochen. Anfangs wird die Butter schäumen, dann kann man mit einem Schaumlöffel den Schaum vorsichtig abheben und aufbewahren. Man kann aber auch den Schaum belassen und die Butter unter ständigem Umrühren mit einem Holzlöffel weiterköcheln lassen. Bald werden alle festen Bestandteile der Butter zu Boden sinken und es bleibt das klare, goldgelbe Butterfett. Das Umrühren ist jetzt besonders wichtig, da die Bestandteile am Boden des Topfes leicht anbrennen und dann das Ghee nicht mehr zu verwenden ist!
Wenn das Butterfett ganz klar und rein ist, gießt man es vorsichtig durch ein Tuch in ein Gefäß zum Aufbewahren. Nach Möglichkeit sollten die Bestandteile, die sich am Boden des Topfes befinden, beim Umgießen nicht aufgewühlt werden. Die Rückstände können wir zum Braten verwenden, nur sollten sie bald verbraucht werden.
Das abgegossene Ghee kann man nun zur Herstellung von ***Grita*, einer Heilsalbe** verwenden. Dazu muß man zuerst eine Kräuterabkochung machen. Da man meistens nicht so große Mengen des Gritas benötigt und es besser ist, es von Zeit zu Zeit frisch herzustellen, gebe ich die Rezeptur für nur **100 Gramm**. Das Verhältnis von Wasser zu Kräutern und Ghee ist wie beim Massageöl!
Für die Kräuterabkochung benötigt man also 1,6 Liter Wasser und 100 Gramm Kräuter. Verwendet man überwiegend Blüten ohne Kraut, wie etwa die Blüten von Ringelblume oder Sonnenhut, so läßt man das Ganze bei schwacher Hitze kochen, bis nur mehr ca. 400 ml Flüssigkeit übrig ist. Verwendet man mehr Kraut oder Blätter, wie bei Beinwell, so darf die Hitze beim Kochen höher sein.
In diese 400 ml Kräuterabkochung gibt man nun die 100 g Ghee und läßt alles kochen, bis die letzte Flüssigkeit verdampft ist. Das fertige *Grita* füllt man in ein gut verschließbares Glas zur Aufbewahrung. Damit hat man eine wirklich gute Heilsalbe, die auch gut haltbar ist.

4. REDUZIERUNG DER DOSHAS DURCH DIE ERNÄHRUNG

Es gibt natürlich auch bei der Ernährung die Möglichkeit, die *Doshas* zu reduzieren und zu harmonisieren. Allerdings wirkt die Nahrung im Allgemeinen nur langsam auf die *Doshas*. Da man jedoch in Laufe seines Lebens lernt, welches *Dosha* leicht gestört wird und somit Probleme macht, kann man mit der Wahl seiner Ernährung eine Harmonisierung dieser *Doshas* erreichen.
In meinem "Ayurveda Lebensbuch" gibt es ein ganzes Kapitel über konstitutionsgerechte Ernährung. Deshalb werde ich hier nur auf die wichtigsten Punkte eingehen. Dies sind der Geschmack und die Eigenschaften der Nahrung.

Rasa, der Geschmack

Es gibt in der ayurvedischen Medizin sechs Geschmacksrichtungen: Süß, sauer, salzig, scharf, bitter und herb/adstringierend. Jede dieser Geschmacksrichtungen hat eine spezielle Wirkung auf die *Doshas*. Ich gebe für jedes *Dosha* die jeweils reduzierenden und verstärkenden Geschmacksrichtungen an, und zwar in der Reihenfolge ihrer Wirksamkeit.

Kapha wird reduziert durch: Herb/adstringierend, scharf und bitter.
Kapha wird verstärkt durch: Süß, salzig und sauer.

Pitta wird reduziert durch: Süß, herb/adstringierend und bitter.
Pitta wird verstärkt durch: Sauer, scharf und salzig.

Vata wird reduziert durch: Süß, sauer und salzig.
Vata wird verstärkt durch: Herb/adstringierend, bitter und scharf.

Man kann sehen, daß *Kapha* durch die Geschmacksrichtungen verstärkt wird, die *Vata* reduzieren und umgekehrt. *Kapha* und *Vata* beeinflussen sich also sehr stark gegenseitig. Um eine Harmonie der *Doshas* zu gewährleisten, sollten bei den Mahlzeiten immer alle Geschmacksrichtungen vorhanden sein.

Guna, die Eigenschaften
In dem Kapitel über die Grundlagen der ayurvedischen Medizin habe ich die Gunas als Gegensatzpaare erklärt, deshalb hier nur die Bedeutung in Beziehung auf die *Doshas*:

Kapha wird reduziert durch: Leicht, trocken und heiß.
Kapha wird verstärkt durch: Schwer, Ölig/feucht und kalt.

Pitta wird reduziert durch: Schwer, trocken und kalt.
Pitta wird verstärkt durch: Leicht, ölig/feucht und heiß.
Vata wird reduziert durch: Schwer, ölig/feucht und heiß.
Vata wird verstärkt durch: Leicht, trocken und kalt.

Beispiele zu den Gunas:
Schwer: Kartoffeln, Wurzelgemüse, Getreide, Milch und Milchprodukte.
Leicht: Blattsalate, Hülsenfrüchte, Trauben, Beerenobst, Kirschen.
Ölig/feucht: Fette und Öle, Nüsse, saftiges Obst, Fruchtsaft, Tees, Wasser.
Trocken: Trockenfrüchte, Getreideflocken.
Heiß: Erhitzende Gewürze und Kräuter, Salz, Früchte und Gemüse mit roter Farbe.
Kalt: Gekühlte Nahrung, Früchte und Gemüse mit blauer und dunkler Farbe, kühlende Kräuter.

Es gibt jedoch einige **Lebensmittel**, die eine sehr rigorose Wirkung zum Aufbau und zur Reduzierung der *Doshas* haben. Diese wirken sehr schnell:

Um **Kapha zu reduzieren** ist **Honig** das stärkste Mittel. Er sollte unbedingt beim Abnehmen verwendet werden. Honig ist auch bei uns bekannt als Mittel, um bei Erkältung die Verschleimung zu reduzieren.
Um **Kapha zu verstärken** ist **Milch** das stärkste Mittel, und zwar frische Vollmilch. Aber auch Milchprodukte, vor allem Käse, verstärken *Kapha*. Milch und Milchprodukte sollten in keiner Aufbau- und Regenerationsdiät fehlen. Warme Milch abends getrunken, bringt die nötige Ruhe und Schwere zum Einschlafen.

Um **Pitta zu reduzieren** ist ***Ghee***/Butterfett das stärkste Mittel. Als Grita leistet es sehr gute Dienste, um Wunden und Entzündungen zu heilen. Innerlich reduziert Ghee generell das *Pitta* in Körper. Zuviel in Ghee/Butterschmalz gebratene Nahrung schwächt allerdings auch die Verdauung.
Um **Pitta zu verstärken** sind **Senfsamen** das stärkste Mittel. Die braunen Senfsamen sind als Gewürz zur Stärkung der Verdauung aus der indischen Küche nicht wegzudenken.

Um **Vata zu reduzieren** ist **Sesamöl** das stärkste Mittel. Dies wird bei der Massage genutzt. Innerlich reduziert es generell das *Vata* im Körper.
Um **Vata zu verstärken** sind **Hülsenfrüchte** das stärkste Mittel. Das Dal, eine Suppe aus Bohnen, Linsen oder Erbsen ist nicht aus der indischen Küche wegzudenken. Es ist ein guter Eiweißlieferant und gibt Kraft und Ausdauer, macht aber nicht dick. Allerdings machen Hülsenfrüchte bei schwacher Verdauung leicht Blähungen.

Auch **Farben** lassen sich zur Verstärkung, als auch zur Reduzierung der *Doshas* einsetzen. Im „Ayurveda Lebensbuch" bin ich bereits darauf ausführlich eingegangen. Deshalb hier nur in aller Kürze:

Kapha wird durch Blau verstärkt und durch Rot reduziert.
Pitta wird durch Rot verstärkt und durch Blau reduziert.
Vata wird durch grelle Neonfarben verstärkt und durch Braun und Blau reduziert.

SHANK PRAKSHALANA ZUR REINIGUNG DES DARMS

Das Basti, der Einlauf, wird natürlich neben der Behandlung zur Vatareduzierung auch zur Reinigung des Darms eingesetzt. Da man allerdings beim Einlauf nur den letzten Abschnitt des Darms bis zum absteigenden Ast des Dickdarms erreicht, so hat sich bei den ***Yogakriyas*** eine andere und viel tiefgreifendere Darmreinigung durchgesetzt.
Sie heißt ***Shank Prakshalana*** und das bedeutet „sich wie eine Muschel winden."

Der Vorteil bei dieser Darmreinigung liegt darin, daß der Darm **von oben her**, also **vom Magen** ausgespült wird. Diese Übungen haben eigentlich nichts mit der Reduzierung der *Doshas* zu tun, aber für die Gesundheit und die Ernährung der *Dhatus*, der Gewebe, spielt in der Ayurvedischen Medizin der gesunde und unbelastete Darm eine wichtige Rolle.

Deshalb sahen es die alten *Rishis* (Weisen) als bedeutend für die Gesundheit an, den Darm so weit wie möglich von allen Ablagerungen freizuhalten. Ich möchte diese Übungen jedem gesundheitsbewußten Menschen ans Herz legen und empfehle, sie wenigsten zweimal pro Jahr in der Übergangszeit durchzuführen. Besonders wenn man längere Fastenkuren plant, bringt diese Übung einen riesigen Vorteil.
Ich habe diese Übungen bereits in meinem „Ayurveda Lebensbuch" erklärt, finde sie jedoch so wichtig, daß ich sie in diesem Buch erneut bringen möchte.

Da diese Reinigungsübung auch gewisse Gefahren birgt, sollten wir folgendes **beachten**:
Bei hohem Blutdruck und Nierenschwäche ist wegen des Salzwassers Vorsicht geboten! Außerdem darf diese Reinigung nicht bei entzündlichen Prozessen im Darm und Magen durchgeführt werden. Auch geschwächte Personen (nach Krankheit oder Operation) sollten davon Abstand nehmen. Im Zweifelsfall sollte man immer den Arzt befragen. Die *Shank Prakshalana* darf niemals bei Verstopfung durchgeführt werden.

Am besten ist eine vorabendliche Darmreinigung mit Bittersalz oder Rizinusöl oder ein Darmklistier. Die beste Zeit dafür ist am Vormittag, lassen Sie das Frühstück aus. Sie sollten viel Ruhe an diesem Tag haben und eine ungestörte Atmosphäre.

Durchführung
Für diese Darmreinigung bereitet man als erstes lauwarmes Salzwasser, und zwar im Verhältnis 1 Teelöffel Meersalz oder Himalaya-Salz auf 1 Liter Wasser. Salzwasser ist deshalb wichtig, damit nicht zu viel Flüssigkeit von den Darmwänden aufgesogen und absorbiert wird. Außerdem entspricht sie der Salzkonzentration des Blutes und irritiert den Organismus kaum. Man benötigt für die Darmreinigung in etwa 3 - 5 Liter Salzwasser.

Als erstes trinkt man 4 Gläser (je 1/4 Liter) Salzwasser und beginnt mit der **ersten Übung**:

1.) Dabei steht man aufrecht und hebt beide Arme über den Kopf. Wir verschließen die Finger beider Hände ineinander und drehen die Handflächen so, daß sie nach oben zeigen. Nun neigt man zügig den Oberkörper nach rechts und links zur Seite, wobei man sich jeweils mit der Einatmung neigt und mit der Ausatmung wieder nach oben streckt.
Man achtet sorgfältig darauf, daß man den Oberkörper nicht verdreht, sondern nur seitlich neigt.
Diese Übung führt man viermal nach jeder Seite aus, ohne dazwischen anzuhalten. Sie öffnet den Magenpförtner und leitet das Salzwasser **in** den Dünndarm.

2.) Bei der **zweiten Übung** streckt man den linken Arm waagerecht zur Seite aus und winkelt den rechten Arm so an, daß die Hand mit der Daumenseite am oberen Ende des Brustbeins vor der Brust liegt. Mit der Ein-

atmung dreht man den Oberkörper und den linken Arm soweit nach links, wie es möglich ist. Mit der Ausatmung kommt man in die Ausgangslage zurück.
Ohne anzuhalten winkelt man nun den linken Arm so an, wie vorher den rechten und streckt den rechten Arm so seitlich aus wie vorher den linken und dreht sich soweit wie möglich nach rechts; dabei atmet man wieder ein.
Dieses wechselseitige Drehen des Oberkörpers sollte zügig und ohne Anhalten geschehen. Man dreht sich viermal in jede Richtung. Diese Übung leitet das Salzwasser **durch** den Dünndarm.

3.) Für die **dritte Übung** legt man sich nun flach auf den Bauch. Die Füße sind ca. 30 cm auseinander gespreizt. Nun stellt man die Handflächen neben die Schultern auf den Boden und streckt die Arme gerade durch, so daß sich der Oberkörper vom Boden hebt. Man stützt den Oberkörper mit den Armen und spannt Bauch und Gesäß so an, daß der Körper bis auf Hände und Füße vom Boden erhoben ist.
Mit der Einatmung beginnt man sich mit dem Körper nach rechts zu drehen und versucht, über die rechte Schulter auf die linke Ferse zurückzuschauen. Mit der Ausatmung schaut man wieder nach vorne und dreht sich ohne Pause mit der nächsten Einatmung nach links. Man schaut über die linke Schulter zurück auf die rechte Ferse. Auch diese Übung führt man viermal in jede Richtung aus.
Damit leitet man das Salzwasser vom Dünndarm **in den Dickdarm.**

4.) Für die vierte Übung hockt man sich auf die Fersen, die Hände ruhen auf den Knien. Nun drückt man das rechte Knie mit der Hand so zu Boden, daß es vor dem linken Fuß am Boden aufliegt, das linke Knie bleibt erhoben. Danach hebt man das rechte Knie wieder in die Ausgangsstellung und drückt gleichzeitig das linke Knie mit der Hand vor dem rechten Fuß auf den Boden. Man wechselt wieder zügig, ohne in der Bewegung anzuhalten. Diese Übung führen wir 8 mal in jede Richtung aus.
Diese Übung leitet das Wasser durch den Dickdarm **zum Mast- oder Enddarm** und leitet die Ausscheidung ein. Deshalb sollte man sich unverzüglich zur Toilette begeben.

Falls es nicht zu einer spontanen Ausscheidung kommt, so trinkt man erneut 4 Gläser Salzwasser und führt die Reihe der vier Übungen nochmals durch.
Wenn man die Shank Prakshalana zum ersten Mal ausführt, kann es einige Zeit dauern, bis der Körper reagiert. Mit etwas Übung verläuft der Ausscheidungsvorgang dann schneller und spontaner.
Nach der erfolgreichen Entleerung wiederholt man die Übungen so oft, bis das Wasser wieder ganz klar ausgeschieden wird. Nach 1 – 2 Stunden wird dieser Effekt gewöhnlich erzielt. Danach gönnt man sich unbedingt eine Entspannungspause.

Es ist wichtig, daß die nächste Mahlzeit nicht später als eine Stunde nach der letzten Entleerung erfolgt, damit der Darm nicht zu lange leer bleibt. Diese Mahlzeit darf jedoch nicht zu üppig sein und muß auch leicht verdaulich sein. Dazu eignet sich gekochter Reis, dem etwas Ghee oder Butter beigefügt wurde. Das Fett wirkt der Austrocknung des Darms entgegen. Der Reis muß aber ungesalzen und ungewürzt sein.
Falls die *Shank Prakshalana* zur Vorbereitung einer Fastenkur dient, so fällt natürlich die Mahlzeit aus, es muß jedoch ausreichend getrunken werden.

Zur besseren Übersicht gebe ich nachfolgend noch einmal eine Zusammenfassung mit Bildern.

1. ÜBUNG:
Diese öffnet den Magenpförtner, und leitet das Wasser **in den Dünndarm.**
4 x in jede Richtung ohne Anhalten in der Endstellung.

2. ÜBUNG:
Diese leitet das Wasser **durch den Dünndarm.**
4 x in jede Richtung ohne Anhalten in der Endstellung.

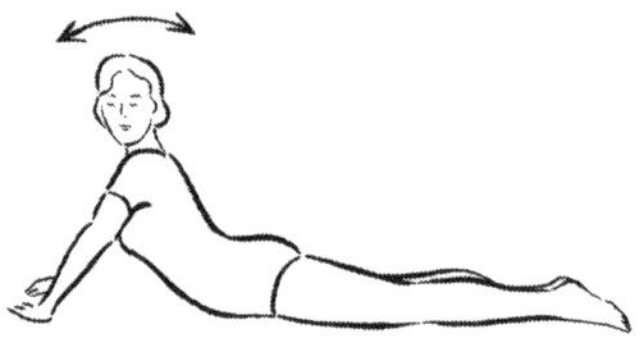

3. ÜBUNG:
Diese leitet das Wasser **vom Dünndarm in den Dickdarm.**
Rechts beginnen - 4 x jede Seite wiederholen.

4 .ÜBUNG:
Diese leitet das Wasser **durch den Dickdarm und Mastdarm.**
4 - 8 Wiederholungen auf jeder Seite, dann zur Toilette gehen.

GEISTIG/MENTALE ERHOLUNG UND REGENERATION

Wie bei der Kur in der Klinik bzw. im Kurhotel, so sollte man zu Hause nicht nur auf die Harmonisierung der *Doshas* und die Entschlackung des Körpers, sondern auch auf die geistig/mentale Erholung und Regeneration Wert legen.
Im Kapitel 2 über die klinischen Therapien habe ich im Abschnitt über die Mantra-Therapie den Geist und seine Wirkungsweise recht ausführlich beschrieben, sodaß ich jetzt hier nicht noch einmal darauf eingehen muß.

Es sind vier Dinge, mit denen sich der Geist entspannen und regenerieren läßt:
1. Yogaübungen, Meditation und Entspannungsübungen
2. Tiefenentspannung
3. Positives Denken, Glaube und Optimismus durch Affirmationen und Visualisierung
4. Seelische Erholung und Regeneration

1. YOGAÜBUNGEN, MEDITATION UND ENTSPANNUNGSÜBUNGEN

Sie geben die nötige Ruhe und Ausgeglichenheit, um dem Geist eine Möglichkeit zur Erholung und Regeneration zu geben. Allerdings geht dies nur, wenn man in dieser Zeit auf aufregende und aufreizende Literatur oder Filme verzichtet. Auch hilft es, für eine gewisse Zeit ohne Nachrichtensendungen zu leben. Erstens versäumt man nicht wirklich etwas und zweitens spart man sich einen Haufen unnütze Aufregung.
In meinem „Ayurveda Lebensbuch" bin ich ausführlich auf die Yoga-Asanas, die Yogaübungen zur Harmonisierung von Körper und Geist, eingegangen. Deshalb verweise ich für Einzelheiten auf dieses Buch. Ich möchte hier aus diesem Grunde nur auf die Meditation und Entspannung eingehen.
Meditation ist eine Technik, bei der man seinen Geist, seine Gedanken und Gefühle für eine bestimmte Zeit ganz auf einen Punkt fixiert und so zur Ruhe kommt. Es ist aber die beste Erholung für den Geist und das Gemüt. Für einen Laien mag das unmöglich klingen, leicht ist es auch nicht. Nur unbeirrtes Üben bringt einen zum Ziel.

Vor der Meditation steht immer die Konzentration. Wenn man sich nicht konzentrieren kann, werden die Gedanken immer abschweifen und unser Bewußtsein mitreißen. So bleibt man immer der Sklave der Gedanken. Wenn man sich einmal aufrichtig beobachtet, so denkt man doch oft: "Ich möchte dies, ich möchte das, dieses und jenes stört mich, ein anderer hat etwas und ich muß es auch haben", und so weiter. Man hinterfragt eigentlich nie, für was diese Gedanken, Wünsche und Verlangen gut sind. Doch nur um uns fest in dem materiellen Leben verankert zu halten.
Durch bewußte Gedankenkontrolle bei der Konzentration und Meditation kann man sich aus dieser Zwickmühle befreien und sein Bewußtsein neu ausrichten.

Ich möchte ein paar ganz einfache Meditationsübungen beschreiben. Zuerst muß man sich konzentrieren, und wenn man dann alles andere in seinem Kopf und um sich herum vergißt, dann meditiert man. Dabei muß klar sein, daß sich der Geist nicht so ohne weiteres in die Ruhe fügt, er wird anfangs versuchen, uns in der Konzentration zu stören. Die ersten 20 Minuten werden immer die schwierigsten sein und erst danach wird wirkliche Ruhe im Geist einkehren. Deshalb sollte man sich für die Meditation viel Zeit nehmen.

Es ist schwer, das Glück in uns zu finden, und
es ist unmöglich, es anderswo zu finden.

Chamfort

Praxis der Meditation:
Das wichtigste am Anfang ist ein **ruhiger, ungestörter** Platz, wenn möglich, immer der gleiche. Man sollte das Telefon abstellen und auch sichergehen, daß man in der nächsten Zeit keinen Besuch erwartet. Im Laufe der Zeit stellen sich dann ganz von selbst feste Meditationszeiten ein, auf die sich andere einstellen und Rücksicht nehmen können.

Für den Anfang empfehle ich einen Sessel mit einer graden und festen Rückenlehne. Es ist beim Meditieren sehr hilfreich, wenn der Rücken gerade ist.
Nun schließt man die Augen und konzentriert sich fest auf ein bestimmtes Objekt, über das man meditieren möchte. Dies kann z. B. der Atem, ein Mantra, ein Gebet oder ein Bild sein. Fest, aber nicht verkrampft! Man darf nie mit den Gedanken kämpfen, sonst hat man schon verloren, denn man hat sich wieder mit dem Geist eingelassen.
Man sollte versuchen, sich ganz von den auftauchenden Gedanken zu lösen, sie nicht zu beachten und nur auf das Objekt der Meditation zu konzentrieren. Man kann zum Gedanken sprechen wie zu einem Freund: „Warte, jetzt habe ich keine Zeit für dich, aber nach der Meditation bin ich da für dich."
Für mich ist die **Beobachtung des Atems** der **beste Einstieg** in die Meditation, da er mir einerseits als Objekt der Konzentration dient, andererseits den Körper und den Geist entspannt. Der Atem wird so immer ruhiger und damit auch Geist und Körper.

Atemmeditation. Dies ist eine Technik, die sowohl zur geistigen und körperlichen Entspannung dient, allerdings auch ein guter Einstieg für die Meditation sein kann.
Dabei stellt man sich vor, daß man schlafen würde und versucht so ruhig zu atmen wie im Schlaf. Man entspannt also den Körper und beginnt immer langsamer, ruhiger und flacher zu atmen. Falls Sie es sich nicht vorstellen können, so beobachten sie einmal einen schlafenden Menschen und dann versuchen Sie, seinen Atemrhythmus nachzuahmen.
Wenn man während der Meditation von einem anderen Gedanken abgelenkt wird, unterbricht man ihn und kehrt unbeeindruckt zur Beobachtung des Atems zurück.
Für eine tiefe Entspannung oder Meditation sollte man immer so ruhig und langsam wie möglich atmen. Da der Geist vom Atem beeinflußt wird, werden die Gedanken auch immer ruhiger. Je ruhiger die Gedanken werden, um so mehr beginnt man alles um sich herum zu vergessen und je ruhiger der Geist ist, so entspannter ist der Körper. Ist der Körper gar so entspannt wie im Schlaf, so wird man ihn letztendlich gar nicht mehr wahrnehmen.
Ich empfehle, jede ernsthafte Meditation mit dieser Atemmeditation zu beginnen. Die Yogis nennen diese Technik ***So-Ham* Atmung**. Dabei konzentrieren sie sich bei der Einatmung auf die Silbe „*So*" und bei der Ausatmung auf die Silbe „*Ham*".
Man kann sich auch vorstellen, mit jedem Atemzug eine Stufe einer langen Treppe in einen tiefen „Keller" hinab zu steigen, wo man von wohliger Ruhe, Frieden und Dunkelheit umfangen wird. Je tiefer man kommt, um so ruhiger wird man. Später in der Meditation wird man dann eher helle, leuchtende Farben wahrnehmen.
Mit viel Übung wird man es erreichen, nur noch mit dem Atem verbunden zu sein und sich des Körpers und seiner Empfindungen nicht mehr bewußt zu sein. Dies ist der Beginn der Meditation. Jetzt ist der richtige Zeitpunkt, um sich ein ernsthaftes Objekt für die Meditation zu suchen.

Dies kann ein bestimmtes Bild vor dem geistigen Auge sein oder ein Gebet, ein Mantra oder ein Name Gottes. Die Bedeutung des Wortes Mantra ist in diesem Zusammenhang sehr wichtig. Mantra setzt sich aus den beiden Sanskritworten „*Manas*", was „Geist" heißt und „*trayate*", was „befreien" bedeutet. Ein Mantra ist also eine **Klangschwingung**, die den **Geist von** seiner ewigen **Unrast befreit**. Ein Mantra kann eine Silbe, ein Wort, ein Satz oder ein Vers, ein Gebet, sein.
Wenn man zu der inneren Ruhe durch die Meditation seine Spiritualität verstärken möchte, sollte man unbedingt ein spirituelles Mantra oder einen Namen Gottes als Objekt der Meditation wählen.

Anhaftung entsteht aus der Angst vor Verlust, die Wurzel davon ist Existenzangst. Haß entsteht durch Liebesentzug und Abweisung. Ärger meist aus Enttäuschung, wenn gewisse Erwartungen nicht erfüllt werden und Ängstlichkeit zeigt, daß man sich seines wahren Wesens, seiner Kraft nicht bewußt ist.
Doch mit der regelmäßigen Meditationspraxis wird der Geist immer ruhiger und weniger widerspenstig. Man wird ausgeglichener und gelassener im Alltag und die negativen Emotionen weichen allmählich. Es stellt sich innerer Frieden und Freude ein, in dem Bewußtsein der göttlichen Führung und des Schutzes.
Durch Meditation erwacht die höhere Intelligenz (*Buddhi*) und das führt zur Erkenntnis, daß wir als Seele ein Teil Gottes sind und wir wie Er unserem wahren Wesen nach Liebe und Glückseligkeit sind (*Sat-Cit-Ananda*). *Ananda* bedeutet Glückseligkeit.

Regelmäßige Meditation ist das Heilmittel für Körper, Geist und Seele. Sie wird dann zu einer stabileren Gesundheit von Körper, Geist und Seele führen.

Der Wunsch, glücklich zu sein, ist der stärkste aller Wünsche.
Wahres und dauerhaftes Glück findet man in Gott.
Wenn ihr Ihn gefunden habt, werdet ihr
große Feude in euch aufsteigen fühlen –
eine Freude, die ihr nirgendwo sonst findet.

Paramahansa Yogananda
Autor der „Autobiographie eines Yogi"

2. TIEFENENTSPANNUNG

Tiefenentspannung heißt, daß der Körper schläft, der Geist/Gemüt aber wach bleibt. Es ist eine gute Methode, den Körper zu entspannen und den Geist zur Ruhe kommen zu lassen. Tiefenentspannung ist eigentlich kein Ersatz für die Meditation, aber sie ist geeignet für all jene Personen, die nicht meditieren wollen oder können. Bei der Tiefenentspannung geht man den umgekehrten Weg und entspannt den **Körper**, um den Geist zur Ruhe kommen zu lassen.

Da das *Vata-Dosha* alle geistigen und körperlichen Verspannungen und Blockaden bewirkt, so hat die Beruhigung und Harmonisierung des *Vata-Doshas* durch die Entspannung eine wichtige Auswirkung auf Geist und Körper. Viele krankmachende, seelische/geistige, emotionale und körperliche Verspannungen können so durch die Tiefenentspannung gelöst werden.

Praxis der Tiefenentspannung:
Diese kann eigentlich in jeder Haltung durchgeführt werden, wenn man sie beherrscht. Am besten eignet sich aber die Totenstellung, die entspannte Lage auf dem Rücken. Dabei liegen die Hände mit nach oben gedrehten Handflächen seitlich neben dem Körper und die Beine sind leicht gespreizt und die Füße fallen locker nach außen.

Als erstes spannt man den **Körper** nacheinander von den Füßen zum Kopf bewußt und kräftig an, um die Spannung des jeweiligen Körperteiles danach wieder ruckartig loszulassen. Beim Anspannen konzentriert man sich auf das Gefühl der Spannung und erlernt so, die Verspannungen im Körper sofort zu erkennen. Beim Loslassen konzentriert man sich auf das Gefühl der Entspannung und lernt so, auch diese bewußt zu spüren. Dabei geht man mit Anspannen und Loslassen durch den ganzen Körper, zuerst die Füße, dann nacheinander die Beine, Becken und Po, Bauchdecke, Brustkorb (wobei man den Brustkorb nach vorne wölbt und die Schulterblätter nach hinten zusammenzieht), Hände (indem wir sie zuerst spreizen und dann zur Faust ballen), Arme, Schultern, Hals und Nacken, Unter- und Oberkiefer, Mund und Wangen, Augen, Stirn und Kopfhaut. Zum Abschluß spannt man noch einmal den gesamten Körper von den Füßen bis zum Kopf an und läßt dann mit einem Ruck in die Entspannung los.

Jetzt **fühlt man** nochmals in der gleichen Reihenfolge durch den Körper, um sich zu vergewissern, ob man wirklich entspannt ist. Im Zweifelsfall spannt man einzelne Körperteile nochmals an, um sie dann mit einem Ruck zu entspannen.
Als letzten Schritt geht man nochmals **gedanklich** in der gleichen Reihenfolge durch den Körper und gibt sich Impulsbefehle zur Entspannung. Man konzentriert sich nacheinander auf die einzelnen Körperteile und gibt sich in Gedanken folgende Befehle:

„Die Füße entspannen, die Füße entspannen" – die Füße **sind** entspannt,
„die Unterschenkel entspannen, die Unterschenkel entspannen" – die Unterschenkel **sind** entspannt – bis man wieder bei der Kopfhaut angelangt sind.

Nun entspannt man den **Geist**. Man stellt sich einen See vor, mit vollkommen ruhiger Oberfläche und versucht, den Geist genauso ruhig zu halten. Wenn Gedanken in das Bewußtsein dringen, nimmt man die Haltung eines neutralen Beobachters ein. Man wehrt sich nicht gegen die Gedanken, hält sie aber auch nicht fest, um sich mit ihnen zu befassen. Man läßt sie liebevoll gehen. Wenn man anfangs bis zu 12-mal pro Minute von Gedanken gestört wird, ist dies ganz normal. Man sollte sich aber bemühen, die Anzahl der Störungen nach und nach zu reduzieren.
Um zu verhindern, daß man in der Tiefenentspannung einschläft, ist es von Vorteil, sich anzugewöhnen (auch im Bett) nicht in der Rückenlage einzuschlafen. Dadurch wird es gelingen, die gesamte Tiefenentspannung bewußt zu erleben.
Erinnern Sie sich: **Tiefenentspannung** heißt, daß zwar der Körper schläft (man nimmt ihn nicht mehr bewußt wahr), aber man bleibt geistig wach und bewußt.
Dadurch bleibt die Entspannung kontrollierter als beim Schlaf.
20 Minuten Tiefenentspannung hat den Regenerationswert von 2 bis 3 Stunden Schlaf!

Wenn man diese etwas zeitaufwendige Entspannungsmethode perfekt beherrscht, so ist man in der Lage, überall und jederzeit eine **Kurzentspannung** durchzuführen, für die man nur **wenige Minuten** benötigen.
Dabei setzt oder legt man sich hin und spannt mehrmals hintereinander den **ganzen** Körper von den Füßen bis zum Kopf kräftig an und hält die Spannung für einen Moment bewußt. Dann läßt man mit einem Ruck die ganze Spannung wieder los. Die Anspannung begleitet man mit tiefer Einatmung und das Loslassen mit tiefer Ausatmung. Innerhalb von Sekunden ist man dann tief entspannt. Danach fühlt man sich frisch, wie nach einem stundenlangen Schlaf.

Eine Person, deren Physiologie im Gleichgewicht ist
und deren Körper, Geist und Sinne dauerhafte innere
Glückseligkeit erfahren, kann man als gesund bezeichnen.

Susruta Samhita um 500 n. Chr.

3. POSITIVES DENKEN, GLAUBE UND OPTIMISMUS DURCH AFFIRMATIONEN UND VISUALISIEREN

Wenn man versucht, immer nur das Gute in einer Situation zu sehen, wird man auch nur das Gute erleben. So wie jede Münze zwei Seiten hat, so liegt in allen Situationen sowohl etwas Gutes oder etwas Schlechtes für uns. Es liegt jetzt ganz an uns, was man sieht. Man kann es auch anders betrachten. Alles was geschieht, ist eigentlich wertneutral, also weder gut noch schlecht. Nur unser Bewußtsein und unsere Sicht der Dinge machen sie gut oder schlecht. Deshalb sollte man lernen, immer das Beste zu sehen, zu erwarten und zu bekommen. Diese Sicht erlaubt es uns, viel entspannter durchs Leben zu gehen.

Positives Denken und **Glaube** hängen eng zusammen. Wenn man nicht nur positiv denkt, sondern an das Gute auch glaubt, so kann dies unglaublich viel Kraft geben. Wenn man fest an etwas glaubt, so wird man es auch bekommen bzw. es auch erhalten. Wenn ich fest daran glaube, daß ich beschützt bin und mir nichts passieren kann, so wird mir auch nichts passieren. Wenn ich aber fest daran glaube, daß mir ein Unglück zustoßen wird, so wird es geschehen. Deshalb seien Sie ein Optimist und glauben fest an Ihr Glück und Ihre Gesundheit. Nur ein positiver und optimistischer Mensch kann seine Selbstheilungskräfte optimal erwecken und nutzen.
Das, was uns jedoch alle Kraft rauben kann und vor dem man sich hüten muß, ist der Zweifel. Wenn man zweifelt, so verliert der Geist die Kraft, körperliche Probleme auszugleichen und man wird sie sogar noch stärker und bewußter spüren.

Wenn es an Optimismus und unerschütterlichem Glauben fehlt, so kann man jedoch seine Phantasie einsetzen und sich etwas Gutes vorstellen oder in der Vorstellung etwas Schlechtes, wie etwa Schmerzen wegdenken. Es ist der Geist, der Materie schafft. Gedanken und Vorstellungskraft sind also Schöpferkräfte.

Die Kraft der Vorstellung kann dies bewirken. Dies nennt man **visualisieren**. Hierbei kann ich mir eine ruhige und friedliche Landschaft vorstellen, wenn ich unruhig bin oder mich gehetzt fühle. Ich kann mir aber auch im Falle einer Erkrankung vorstellen, gesund zu sein und mich wohl zu fühlen. Ich kann mir vorstellen, der Schmerz sei nur gering oder er sei völlig weg. Durch diese Vorstellungen gleicht man im Geist die körperlichen Störungen aus.
Je **lebendiger** man sich in die imaginäre, positive Situation **hineinfühlt**, umso besser und tiefgreifender ist die positive Wirkung, denn sie prägt sich so leichter ins Unterbewußtsein ein, um danach auch auf der körperlichen Ebene zu wirken. Mit etwas Übung und Vertrauen kann man wahre Wunder bewirken.

Bei diesen Visualisierungen, aber auch generell im Alltag sind sogenannte **Affirmationen** hilfreich. Hierbei handelt es sich um **positive Gedankenformeln**, die man bewußt einsetzt, um negative Gedanken oder Gefühle zu neutralisieren. Es geht nicht so sehr darum, sich etwas einzureden, sondern sich von etwas zu überzeugen. Es kostet den Geist genau so viel Kraft und Energie sich davon zu überzeugen, krank zu sein, wie gesund zu sein!
Wenn es also einmal nicht so läuft, wie es uns lieb wäre, so haben wir die Wahl, davon überzeugt zu sein, daß alles schlecht sei oder daß es eigentlich viel schlimmer hätte kommen können. Es kostet dieselbe Kraft.

Jeder kann sich ganz persönliche Affirmationen ausdenken, um sich vom Guten zu überzeugen. Wichtig ist, daß sie **positiv** formuliert sind, also den **Idealzustand** ausdrücken.
Es ist also nicht vorteilhaft zu sagen „Ich bin nicht mehr krank", „Ich werde reich werden", „Ich werde beschützt werden", sondern „Ich bin gesund", „Ich bin erfolgreich", „Ich bin beschützt". **Nur** so werden die Affirmationen vom Unterbewußtsein richtig aufgenommen. Das „Ich bin" setzt schöpferische Kräfte zur Verwirklichung in Gang.
Es gibt aber auch Bücher mit heilenden Affirmationen für fast alle Krankheiten, z. B. von Louise Hay. Wichtig ist nur, daß man sich nicht hängen läßt und resigniert, sondern sich durch die Gedankenkraft wieder aufrichtet.

Wichtig für Visualisierungen und Affirmationen ist, daß man ihnen Kraft gibt, indem man sie einige Zeit täglich durchführt. Dann können sich die neuen „Programme" ins Unterbewußtsein einspeichern und sodann in der Außenwelt manifestieren.

Das Glück deines Lebens hängt von der Beschaffenheit deiner Gedanken ab.

Marc Aurel

4. SEELISCHE ERHOLUNG UND REGENERATION

Wie ich im Kapitel über die Grundlagen schon erklärt habe, sind wir als spirituelle Seelen göttlichen Ursprungs. Deshalb müssen wir zur vollkommenen Gesundheit in unserem Leben auch spirituelle Handlungen ausführen. Wir als Seelen können nur dann wirklich zufrieden sein, wenn wir unsere Verbindung zu unserem Ursprung, zu Gott, bewußt leben.
Verdrängen wir diese Verbindung, so leben wir nur auf der körperlichen, also materiellen Ebene, was zu einer tiefen Unzufriedenheit in unserem Bewußtsein führt. Die meisten Menschen versuchen diese Unzufriedenheit mit materiellem Sinnesgenuß zu „bekämpfen". Das führt aber nur zu einem ewigen „Auf und Ab" im Leben. Mal geht es uns gut und dann fühlen wir uns wieder „mies". Nur wenn auch die Seele, unser wahres Ich, glücklich und zufrieden ist, finden wir die innere Zufriedenheit und inneres Glück. Und dies ist ein nicht zu unterschätzender Faktor für die Gesundheit.
Was benötigt die Seele und womit kann man die Verbindung mit dem Ursprung, mit Gott stärken? Der beste Weg ist, sich immer an Gott zu erinnern. In welcher Form man Gott sieht und verehrt und welchen Namen man Ihm gibt, ist dabei zweitrangig. Je nach der Beziehung des Gläubigen kann Er in vielen Formen wahrgenommen werden und mit vielen Namen angerufen werden.

Der einfachste Weg dazu ist das Gebet. Ein **Gebet** kann in Momenten der Schwäche viel Kraft geben, bei Angst und Verzweiflung Mut machen und auch bei Krankheit die Selbstheilungskräfte stärken. Gebete wurden im Lauf der Geschichte von allen Kulturen zur Heilung eingesetzt!
Aber nicht nur das Gebet, sondern auch der Gottesdienst ist ein stärkender Faktor im Leben. Unter Gottesdienst verstehe ich alle Handlungen, die man ausführt, um die ewige Beziehung und Liebe zu Gott zu pflegen und zu verstärken. Dazu zähle ich in erster Linie die Verehrung. Dies kann durch Rituale, Zeremonien oder Andacht/Meditation geschehen.
Aber auch das Singen von Liedern zur Verherrlichung Gottes, das Lesen Heiliger Texte und der Dienst für die Mitmenschen ist Gottesdienst und erfreut die Seele und gibt uns dadurch Kraft, Frieden und Zufriedenheit. Und dies stärkt wiederum unsere Gesundheit.

Die Zeit, die man verwendet, um sich an Gott zu erinnern oder Ihn zu verehren und Ihm direkt oder durch die Mitmenschen zu dienen, ist keine verlorene Zeit. Wenn man sich bemüht, Gott zu erfreuen, so gibt Er diese Freude an uns zurück. Man fühlt sich beschützt und behütet und man gewinnt dadurch Kraft, Mut, Zuversicht und schafft letztlich die Grundlage für eine stabile Gesundheit.

„Für den Weisen ist die ganze Welt ein Lehrer,
während der Unwissende auf ein ganzes Universum voller Feinde blickt"

Caraka Muni

WELLNESS-KUR FÜR ZU HAUSE ODER WÄHREND DES URLAUBS

Im Kapitel 2 bin ich bereits auf die Ayurveda-Kuren eingegangen und habe die verschiedenen Massage-Anwendungen und Bäder beschrieben.
Es wurden dort die vielfältigen Wirkungen der Therapien der Ayurveda-Medizin auf Körper, Geist und Seele beschrieben, besonders das Zusammenspiel von Farben, Tönen, Musik, Düften, die sanfte, heilende Berührung durch die Massagen, die Schönheitspflege und die reinigenden, regenerierenden Therapien.
Das wird Sie vielleicht motivieren, für sich zu Hause oder im Urlaub auch ein Wellness- und Schönheitsprogramm durchzuführen.

Unser Körper verändert sich ständig, wie wir in den Grundlagen beim Aufbau der Dhatus gesehen haben. Ständig finden Abbau- und Aufbauprozesse in den Geweben des Körpers statt. Wichtig ist nur, daß sich die Abbau- und Alterungsprozesse mit den Aufbau- und Erneuerungsprozessen die Waage halten.
Durch die Maßnahmen von Ayurveda, besonders durch die Ölmassagen und die Rasayana-Aufbau-Therapie, werden die Reparaturmechanismen des Körpers aktiviert, die geistige und körperliche Leistungskraft verbessert und die Abwehrkräfte gesteigert. Das hält die Abbau- und Alterungsprozesse zurück und entstehende Krankheiten fern.
Die Entscheidung liegt ganz bei uns, wie wir unser Leben gestalten, wir können **täglich** etwas für Gesundheit und Jugendlichkeit von Körper und Geist tun.
Dazu gehören die richtige Ernährung, Bewegung, Reinigung und Entschlackung, Yoga und Atmung, Entspannung, Schlaf, Schönheitspflege und verjüngende Ölmassagen. Hier und im „Ayurveda Lebensbuch" bin ich in den entsprechenden Kapiteln ausführlich auf alle diese Themen eingegangen.

Wie Sie aus dem Wellness-Kurplan ersehen können, lassen sich viele Maßnahmen auch zu Hause durchführen oder mit einem Urlaub verbinden. Dazu gehören

* Ölmassagen - *Abhyanga*
* Spaziergänge in der Natur, Meditation, Tiefenentspannung
* Atemübungen und Yoga-Asanas oder Qi-Gong-Übungen
* Musik, Mantras, indische Ragas
* Harmonisierung der *Doshas* durch Farben
* Düfte, Blütenbäder, Aromatherapie mit der Duftlampe
* Schönheitspflege, Trockenbürsten zur Anregung der Haut
* Fußmassage, Ohrmassage, Handmassage
* Gesichtspflege, Gesichtsmassage
* Ayurvedisches Heilwasser zur Zellreinigung
* Gesunde, vitaminreiche, leicht verdauliche Kost mit Heilgewürzen
* Aufbaumittel - *Rasayans*

Die meisten hier aufgezählten Maßnahmen habe ich bereits eingehend beschrieben. Über die Massagen und die Wirkungsweise der Öle, Mantras, Ragas, Blütenbäder, Atemübungen, Yoga-Asanas, Tiefenentspannung, Aufbaumittel - *Rasayanas*, können Sie sich in den entsprechenden Abschnitten informieren.

Sehr hilfreich ist immer eine positive Einstellung den Kurmaßnahmen gegenüber. Es gehört schon eine gewisse Disziplin dazu, sich an den Kurbetrieb anzupassen und die Therapie-Zeiten einzuhalten. Wenn Sie zu Hause eine Kur beginnen, ist es vielleicht schwerer, diszipliniert das Kurprogramm durchzuführen, aber Sie haben mehr Freiraum zur Gestaltung.

Dann können Sie sich nach Herzenslust Ihre Farben, Lieblingsmusik, Lieblingsdüfte für Ihre Bäder aussuchen und Ihren eigenen Speiseplan je nach Konstitution zusammenstellen.

Bei den Grundlagen wurden die *Mahabhutas*, die „großen Elemente", vorgestellt. Sie können daraus ersehen, daß die verschiedenen Elemente auch den Sinneswahrnehmungen zugeordnet sind.

Das Ätherelement gehört zum **Klang**, zum **Hörsinn** und
das Luftelement zum **Tastsinn**, zusammen bilden sie ***Vata-Dosha.***

Das Feuerelement gehört zum **Sehen, der visuellen Wahrnehmung**, es ist ***Pitta-Dosha.***

Das Wasserelement gehört zum **Geschmack**,
das Erdelement gehört zum **Geruch**, zusammen bilden sie ***Kapha-Dosha.***

Daher haben die verschiedenen Konstitutionstypen verschiedene Schwerpunkte in der Sinneswahrnehmung:
* *Vata*-Typen reagieren besonders positiv auf harmonische **Klänge, wohltönende Musik** und ihnen tun die sanften **Berührungen** bei den Ölmassagen besonders gut. Sie reagieren sehr sensibel auf Berührung der Haut, Bäder sind eine Wohltat für sie.
* *Pitta*-Typen werden sehr beeindruckt von **visuellen** Wahrnehmungen, daher sind für sie **harmonische Farben**, sei es in der Kleidung, in Bildern und in der Raumgestaltung, aber auch in der Natur, sehr wichtig.
* *Kapha*-Typen sind Genießermenschen, sie lieben **Düfte** und sie können Speisen und Getränke richtig auskosten, weil sie diese **geschmacklich** besonders gut wahrnehmen.

Wenn Sie nun Ihre Konstitution aus den Grundlagen erkannt haben, können Sie bewußt Ihre sorgfältige Wahl treffen, sei es in Bezug auf Musik, Berührung, Farben, Düfte und Speisen.

ZU MANTRAS, MUSIK UND INDISCHEN RAGAS:

Auf die reinigende und klärende Wirkung von **Mantras** und Gebeten auf den Geist bin ich bereits im zweiten Kapitel unter den geistigen und spirituellen Therapien eingegangen, ebenso auf die indischen Musikstücke, die **Ragas**. Sie lassen sich zur Heilung und als spirituelle Praxis einsetzen.

Es ist erwiesen, daß **spirituelle Musik** eine hohe Schwingung hat und heilend wirkt.
Dazu gehören u.a. die Krönungsmesse von Mozart (Agnus Dei), das Credo aus der H-Moll-Messe von Bach, das Credo aus anderen Messen von Mozart oder Schubert und das Sanctus aus der Schubertmesse sowie das Benediktus aus der Cäcilienmesse von Haydn.
Barockmusik und klassische Musik, besonders von Mozart, Bach und Händel, aktiviert und harmonisiert die Chakren.
Die **Walzermusik**, besonders der „Donauwalzer" von Johann Strauß, ist gut für das Herzchakra und hat ebenfalls eine sehr hohe Schwingung.
Pflanzen reagieren besonders auf Musik. Bei disharmonischer Rock- und Heavy Metal-Musik mit ihren harten Rhythmen gehen sie ein, aber bei den klassischen Kompositionen von **Mozart und Bach**, die jeweils eine sehr hohe Schwingung haben, gedeihen sie optimal.
In seinem Buch „Das geheime Leben der Pflanzen" schildert der Forscher Peter Tompkins über Pflanzenexperimente. Dabei hat sich herausgestellt, daß Pflanzen bei **indischer Raga-Musik** am besten gedeihen.
Diese Erkenntnisse können wir uns auch zunutze machen, und Musik für unsere Heilung und Harmonisierung einsetzen.
Der japanische Wissenschaftler Dr. Masaru Emoto machte Versuche mit Wassertropfen, er fror sie ein und fotografierte dann die Wasserkristalle. Unter dem Einfluß von **Gebeten, Mantren und harmonischer, aufbauender Musik** bildeten sich **wunderschöne Kristalle** aus. Durch Gebete, die an Gewässern gesprochen wurden, wurden sogar verunreinigte Flüsse und Seen wieder klar, was die Vergleichsfotos von den Wasserproben dokumentierten. Die schönsten Kristalle bildeten sich bei dem Wort „Dankbarkeit."

Hingegen bei **disharmonischer Musik** und Gebrauch von **negativen** Worten wurden die **Wasser-Kristall-Strukturen zerstört** und häßlich. Das zeigen die Farb-Fotografien aus dem Bildband „Die Botschaft des Wassers" von Dr. Emoto über die Wasserkristalle.

Unser Körper besteht zu ca. 80% aus Wasser. Wasser hat folgende Eigenschaften: Es ist Lösungs- und Transportmittel, Träger von Substanzen und Informationen und gibt diese an den ganzen Körper weiter. Wasser ist ein Photonenempfänger und -geber.
Alles hat eine elektromagnetische Schwingungsfrequenz: Töne, Worte, Texte, selbst Gedanken haben Schwingungen.
Aus den Versuchen von Dr. Masaru Emoto können wir schließen, daß Musik, Töne, selbst Gedanken und Worte die **Wasser-Struktur in den Zellen** unseres **ganzen** Körpers je nach ihrer Beschaffenheit **positiv oder negativ** beeinflussen.
Wir haben die Wahl in dem, was wir aussenden und in dem, was wir uns zuführen.

ÜBER DIE KRAFT UND WIRKUNG DES GEISTES:

Alter und Krankheit haben ihre Ursache im Geist des Menschen. Seine Emotionen und mentalen Einstellungen beeinflussen den Körper. Auch Ärger, Sorge und unterdrückte Trauer und Tränen tangieren den Geist, stören die *Doshas* und verursachen Ama.
Deshalb sind positive Programmierungen so wichtig. Es ist auch wichtig, sich von negativen Eindrücken aus der Vergangenheit zu lösen, sich und anderen zu verzeihen. Das reinigt den Geist.
Es ist wichtig, daß wir in der Gegenwart leben. Am Vergangenen können wir nichts mehr ändern, aber jetzt können wir die Ursachen für eine gute Zukunft gestalten.
Es ist erwiesen, daß Menschen durch Gedanken, Einstellungen und durch ihre Umgebung so stark geprägt werden, daß sie altern oder jung bleiben. Das zeigt sich bei reiferen Menschen in Altersheimen. Sind sie nur unter ihresgleichen, altern sie schneller und haben viele Beschwerden. Haben sie aber Kinder oder Tiere um sich und „Streicheleinheiten", werden sie wieder viel aktiver, jugendlicher und ihre Altersbeschwerden gehen zurück.
Es hat Einfluß, wie wir uns kleiden, welche Musik, welche Literatur oder welchen Umgang wir wählen, damit wir geistig und psychisch lebendig bleiben.
Es ist auch wichtig, daß wir dem Geist „gute Nahrung" geben und ihn nicht völlig mit Informationen überschütten, er muß ja alles verarbeiten und „verdauen". Hier empfiehlt sich eine sorgfältige Wahl der Lektüre, Filme, Zeitschriften und auch ein gewisses Zurückhalten in der Freizeit und im Urlaub, indem man nicht zu viele Eindrücke und Sensationen auf sich einwirken läßt. Hier muß man für einen Ausgleich sorgen.

FASTEN UND HEILWASSER TRINKEN ALS SCHÖNHEITSMITTEL:

Das Reinigen des Organismus durch Trinken von ayurvedischem Heilwasser ist ein Gesundheits- und Schönheitsmittel. Durch das tägliche Trinken eines großen Glases Heilwasser bereits **vor** dem Frühstück werden Wasseransammlungen ausgeschwemmt, und außerdem wird die Verdauung angeregt. Wir bekommen einen klaren Teint und Augenschwellungen verschwinden.

Um dem Verdauungssystem immer wieder Zeit zur Reinigung und zur Regeneration zu lassen, ist es günstig, wenn wir **regelmäßig** einmal im Monat für 1 bis 3 Tage oder 1 Tag in der Woche fasten. Wir können auch Obst- oder Gemüsesaft fasten. Das bewirkt neben der Entschlackung auch die Zufuhr von wertvollen Basen, Vitaminen und Spurenelementen.
Nach Ayurveda ist dies besser als wochenlanges Fasten, und führt zu keinen Mangelzuständen des Körpers.
Vor jeder Fasten- und Entschlackungs-Kur ist auf jeden Fall eine Darmreinigung mit einem natürlichen Abführmittel (Glauber-Bittersalz oder Rizinusöl) nötig!

Bereits in der frühen vedischen Zeit (6.000 v. Chr. bis 3.000 v. Chr.) nutzte man **Wasser zur Therapie.** Das geht aus dem Vers aus der Rigveda hervor:

„Im Wasser liegt Unsterblichkeit, im Wasser liegt Medizin, im Wasser liegt Ambrosia, im Wasser liegt das Feuer, welches allen Frieden bringt, im Wasser liegt die universelle Medizin."

Unterstützend zu den Fastentagen wirkt eine reinigende **Trinkkur** mit dem ayurvedischen **Heilwasser**, das tagsüber in der Thermoskanne warmgehalten und von dem stündlich eine Tasse getrunken werden sollte.
Die Zubereitung des Heilwassers finden Sie unter der nachfolgenden Reinigungskur beschrieben. Das heiße Wasser ist für *Kapha*- und *Vata*-Personen gut geeignet, kaltes Wasser und Getränke sollten sie allgemein meiden. Hingegen können *Pitta*-Naturen das Heilwasser und andere Getränke auch kühl trinken.
Es heißt allgemein, daß der **Tagesbedarf** an Wasser für den Organismus ca. 2 l Wasser (6 bis 8 Glas) beträgt. Dabei kann man den Anteil an Obst, das ja wasserreich ist, mit einrechnen.
Ayurveda differenziert: Wasser und Tee zählen zu Flüssigkeiten, nicht aber Milch, Kaffee und Suppen, Limonaden etc. *Vata*- und *Pitta*-Naturen sollen täglich reichlich Wasser zu sich nehmen, während *Kapha*-Naturen nicht so einen großen Bedarf davon haben. Es ist am besten, wenn man auf seinen inneren Impuls hört.
Man kann auch *Vata*-bedingte Schmerzen einfach „wegtrinken". Oft entstehen *Vata*-Probleme einfach durch Austrocknung. Viele, besonders ältere Menschen, leiden an der Dehydration des Körpers, sie nehmen zu wenig Flüssigkeit zu sich. Die Folge sind: Austrocknung der Haut, der Augen (besonders im Winter in zentralgeheizten Räumen), der Gelenke, und Schmerzen. Aber auch die Gedächtnisleistung läßt nach, weil die Nerven zur Weiterleitung der Impulse und Informationen Wasser brauchen, das ihnen bei zu wenig Wasserzufuhr fehlt.

Morgendliches **Trockenbürsten** während des Fastens ist sehr hilfreich. Es erhöht die Blutzirkulation, regt den Kreislauf und die Entgiftung über die Haut an.

Folgende **Handhaltung** (***Mudra***), stärkt das *Agni*, unser Verdauungsfeuer: Man führt die Spitzen von Daumen und Mittelfinger beider Hände zusammen, während die anderen Finger gestreckt bleiben. Ein schwaches *Agni* ist ja die Ursache für Verdauungsschwäche und *Ama*.

Leichtverdauliche, nahrhafte Übergangskost nach dem Fasten:
In der nachfolgenden Fasten- und Reinigungskur finden Sie zwei Rezepte für eine leichte Basen-Gemüsesuppe und eine ayurvedische Speise (*Kitchari*) und Anregungen, wie Sie sich nach dem Fasten gesund ernähren können, ohne die Verdauung zu belasten.

Tipps, um Übergewicht zu reduzieren bzw. das Gewicht nach den Fastentagen zu halten:

* Nur ein leichtes Abendessen oder Gemüsesuppe bis spätetens 19 Uhr zu sich nehmen oder überhaupt auslassen.
* Bei Hungergefühl warmes Heilwasser oder Kräutertee abends trinken.
* Stets gut kauen, die Sättigung hält viel länger an und es wird mehr *Prana* (Energie) aus der Nahrung aufgenommen. Mikrowellen zerstören das *Prana* aus den Speisen!
* Vorzuziehen ist fett- und zuckerarme, basische Kost mit viel Gemüse und Obst. Die Speisen mit Gewürzen und Heilkräutern anreichern zur Verbesserung der Verdauung und zur Anregung des Stoffwechsels. Nur vor oder zwischen den Mahlzeiten trinken.
* Ayurveda empfiehlt: Nur essen, wenn man hungrig ist, keine Zwischenmahlzeiten. Die beste Zeit für die Hauptmahlzeit ist mittags.
* Alle Mahlzeiten in guter Stimmung und Harmonie, also ohne Streß, Zeitdruck, Ärger, in angenehmer Atmosphäre einnehmen (sonst entsteht *Ama*).
* Qi Gong-Übungen, Sonnengruß, Yoga-Asanas, überhaupt Bewegung (Tanzen, Schwimmen, Spazieren usw.).

ZU OJAS UND SCHÖNHEIT:

Ojas ist eine subtile Essenz des *Shukra-Dhatu* – des Fortpflanzungsgewebes. *Ojas* zeigt sich in Vitalität und Gesundheit, es verstärkt unser Immunsystem.
Ojas ist unsere aurische Ausstrahlung. Wir können *Ojas*, unsere Ausstrahlung verstärken durch spirituelles Leben. *Ojas* ist ein Zeichen für unsere innere Schönheit und Harmonie.
Ojas geht verloren durch eine *Vata*-betonte Lebensweise, Streß, Konflikte, Ärger, Zorn, Trauer, übermäßigen und/oder lieblosen Sex, denaturierte Nahrungsmittel und Kost aus der Mikrowelle.
Alle Rasayana Stärkungs- und Verjüngungsmittel erhöhen *Ojas*. Dazu gehört ein entspannender Urlaub, guter Schlaf, liebevolle Pflege des Körpers und Heilpflanzen, wie *Shatavari* für Frauen und *Ashwagandha* für Männer.
Im Kapitel 2 bin ich bereits auf *Rasayana* eingegangen und im „Ayurveda Lebensbuch" ist ein ausführliches Kapitel den „*Rasayana*" – Aufbaumitteln gewidmet. Dort können Sie darüber nachlesen.

Eine einfache Methode, die **Abwehrkräfte** zu stärken und **Glückshormone** anzukurbeln, ist das **Lachen**. Nur allein durch das mechanische Anheben der Mundwinkel aktiviert der Körper Abwehrkräfte und Glückshormone. Ein von Herzen kommendes Lächeln macht uns nicht nur **schöner**, es stärkt uns und auch jene, denen wir begegnen. Das hat der kinesiologische Muskel-Armtest bewiesen. Heruntergezogene Mundwinkel hingegen ziehen augenblicklich die Energie bei sich und anderen herunter.

TIEFENENTSPANNUNG UND SCHLAF ZUR REGENERATION UND VERSCHÖNERUNG:

Die elektrischen Gehirnströme sind in 4 Frequenzbereiche eingeteilt, sie werden Beta, Alpha, Theta und Delta genannt. Die Einheit Hertz (Hz) bezeichnet die Frequenz, das ist die Anzahl der Schwingungen pro Sekunde.

Die **Beta-Wellen** entstehen in der linken Gehirnhälfte und sind dem analytischem Denken, der Logik, den Zahlen, der Sprache und dem Ego-Bewußtsein zugeordnet. Im normalen Tagesbewußtsein erzeugen wir Beta-Wellen von ca. 14 Hz, die bei Anspannung, Streß und Angst sogar bis zu 30 Hz ansteigen können. Dann können wir uns nicht mehr konzentrieren.
Im entspannten Zustand erzeugt unser Gehirn **Alpha-Wellen** von ca. 13 – 8 Hz.
Die Alpha-Wellen entstehen in der rechten Gehirnhälfte und sind dem intuitiven, ganzheitlichen Erfassen zugeordnet. Je besser wir entspannen, um so ruhiger wird unser Nervensystem und um so besser ist unsere Intuition.
Deltawellen von ca. 3 – 5 Hz entstehen bei erweiterten Bewußtseinszuständen von hohen indischen Yoga-Meistern während tiefster Meditation.

Im **Tiefenentspannungszustand** erzeugt unser Gehirn **Thetawellen von ca. 7 – 4 Hz.** Auch in der **Meditation** und im **Tiefschlaf** erreichen wir diesen Zustand.
In diesem Zustand werden die Organe **regeneriert**, die Haut wird entspannt und kann kosmetische Stoffe viel leichter aufnehmen. Die Technik der Tiefenentspannung finden Sie unter dem Abschnitt „Geistig/mentale Erholung und Regeneration" beschrieben.

Der **Schlaf** ist als Schönheitsmittel bekannt. Im Gegensatz zum Tag ist nachts die Verdauung und der Stoffwechsel in den Geweben aktiv. Das heißt, es werden vom Blut gelieferte Nährstoffe zum Zellaufbau verwendet und angefallene Schlacken ausgeschieden. Man kann also sagen, daß in der Nacht in den Geweben eine Regeneration stattfindet.
Gleichzeitig wird in der Nacht der feinstoffliche Astralkörper kosmisch aufgeladen. Die Energieschicht wird mit Lebenskraft (*Prana*) aufgetankt und dem physischen Körper zugeführt. Nur durch diesen allnächtlichen Vorgang kann der Mensch am Leben bleiben.

Daraus geht hervor, wie wichtig guter und ausreichender Schlaf ist, besonders wenn man eine Reinigungs-Kur macht und der Körper zusätzlich mehr Energie für „Reparaturarbeiten" und zum Entgiften braucht. Den Schlaf sollten Sie sich auch während Ihrer Wellness-Kur gönnen.

Folgende Punkte sind für **guten Schlaf** wichtig und hilfreich:
Störfaktoren im Schlafzimmer sollten wir vorerst beseitigen. Dazu gehören alle elektrischen Geräte, besonders der Fernseher. Zumindest sollte man nach dem Abschalten den Stecker herausziehen und den Fernseher mit einem Seidentuch bedecken, denn Seide schirmt alle Strahlungen ab. Wir meiden Federkernmatratzen, Nacht- und Bettwäsche aus Kunstfaser und bevorzugen natürliche Materialien (Baumwolle, Seide). Wir achten stets darauf, daß das Schlafzimmer gut gelüftet ist.
Vor dem Schlafengehen sollten wir nichts mehr essen. Das Abendessen sollte bis 19 Uhr eingenommen werden und leicht verdaulich sein. Obst und Rohkost sind abends nicht empfehlenswert. Sie führen über Nacht zu Gärungsvorgängen im Verdauungstrakt.
Vor dem Schlafengehen sollte man entspannenden Tätigkeiten – z. B. Meditieren, Hören von harmonischer Musik, einem Abendspaziergang, einem Entspannungsbad etc. – den Vorzug geben und aufregende Filme und Lektüre meiden. Je mehr wir uns entspannen, um so niedriger werden die Alpha-Wellen. Um so besser sind unsere Nerven entspannt und wir können leichter einschlafen.
Förderlich für einen guten Schlaf sind auch ein beruhigendes Aromaöl (Sandelholz, Lavendel oder Rose) oder das Trinken einer Tasse warmer Milch mit etwas Zucker und einer Prise Ingwerpulver. Man kann auch einen beruhigenden Kräutertee (Johanniskraut oder Melisse) zu sich nehmen.

ENTSPANNUNG UND SCHÖNHEITSPFLEGE FÜR GESICHT, HALS UND DEKOLLETÉ:

Für die ***Kapha***-Haut eignen sich folgende Pflegesubstanzen besonders gut: Honig, Gurke und Quark (Topfen).
Für die ***Pitta***-Haut eignen sich kühlende Substanzen für die Pflege: Kokosöl, Rosenwasser, Ghee, Milch und Sandelholzpaste, welche wir zum Kühlen auf Stirn und Schläfen auftragen.
Für die ***Vata***-Haut sind nährende, fettende Substanzen, wie Sesamöl, Olivenöl, Mandelöl, Sahne und Kichererbsenmehl ideal.

Heilmittel für die Haut:
Aloe Vera ist ein Schönheitsmittel für die Haut. Man kann sie auch heilend einsetzen, z.B. bei Verbrennungen durch Strahlentherapie, Ekzemen und Schuppenflechte. Dazu nimmt man das Gel der Pflanze.
Johanniskrautöl wirkt heilend bei Sonnenbrand und
Kurkuma, auch Gelbwurz oder Haldi genannt, wirkt heilend bei Hautverletzungen, ebenso die Ringelblume.

GESICHTSMASKEN:
Für **jeden** Haut-Typ eignet sich folgende gute Gesichtsmaske:
Sie läßt sich aus dem SEVA-Haut-Reinigungspulver zubereiten. Dazu kann man dem Pulver etwas Sahne oder Yoghurt (für *Vata*), Rosenwasser (für *Pitta*) oder Honig (für *Kapha*) beimischen. Die Maske gut trocknen lassen und anschließend mit kaltem Wasser gut abspülen.

Für die fette ***Kapha***-Haut: 200 g Gurke mit 1 TL Kichererbsenmehl und 1 TL Kurkumapulver (Gelbwurz), 20 – 30 Minuten einwirken lassen, abwaschen mit kaltem Wasser. Achtung, Gelbwurz färbt sehr!

Für ***Pitta***- und ***Vata***-Haut: 2 EL Kichererbsenmehl mit 1 EL *Ghee* und genügend kalter Milch vermengen, sodaß die Maske die richtige Konsistenz hat. Auftragen und 15 – 20 Minuten einwirken lassen, kalt abwaschen. Diese Maske ist besonders nährend.

Eine reinigende, nährende und **verjüngende** Pflege für die Haut, besonders gegen Falten, ist Mandel- oder Jojobaöl, gemischt mit 1 TL Kurkuma-Pulver (Gelbwurz). Damit ölen wir das Gesicht ein und waschen nach 15 Minuten die Ölmischung wieder ab.

Für die Belebung der Gesichtshaut: Honig und Rosenwasser, Amla-Pulver, 15 – 20 Minuten einwirken lassen, warm abwaschen. Auch frische Gurkenschalen erfrischen und straffen die Haut.

Pflegende und reinigende Schönheitsmaske: Honig, Kichererbsenmehl und Wasser vermischen, auftragen, 20 – 30 Minuten einwirken lassen, abspülen.

Himalaya-Salz eignet sich auch zur Schönheitspflege. Dazu mischen wir feines Himalaya-Kristallsalz im Verhältnis 1:1 mit Heilerde und rühren diese Mischung mit etwas Wasser an. Sie ist **feuchtigkeitsspendend, regenerierend** und **straffend.**

Zur Heilung von Narben : Frische, reine Sahne oder frische Kokosmilch aus der Schale vor dem Schlafengehen auf Gesicht oder betroffene Stellen auftragen.

GESICHTSMASSAGE:
Für die Gesichtsmassage können wir nährendes Mandelöl, Jojobaöl, oder *Vata*-beruhigendes Johanniskrautöl nehmen.
Johanniskrautöl hat eine ausgleichende Wirkung auf die Nerven. Einerseits wirkt es beruhigend auf überreizte Nerven, andererseits aktiviert es die Nerven bei Erschöpfung. Körperlich wirkt es also bei zu hoher Spannung beruhigend, aber aktivierend bei nachlassender Spannung der Haut.
Da die Öle über die Haut aufgenommen werden, haben sie auch eine Wirkung auf den Geist. In diesem Falle wirkt Johanniskraut beruhigend und harmonisierend bei Nervosität und innerer Anspannung, jedoch auch aufhellend bei düsterer Gemütsstimmung. Dies kann noch zusätzlich mit Johanniskrauttee unterstützt werden.
Johanniskrautöl ist also vorzüglich als Gesichts- und auch als Körperöl geeignet.
Wir können das Johanniskrautöl auch sehr gut mit Kamille kombinieren, da sie Entzündungen und Hautunreinheiten vorbeugt und heilt.

Gesichtsmassage: Nachdem das warme Öl auf das Gesicht aufgetragen ist, beginnen wir mit der Massage in der Mitte der Stirn und streichen nach außen zu den Schläfen, umkreisen diese sanft. Vom Wangenknochen streichen wir zur Nasenwurzel. Dort streichen wir mit den Fingerspitzen auf dem Nasenrücken entlang zur Nasenspitze und wieder zurück. Dann streichen wir den Augenbrauen beidseitig entlang und nehmen dabei Daumen und Zeigefinger.
Von dort umkreisen wir wieder sanft die Schläfen und gehen am Ohr entlang zum Unterkiefer. Dieser und das Kinn werden kreisend von links nach rechts und umgekehrt massiert. Dann wird der Oberkiefer sanft kreisend massiert bis zu den Wangen, wobei dann die Wangenpartie bis zu den Ohren sanft gestrichen wird. Hals und Dekolleté bekommen auch eine sanfte Massage. Abschließend werden Gesicht, Hals und Dekolleté mit den Fingerspitzen sanft beklopft.
Hernach legen wir uns eine heiße Kompresse auf das Gesicht und entfernen dann das Öl mit dem Tuch. Jetzt können wir das Gesicht nachreinigen mit etwas Gesichtswasser (Rosenwasser) und anschließend eine Creme auftragen.

PFLEGE DER KOPFHAUT UND HAARE

Hierfür werden Kokosöl (kühlend für den Sommer) oder Sesamöl (erwärmend für den Winter) empfohlen.
Eine tägliche Kopfmassage, bei der man mit den Fingerkuppen die ganze Kopfhaut sanft mit kreisenden Bewegungen massiert, trägt zur besseren Durchblutung bei und vertreibt Spannungen aus dem Kopfbereich. Sie

ist eine Vorsorge gegen Haarausfall und Glatzenbildung. Dazu eignet sich vorzüglich ein Haaröl mit Brahmi oder Bhringaraj. Die Firma SEVA bietet spezielle Haaröle für die kalte und warme Jahreszeit an.
Nach der Kopfmassage hüllen wir den Kopf in ein Handtuch und lassen das Öl für 20 Minuten einwirken. Wir können es auch über Nacht einwirken lassen. Dies ist besonders wertvoll für strapaziertes, ausgetrocknetes Haar, z.B. nach der Anwendung von Dauerwellen oder nach dem Färben. Das Öl fördert neuen Haarwuchs, denn es regeneriert die Kopfhaut und die Haarwurzeln.
Zum Schutz gegen starke Sonnenbestrahlung empfiehlt sich die Anwendung des kühlenden Kokosöls auch tagsüber, um das Haar vor Austrocknung und die Zerstörung der Haarwurzeln zu schützen.
Für gesunde Haare und Nägel ist auch eine vitalreiche, ausgeglichene Kost, besonders mit Vitamine C und B, Spurenelementen (z. B. Kieselerde – Silicea) besonders wichtig. Regelmäßige Ölmassagen der Hände und Füße verhüten brüchige Nägel.

GESICHTS- UND KOPFMASSAGE:

Zur **Entspannung** und Beruhigung, zum Beispiel **nach einem anstrengenden Arbeitstag**, können wir uns eine Gesichts- und Kopfmassage zur Reduzierung von *Vata* mit Johanniskrautöl geben. Die Kopfmassage ist Bestandteil von *Abhyanga*, der Ganzkörper-Ölmassage.
Zuerst verteilen wir das angewärmte Öl auf dem Oberkopf und verreiben dieses dort. Dann massieren wir den Kopf mit kreisförmigen Bewegungen wie beim Haarewaschen und fahren anschließend mit der oben beschriebene Gesichtsmassage fort.

ABHYANGA – GANZKÖRPER-ÖLMASSAGEN FÜR SICH SELBST UND DEN PARTNER:

Sie stellen sozusagen das „Herzstück" der Wellness-Kur zu Hause dar.
Bevor wir mit den Ölmassagen beginnen, sollten wir darauf achten, ob nicht eine Ama-Belastung bei uns vorliegt. Das können wir an der Zunge erkennen.
Bitte lesen Sie dazu noch einmal unter „Erkennen der Störung der *Doshas*" in diesem Kapitel nach, damit Sie die entsprechenden Maßnahmen ergreifen können.
Ganzkörper-Massagen sind für ein **Wochenende** oder für den **Urlaub** – wenn man genügend Zeit hat – besonders gut geeignet.

Nach der Ölmassage **zu Hause** sollten wir uns immer ausruhen, entspannen, warm halten und mit Decken gut zudecken. Bei warmem Wetter können wir uns, eingehüllt in ein Tuch, auch auf den Balkon setzen und für ca. 1/2 Stunde schwitzen.
Vor dem Duschen wischen wir uns dann mit einem Papiertuch grob das Öl vom Körper ab, damit es den Abfluß nicht verstopft. Wir können auch trockenes Kichererbsenmehl, das wir abrubbeln oder Kichererbsenmehlpaste, die wir mit etwas Milch oder Wasser anrühren, zum Entfernen des Öls beim Duschen verwenden. Das erhöht die Geschmeidigkeit der Haut.

Der **Urlaub** ist eine ideale Zeit, sich täglich für 7 bis 10 Tage mit **Ölmassagen** zu verwöhnen. Wenn Sie den Urlaub in **einem Hotel** verbringen wollen, sollten Sie darauf achten, daß Sie ein Balkon-Zimmer bekommen. Es ist auch wichtig, daß Sie warmes Wasser zum Duschen haben (das gilt insbesondere für südliche Länder).

Folgende Utensilien sollten Sie für die Ölmassagen bereithalten bzw. in den Urlaub mitnehmen:
- Für ein *Abhyanga* benötigen Sie ca. 100 ml Sesamöl pro Person, d.h. für 10 Ölmassagen ca. 1 Liter Massageöl. Die Art des Öles richtet sich nach Ihrer Konstitution,
- ein Gefäß für das Wasserbad, in dem das abgefüllte Ölfläschchen warmgehalten und für die Massage bereitgestellt wird,
- eine Küchenrolle zum Abdecken des Bodens und zum Abwischen,

- abwaschbare Badesandalen, in die man nach der Massage mit den öligen Füßen hineinschlüpft. So rutscht man nicht aus, und der Boden bleibt sauber,
- ein mildes Babyshampoo zum Abduschen. So läßt sich das Öl besonders leicht entfernen,
- ein altes Leintuch oder Bademantel und
- eine Kopfbedeckung, z. B. ein Tuch.

Der Morgen ist die ideale Zeit für eine Ölmassage. Sie brauchen auch während des Urlaubs in einem Hotel nicht auf die Partnermassage verzichten. Dazu genügt im Bad ein Hocker oder man setzt sich auf den Badewannenrand, um sich oder den Partner sitzend einölen zu können.
Eine gewisse Vorsicht ist geboten, der ölige Boden ist sehr rutschig! Nach dem Einölen schlüpft man in die Badesandalen, und danach hüllt man sich in ein altes Leintuch ein (das man schon im Koffer mitbringt und nach dem Urlaub wegwirft).

Nun setzt oder legt man sich in die **warme Morgensonne auf den Balkon** und läßt das Öl etwa eine halbe Stunde auf sich einwirken. Dieses Sonnenbad fördert das **Schwitzen** und die Entgiftungsvorgänge. Es ist wichtig, dabei eine Kopfbedeckung zu tragen!
Mit einem milden Babyshampoo läßt sich das Öl mit warmem Wasser leicht abduschen. Danach gönnt man sich eine **Nach-Ruhe** bei schöner Musik, bei guter Lektüre oder Meditation, je nach Belieben.

Es kann sein, daß in den ersten Tagen der Ölmassage ein gewisses Schweregefühl auftaucht. Das kommt durch die vom Öl gelösten Schlacken- und Giftstoffe im Blut, die dann mit dem Schwitzen ausgeschieden werden. Man kann diesen Reinigungsvorgang unterstützen durch Trinken von Heilwasser und Kräutertees und Bewegung an frischer Luft. Wollen Sie über mehrere Tage ölen, so ist es sinnvoll, den Stoffwechsel und die Ausscheidung durch Triphala zu unterstützen.

Für diese Ganzkörper-Ölmassagen muß man die Tagesplanung entsprechend gestalten und sich vormittags frei halten. Wir haben mit diesen morgendlichen Ölmassagen sehr gute Erfahrungen gemacht, Haut und Haare sind sichtbar schöner und wir waren nach diesem Urlaub sehr erholt und gestärkt. Voraussetzung ist, daß das Wetter warm, aber nicht zu heiß ist und daß man sich genügend Ruhe gönnt. Die Selbstmassage finden Sie in diesem Kapitel unter „Ölmassagen zur Reduzierung der *Doshas*" beschrieben.

OHR UND FUSSMASSAGE:

Wenn man nicht so viel Zeit aufbringen möchte, so ist eine Ohr- und Fußmassage zu empfehlen. Die Ohrmassage wie auch die Fußmassage sind ja Teil des *Abhyanga*. Im Ohr wie auch auf der Fußsohle befinden sich die Reflexzonen des gesamten Körpers. Mit der Ohr- oder Fußmassage beeinflussen wir also den ganzen Körper.

Massage der Ohren:
Die Ohrmuschel wird mit Daumen und Zeigefinger am Außenrand von oben nach unten mit rollenden und drückenden Bewegungen massiert. Damit werden Verspannungen gelöst und auf die Wirbelsäule eingewirkt. Dann massiert man das Mittlere des Ohres und das Ohrläppchen.
Dann wird hinter dem Ohr vom Ohrläppchen her bis zum oberen Ohransatz massiert. Das wirkt auf den Dünn- und Dickdarm, stimuliert das Gehirn und senkt hohen Blutdruck. Es erzeugt ein Wohlgefühl.

Massage der Füße:
Bei der Fußmassage massiert man das Sprunggelenk, im Uhrzeigersinn die Knöchel an der Innen- und Außenseite. Nun massiert man vom Sprunggelenk, über die Ferse nach vorne über die Zehen hinaus. Man massiert dabei die Furchen zwischen den Mittelfußknochen (Daumen auf der Fußsohle, Finger am Fußrücken).

Dann werden die Zehen massiert, wobei man an der großen Zehe beginnt. Man kneift die Ansätze der Zehen und dreht jede Zehe hin und her und massiert zwischen den Zehen.
Die Reflexzonen für Augen und Ohren befinden sich im Bereich der Zehen, sodaß hier eine Massage eine stärkende Wirkung auf diese Sinnesorgane hat.
Dazu gibt man reichlich Öl. Mit der flachen Hand werden dann die Fußsohlen kräftig massiert. Das Öl einwirken lassen, bevor man es abwäscht.
Sesamöl ist für die Füße ideal, es fördert einen guten Schlaf. Wenn man ätherisches Lavendelöl und Rosmarinöl dem Basisöl beimengt, erzielt man eine Beruhigung bei unruhigen Beinen.

HANDMASSAGE:

Zuerst wird das Handgelenk massiert, dann wird die Innenfläche mit dem Daumen, vor allem die Mitte, kreisförmig mit etwas Druck massiert, wobei der Daumenballen besonders beachtet wird. Dann massiert man die einzelnen Finger, indem man sie mit Daumen und Zeigefinger kräftig zu den Fingerspitzen hin knetet (Geldzählgriff). Nun folgt der Handrücken, wobei hier z.B. mit dem Daumen die Zwischenräume der Handwurzelknochen kräftig gestrichen werden, und zwar in Richtung Finger.

BÄDER:

KRÄUTER- ODER BLÜTENBÄDER lassen sich ohne besonderen Aufwand **zu Hause** durchführen. Man füllt eine Badewanne mit warmem Wasser (37 – 38° C) und gibt Blütenessenzen und/oder Blütenblätter oder duftende Kräuter hinzu.
Bereiten Sie sich einmal nach einem hektischen und gestreßten Tag ein Blütenbad mit duftenden Rosenblüten, Jasminblüten oder Fliederblüten, und Sie werden staunen, wie schnell sich eine tiefe Ruhe und Zufriedenheit einstellt!
Im Kapitel 2, unter Wellness-Kuren und in diesem Kapitel unter „Zubereitung therapeutischer Massageöle" bin ich bereits auf die **Badezusätze und Duftöle** eingegangen, aber hier möchte ich noch einige zusätzliche spezielle Empfehlungen geben:

Es gibt besondere **BÄDER ZUR ENTGIFTUNG**, die ideal für eine Entschlackungs- und Reinigungskur eingesetzt werden können:

Warme **Heublumenbäder** duften nicht nur gut, sondern wirken sehr entgiftend. Heublumen-Badeöle oder -Extrakte bekommt man schon fertig in Drogerien zu kaufen. Sonst nimmt man als Badezusatz eine Abkochung: 500 g Heublumen auf 5 l Wasser. Die Badedauer liegt bei 20 Minuten und das Badewasser sollte eine Temperatur von 37 – 38° haben.

Ebenso kann man **Himalaya-Kristallsalz-Bäder** zur Entgiftung einsetzen. Diese Bäder sind angebracht, wenn man berufsbedingt sehr oft Strahlen von Computern ausgesetzt ist, oder wenn man mit sehr vielen Menschen, besonders mit Kranken, zu tun hat.
Salz hat die Eigenschaft, daß es nicht nur den Körper, sondern auch die Aura reinigt von allen feinstofflichen Verunreinigungen, die durch den Umgang mit vielen Menschen entstehen.
Den reinigenden Effekt der Aura-Reinigung kann man auch beim **Duschen** erreichen, wenn man ein wenig Salz über die Haut gibt und dann abduscht. Das ist besonders empfehlenswert vor dem Schlafengehen.
Die Salzbäder mit Himalaya-Kristallsalz entgiften nicht nur, sondern sie liefern dem Körper sämtliche wertvollen Spurenelemente und Mineralien, denn das Himalaya-Kristallsalz in seiner ursprünglichen Form enthält **alle 84 lebensnotwendigen Spurenelemente** und Mineralien, und liefert dem Körper wertvolle Basen. Das tut der Haut besonders gut und entsäuert den Organismus.

Dem normalen Speise- oder Tafelsalz wurden diese Spurenelemente und Mineralien durch industrielle Vorgänge weitgehend entzogen, es enthält nur mehr reines Natriumchlorid. Das fein gemahlene Himalaya-Ursalz ist deshalb auch als **Speisesalz** als Quelle von Mineralien und Spurenelementen wertvoll und enthält viel Sonnenenergie.
Himalaya-Salz ist in Reformhäusern und Naturkost-Fachgeschäften oder im Versand erhältlich.

Für das Bad nehmen wir **Salz-Kristalle**, ca. 500 – 900 Gramm für eine Badewanne, die wir vorher im Wasser auflösen lassen. Diese Angaben stellen Richtlinien dar, je nach Grad der Übersäuerung des Organismus.
Die Badedauer liegt bei 15 – 20 Minuten bei 37 – 38° C. Dieses Bad können auch noch andere Familienmitglieder benutzen, es bleibt ja total keimfrei. Nach dem Bad tupfen wir die Feuchtigkeit nur ab und gönnen uns eine Nach-Ruhe.
Diese Bäder trocknen die Haut nicht aus. Sie eignen sich gut für trockene Haut und bei Hauterkrankungen wie Schuppenflechte und Neurodermitis.
Da dieses Salz-Bad den Kreislauf belasten kann, sollte es jedoch nicht öfters als einmal wöchentlich durchgeführt werden.

Gegen **Übersäuerung des Organismus** können wir uns auch ein **Basen-Mineral-Vollbad** zubereiten. Das hilft dem Organismus, wieder in ein gesundes Säuren/Basen-Millieu zu kommen. Dazu eignen sich **spezielle Basenpulver**. Ca. 4 Eßlöffel kommen auf ein Vollbad. Wir können aber auf das preisgünstige, alte Haus- und Küchenmittel „Kaiser Natron" (Natriumhydrogencarbonat) zurückgreifen, das basisch wirkt.
Das Badewasser soll einen pH-Wert von 8,0 – 8,5 haben. Zum Testen des pH-Wertes gibt es eigene Streifen in der Apotheke zu kaufen.
Beim Basenbad sollten wir darauf achten, daß es immer angenehm warm ist (37 – 38° C) und warmes Wasser nachrinnen lassen. Wir sollten es auf 2 bis 3 Stunden ausdehnen, um den größtmöglichen Effekt zu erreichen. Nach der ersten Stunde setzt die Wirkung ein, und die Säuren verlassen den Körper und treten ins Badewasser über. Das können wir im nachfolgenden Test am veränderten pH-Wert feststellen. Zur regelmäßigen Entgiftung führen wir das Bad 1 x wöchentlich durch, bei Beschwerden häufiger, bis eine Besserung eintritt.
Nach einigen solchen „Verjüngungsbädern" steigert sich deutlich das Wohlbefinden und es findet eine sichtbare Verjüngung der Gewebe, auch im Gesicht, statt.

Eine Übersäuerung ist die Ursache vieler Krankheiten und führt zu schnellerer Alterung. Der Körper muß ständig Säuren im Körper abbauen, dazu braucht er Basen. Bekommt er diese nicht oder zu wenig, muß er die körpereigenen Depots angreifen und dann entstehen Mineralstoff-Mangelkrankheiten, wie Karies, Osteoporose, Haarausfall etc.
Symptome der Übersäuerung sind ständige Müdigkeit, Antriebsschwäche, geschwächte Widerstandskraft, Mykosen (Pilze), Hauterkrankungen, Zellulitis, Heuschnupfen, Kopfschmerzen, Allergien, im schlimmsten Fall Herzinfarkt, um nur einige zu nennen.
Es gibt spezielle **Teststreifen** für den Morgen-Urin zur Feststellung des Säure/Basen-Verhältnisses des Körpers zu kaufen. Der pH-Wert sollte nicht unter 7 sinken.
Stellen Sie fest, daß Sie einen hohen Säurewert haben, können Sie das Basenpulver auch **einnehmen**, und zwar 1 gestrichenen Teelöffel auf ein Glas körperwarmes Wasser. Sie können es bei „Burned-out", der totalen Erschöpfung, die ja Anzeichen einer totalen Übersäuerung ist, als **Soforthilfe** einsetzen, wenn Sie momentan nicht die Zeit für ein Basen-Vollbad haben.

Wie **entsteht** Übersäuerung? Hauptursache sind säurebildende Ernährung und Getränke. Dazu gehören Fleisch, Süßwaren, Kaffee, Cola, Alkohol. Auch Zigaretten, Streß und Ärger führen zu Säuren im Körper. Der Volksmund sagt ja „er ist sauer" oder „er spuckt Gift und Galle".

Sie können der Übersäuerung entgegenwirken durch basenbildende Ernährung, so wie sie Ihnen am Ende der Reinigungs-Kur zu Hause empfohlen wird und durch Umstellung schädlicher Lebensgewohnheiten.

Durch die Kur werden viele gebundene Säuren im Körper frei und der Körper braucht Basen, um die Säuren neutralisieren zu können.
Als Alternative zum Basen-Mineral-Vollbad können wir **während der Kur** auch Basenpulver, 1 TL auf 1 Glas Wasser am Morgen und vor dem Einschlafen einnehmen.
Wir können auch die Entsäuerung mit dem Schüssler Salz Nr. 9 (Natrium phosphoricum D 6) und die Entschlackung (Beseitigung von *Ama*) mit dem Schüssler Salz Nr. 10 (Natrium sulfuricum D 6) wirksam unterstützen. Die Schüssler Salze sind in Apotheken erhältlich.

Ein warmes **ERHOLUNGS-BAD**, das aus eigener Erfahrung wunderbar entspannend und stärkend wirkt, möchte ich Ihnen abschließend noch empfehlen. Es ist angebracht bei *Vata*-bedingter Erschöpfung und diffusen Nervenschmerzen, die von einem gestörten *Vata-Dosha* herrühren. Es wirkt nach einer langen, erschöpfenden Reise oder Autofahrt oder nach anstrengender, geistiger Tätigkeit (z. B. langer Computerarbeit) beruhigend und erfrischend zugleich.
Wir schütten in das warme Bad ein wenig **Vata- oder Sesamöl** und einen kleinen Schuß von **Lavendel-Badeöl.** Die Öle lassen wir gut bei schöner Entspannungsmusik für ca. 1/2 Stunde auf uns einwirken.
Die Haut nimmt das Öl leicht auf, sie wird ganz geschmeidig und wir können geistig abschalten. Der feine Duft von Lavendel wirkt zusätzlich beruhigend auf das Nervensystem.
Hernach duschen wir uns nicht ab, sondern hüllen uns in einen (alten) Bademantel oder ein Leintuch ein und legen uns zum Ruhen nieder. Dieses Bad fördert einen herrlichen, erholsamen Schlaf.

Zu Hause können Sie auch **FARBEN UND DÜFTE** für Harmonie und zum *Dosha*-Ausgleich einsetzen. Farben und Düfte wirken harmonisierend auf das Gemüt und eignen sich hervorragend zur Verbesserung der Raumatmosphäre.

Der Schönheitspflege ist im „Ayurveda-Lebensbuch" ein eigenes Kapitel gewidmet. Darin sind u.a. zahlreiche Anregungen für die verschiedenen Anwendungen von Farben und Düften zu finden. Ich wünsche Ihnen viel Spaß beim Experimentieren!

Schönheit ist ein offener Empfehlungsbrief, der die Herzen im Voraus für uns gewinnt.

Arthur Schopenhauer

Dieser Abschnitt war Wellness-Aktivitäten vorbehalten. Es ist ein reines Erholungs- und Schönheitsprogramm gegen Streß, ohne Vorliegen von körperlichen Beschwerden.

Wenn Sie aber aus dem Abschnitt „Erkennen von Störungen der *Doshas*" erkannt haben, daß bei Ihnen eine *Dosha*-Störung vorliegt und Sie bereits diverse Beschwerden haben, sollten Sie sich für eine Fasten- und Entschlackungskur entschließen.

Im nun kommenden Abschnitt schlage ich Ihnen eine **Fasten- und Entschlackungskur für zu Hause** mit Anleitungen vor, wie Sie gezielt die *Dosha*-Störungen beseitigen bzw. die *Doshas* wieder harmonisieren können. Es kommen bei dieser Fasten- und Entschlackungskur einige Yoga-Kriya-Reinigungstechniken und Maßnahmen zur Unterstützung der Entgiftung zum üblichen Wellness-Kurprogramm dazu.

Alle erholsamen, angenehmen Aktivitäten wie Spazierengehen, Yoga Asanas oder Qi Gong, Atemübungen, Meditieren, Tiefenentspannung, Musik hören, die Anwendung von Farben und Düften, Heilwasser trinken, Trockenbürsten zur Anregung der Haut, Blüten-, Kräuter- und Reinigungsbäder, die Schönheitsmaßnahmen, die bei der Wellness-Kur für zu Hause aufgeführt sind – können Sie bei der Reinigungs-Kur natürlich auch pflegen, sie sind sogar erwünscht.
Haben Sie vor, mehrere Tage hintereinander zu ölen, so ist es sinnvoll, mit Triphala den Stoffwechsel zu unterstützen, um zu gewährleisten, daß die gelösten Schlackenstoffe auch gründlich ausgeschieden werden können!

Bei der Fasten- und Entschlackungskur gelten die gleichen Regeln wie bei der Pancha Karma-Kur: Während der Zeit, in der Sie Ölmassagen machen, sollten Sie nur baden gehen, wenn das Wetter sehr heiß ist, um Ihr *Pitta* zu kontrollieren.
Die Aufbaumittel – *Rasayans* – sollten erst ganz am Ende der Reinigungskur ihren Platz finden, wenn Sie das Fasten gebrochen haben. Der gereinigte und entschlackte Körper kann sie dann viel besser aufnehmen.

Mit den gegebenen hilfreichen Anregungen dürfte Ihnen die Reinigungs- und Entschlackungs-Kur zu Hause nicht schwerfallen, zu der ich Ihnen viel Erfolg wünsche.

„Wer stark, gesund und jung bleiben will, sei mäßig, übe den Körper, atme reine Luft und heile sein Weh eher durch Fasten als durch Medikamente."

Hippokrates (460-370 v. Chr.)

EINE FASTEN- UND ENTSCHLACKUNGSKUR ZU HAUSE

Für jene Personen, die nicht die Gelegenheit haben, eine Pancha Karma-Kur in Indien oder Sri Lanka oder in einer europäischen Klinik oder einem Kurhotel zu bekommen, möchte ich eine alternative **Reinigungs- und Entschlackungskur** vorschlagen, die man ohne große Mühe zu Hause in der gewohnten Umgebung durchführen kann.
Aus ayurvedischer Sicht eignet sich dafür am besten der **Frühling**, insbesondere der Monat Mai, da nun der Körper die Tendenz zeigt, das im Winter angesammelte *Kapha* auszuscheiden. Aber auch der **Herbst** mit seiner milden Witterung ist für eine solche Kur geeignet.
Sie haben die Wahl zu einer Fasten- und Entschlackungskur oder zu einer ayurvedischen Reinigungs-Kur, gemäß Ihrer Konstitution.
Die Fastenkur mit 6 Fastentagen empfehle ich allen, die eine *Kapha*-Konstitution haben und Gewicht reduzieren wollen.
Personen mit einer *Pitta*-Konstitution können bei der Reinigungs-Kur verkürzt fasten, und zarte Personen mit einer *Vata*-Konstitution können ohne Fasten eine ayurvedische Reinigungs-Kur durchführen.

Als Kur-Dauer empfehle ich einen Zeitraum von **10 – 14 Tagen**. Wichtig ist, daß man die **gesamte Zeit** ganz für sich zur Verfügung hat, ohne berufliche, gesellschaftliche, familiäre Verpflichtungen.
Im Idealfall führt man diese Kur mit einem Partner aus, was den Vorteil hat, daß man sich einerseits gegenseitig aufmuntern und unterstützen, sich andererseits bei bestimmten Anwendungen, wie z. B. bei Ölmassagen, gegenseitig verwöhnen kann. Natürlich läßt sich diese Entschlackungskur auch leicht alleine durchführen.

Ich habe in der folgenden Anleitung die 10 – 14-tägige Fasten- und Entschlackungskur für 7 Tage beschrieben. Die Ölmassagen, die erst am 3. Tag nach dem Abbau von *Ama* durchgeführt werden sollen, können Sie nach Belieben bis zum Ende der Kur ausdehnen.
Das Fastenbrechen sollte am 7. Tag erfolgen.
Kapha-Konstitutionen können ohne Probleme bis zu 6 Tagen fasten, besonders wenn sie Gewicht reduzieren wollen.

Pitta-Konstitutionen können das Fasten natürlich am 4. oder 5. Tag abbrechen, wenn sie merken, daß sie durch ihr *Pitta-Dosha* reizbar werden.

Wenn Sie eine ***Vata***-Konstitution haben oder in schwacher körperlicher Verfassung sind, können Sie auch eine Frühlings- oder Herbst-Reinigungs-Kur **ohne Fasten** durchführen.
In diesem Falle lassen Sie nur am ersten Tag während der Darmreinigung die Nahrung aus und essen dann während der weiteren Tage nur leichte Nahrung.
Dafür empfehle ich zum Frühstück eine kleine Portion gedünstetes Obst und mittags ein Kitchari–Gericht. Abends nehmen Sie nur etwas basische Gemüsebrühe zu sich. (Die Rezepte hiefür finden Sie am 7. Kurtag beschrieben). Während des Tages trinken Sie aber auch in diesem Fall möglichst viel heißes Wasser zur Reinigung des Organismus!
Es muß aber sichergestellt sein, daß **keine** *Ama*-Belastung vorliegt, da in diesem Falle unbedingt eine radikalere Entschlackung durchgeführt werden muß.

ANLEITUNG ZUR DURCHFÜHRUNG DER KUR:

Am Abend vor dem ersten Tag der Kur sollte man nur ein leichtes und frühes Abendessen zu sich nehmen. Bevor man zu Bett geht, nimmt man nun ein mildes Abführmittel in schwacher Dosierung ein (z. B. Glaubersalz bzw. Rizinusöl).

1. Tag

Wir sollten **am ersten Morgen** unserer Kur so früh wie möglich aufstehen (ich empfehle 6 Uhr) und sofort auf die Toilette gehen. Im Idealfall stellt sich nun ein leichter Durchfall ein. Falls dies nicht sofort erfolgt, trinken wir ein Glas lauwarmes Wasser mit etwas Zitrone und nehmen gegebenenfalls eine weitere Dosis Abführmittel.

Es ist wichtig, daß vor einer Fasten- oder Entschlackungskur der Darm vollständig geleert und gereinigt wird. Wer mit einem **verschlackten Darm zu fasten beginnt**, ohne aber darmreinigende Maßnahmen durchzuführen, erlebt eine **akute Selbstvergiftung aus dem Darm**. Schlacken gelangen über das Blut in den ganzen Körper und es kann innerhalb von Stunden zu Kopfschmerzen, Schwindel bis Übelkeit kommen.

Auch Depressionen und aggressive Ausbrüche sind möglich. Darum sind die Reinigungsmaßnahmen für den Darm so wichtig, ebenso das ausreichende Trinken von ayurvedischem Heilwasser, Atemübungen und Bewegung. Diese Maßnahmen helfen über eine „Heilkrise" schnell hinweg bzw. lassen sie gar nicht erst aufkommen.

Wenn man das Gefühl hat, daß der Darm leer ist, sollte ein **Reinigungsklistier** mit leicht gesalzenem, lauwarmem Wasser durchgeführt werden oder man beginnt mit der Durchführung von ***Shank Prakshalana*** - der ayurvedischen **Darmreinigung.**

Die *Shank Prakshalana* ist die gründlichste Methode der Darmreinigung, da der Darm von oben her, also vom Magen aus bis zum Ausgang, gereinigt und durchgespült wird. Genaue Angaben dazu finden Sie in diesem Kapitel unter „*Shank Prakshalana* zur Reinigung des Darms". Bei hohem Blutdruck oder Nierenschwäche sollten Sie eher Abstand davon nehmen.

Nach Abschluß der Darmreinigung gönnen wir uns ein gemütliches Bad, hüllen uns danach in einen Bademantel und legen uns zum Schwitzen nieder, wobei wir uns mit einer warmen Bettdecke gut zudecken. Auch das Schwitzen unterstützt die Entschlackung.

Anschließend bereiten wir uns ein **„ayurvedisches Heilwasser"** zu.

Dazu kochen wir 1 Liter Wasser mit etwas Ingwer, füllen das heiße Wasser in eine Thermoskanne und trinken davon über den Tag verteilt jede Stunde 1 Glas.

Ist der Vorrat verbraucht, so bereiten wir aufs Neue das Wasser zu, so daß immer ein ausreichender Vorrat zur Hand ist. Es ist wichtig, daß wir während der ganzen Fasten- und Entschlackungskur **ausreichend** trinken, um über die Nieren Giftstoffe ausscheiden zu können. Das heiße Wasser hilft uns auch, auftretendes Hungergefühl besser zu überstehen, es erleichtert dadurch ungemein das Fasten.

Durch das längere Kochen verändert sich die Molekularstruktur des Wassers und es kann von den Zellen leichter aufgenommen werden. Dadurch reinigt es alle Körperzellen von Schlackenstoffen. Gleichzeitig bekommen die Zellen wieder die Information von reinem Wasser. Das hat eine sehr tiefgreifende Wirkung auf den ganzen Organismus. Dieses Heilwasser ist daher auch sehr hilfreich bei der Beseitigung von Cellulite, wenn man es über den Tag verteilt heiß trinkt.

Neben dem reinigenden Effekt stärkt das ayurvedische Heilwasser auch die Abwehr und das Immumsystem. Lesen Sie bitte dazu die Tipps aus der Wellness-Kur zu Hause „Fasten und Wasser trinken als Schönheitsmittel".

Wir können auch abwechselnd Heilwasser, *Dosha*-ausgleichende Ayurveda-Tees und blutreinigende Kräutertees (Brennessel) während der Kur trinken.

Anregende Heilkräuter-Tees für den Morgen und Vormittag helfen, den Kreislauf in Schwung zu bringen und unterstützen die Entgiftung des Körpers:

Rosmarin	Kreislauf anregend,
Brennessel	Stoffwechsel anregend, blutreinigend, entwässernd, entsäuernd,
Honigklee	regt die Lymphe an, beruhigend,
Lindenblüten	stärken die Abwehrstärkung,
Griechischer Bergtee.	

Beruhigende Heilkräuter-Tees für den Abend helfen zum guten Schlaf:

Johanniskraut	für die Nerven, ausgleichend und harmonisierend,
Melisse	für guten Schlaf, kräftigt die Nerven und entlastet das Herz.

Da ja während der Kur die Entgiftungsorgane Niere und Leber besonders beansprucht werden, wirken **folgende Heil-Kräutertees organunterstützend:**

Kümmel	gegen Bauchbeschwerden (Fenchel, Anis),
Fenchel	für den Darm, desinfizierend, entblähend, entkrampfend,
Salbei	gegen Entzündungen, schleimhautreinigend,
Zinnkraut	für Niere und Blase, entwässernd,
Gallentee	(Löwenzahnwurzel, Andorn und Kamille) Leber entgiftend,
Mariendistel	Leber stärkend und regenerierend (auch homöopathisch als Urtinktur),
Schafgarbe	für Darm und Leber, Frauenmittel.

Zubereitung: Da Sie während der Kur große Mengen der Kräutertees trinken sollen, sollte der Geschmack nicht zu intensiv sein. Deshalb sollten Sie für den Tee nur geringe Pflanzenmengen verwenden, etwa eine Prise pro Tasse. Nur kurz überbrühen und dann etwa 1 bis 2 Minuten lang ziehen lassen. Die Duft- und Aromastoffe gehen dadurch nicht verloren und die Wirkung auf die Organe ist nicht zu stark.

Falls man schon einige Zeit unter Müdigkeit, Schweregefühl und einem intensiv riechenden, klebrigen Stuhl und einer belegten Zunge zu leiden hat, so ist davon auszugehen, daß sich im Körper ***Ama*** aufgestaut hat.
Um dieses gründlich auszuscheiden und zu verbrennen, kann man das „Heilwasser" auch mit einem Teelöffel ***Trikatu*** (schwarzer Pfeffer, langer Pfeffer und Ingwerpulver zu gleichen Teilen) zubereiten. Das hat den Vorteil, daß sämtliche *Agni's* im Körper zur Verdauung bzw. Verbrennung angeregt werden. Dies hilft, falls wir bei dieser Kur auch einige überflüssige Pfunde verlieren wollen.

Den **Rest des Tages** können wir uns nun entspannen und ausruhen. Wenn uns danach ist, unternehmen wir am Nachmittag einen Spaziergang an der frischen Luft oder führen Entspannungsübungen und ***Pranayama*-Atemübungen** aus.

Am **Abend des ersten Tages** beginnen wir mit der Durchführung einiger ***Yoga-Kriyas.*** Dazu gehört *Danta-Dauti* - die Zahnreinigung, *Hrid-Dauti* – die Zungenreinigung, *Jala-Neti* – die Nasenreinigung und die Augenreinigung. Diese Übungen helfen uns, Giftstoffe aus dem Körper auszuscheiden und zu eliminieren.

Danta Dauti ist das normale Zähneputzen, die **Zungenreinigung** (*Hrid Dauti*) führt man so durch, daß man mit einem speziellen Zungenschaber oder einen umgedrehten Teelöffel die Zunge von hinten nach vorne abstreift, bis aller Belag entfernt ist.

Jala-Neti ist die Reinigung der **Nase** mit Wasser.
Durchführung: Wir machen eine „hohle" Hand, füllen sie mit Wasser und tauchen unsere Nase hinein. Durch Schluckbewegungen erzeugen wir einen Unterdruck in den Nasengängen, so daß das Wasser mit sanftem Sog in die Nase gezogen wird. Falls wir mit Kraft das Wasser hochziehen würden, so gäbe es immer die Gefahr, daß

das Wasser in die Stirn- und Nebenhöhlen eindringt. Nun blasen oder „schnäuzen" wir das Wasser abwechselnd aus den Nasenlöchern.
Alternativ zu Wasser können wir auch für die Nasenspülung eine physiologische Salzlösung verwenden. Dazu lösen wir 1 Teelöffel Meersalz in 1 Liter Wasser.
Dies entspricht der Salzkonzentration im Blut und wirkt daher in der Nase weniger irritierend als reines Wasser. Diese Salzlösung hat auch eine gute, desinfizierende Wirkung auf die Schleimhäute.

Mit dem **Augenbad** spülen wir Staubpartikel und ausgetrocknete Reste von Tränenflüssigkeit sanft aus, auch regen wir den Tränenfluß an und verhindern trockene Augen.
Durchführung: Wir wölben unsere Hand, so daß eine „Schale" entsteht, die wir mit kühlem Wasser füllen. Nun legen wir unser Gesicht so in die Hand, daß das Auge in dem Wasser liegt. Wir rollen dann mit dem offenen Augapfel in alle Richtungen, um ihn gut zu benetzen.

Auch ***Gandusha*** **- die Ölziehkur** mit Sonnenblumenöl sollte ab jetzt jeden Morgen und jeden Abend durchgeführt werden.
Durchführung: Dazu nehmen wir einen guten Schluck Öl in den Mund und saugen und ziehen das Öl kräftig und stetig durch Mund und Zähne, bis das Öl nach etwa _ Stunde seine ölige Konsistenz verliert. Es wird erst flüssig und dann schaumig.
Da dieser Ölschaum sehr viele Giftstoffe enthält, sollten wir vermeiden, das Öl herunterzuschlucken. Am besten spucken wir es in die Toilette.
Danach spülen wir den Mund mit warmem Wasser, um alle Ölreste zu entfernen.

Wenn wir diese Kur perfekt durchführen wollen, gehen wir während der Zeitdauer der Kur um 21 Uhr zu Bett, um sicherzugehen, daß wir spätestens um 22 Uhr einschlafen können.

2. Tag morgens
Im Idealfall stehen wir wieder um 6 Uhr früh auf. Dies hilft uns, ohne größere Probleme Giftstoffe auszuscheiden (2 - 6 Uhr ist die *Vata*-Zeit = Abbau und Ausscheidung).
Zu Beginn machen wir wieder einen Einlauf mit einer Mischung aus warmem Wasser und Meersalz. Damit reinigen wir den Darm von den allerletzten Ablagerungen. Danach führen wir wieder die beschriebenen 4 *Yoga-Kriyas* und das *Gandusha* durch.
Falls wir während der Zeit vor der Kur unter Husten oder Schnupfen gelitten haben oder ansonsten der Körper verschleimt war, führen wir an diesem Morgen ***Antara-Dhauti*** **– die Magenreinigung** – durch. Die Technik ist in diesem Kapitel unter „Reduzierung gestörter *Doshas* durch Yogakriyas" beschrieben.
Diese Art des Erbrechens ist ohne Gefahr auszuführen, da wir nur so viel an Flüssigkeit von sich geben, wie wir zuvor zugeführt haben, und trotzdem überschüssiges ***Kapha*** aus dem Körper ausscheiden. Das therapeutische Erbrechen – Vamana – sollte nur unter Anleitung eines Therapeuten oder Arztes durchgeführt werden.

Beim Zungenschaben überprüfen wir, inwieweit die Zunge einen Belag aufweist, ob also immer noch Ama im Körper ist. In diesem Falle bereiten wir uns das heiße Wasser noch einmal mit ***Trikatu*** zu.
Falls die Zunge keinen Belag aufweist, bereiten wir uns das „Heilwasser" mit einem Teelöffel Gelbwurz auf 1 Liter Wasser zu. Dies hilft, das Blut und den Darm (Darmflora) zu reinigen.

Mittags bereiten wir uns ein **ansteigendes Wärmebad**:
Dazu lassen wir die Badewanne halbvoll mit angenehm warmem Wasser ein. Nachdem wir in die Wanne gestiegen sind, erhöhen wir die Temperatur des Wassers durch ständiges Nachfüllen von heißem Wasser. Nach ca. 10 Minuten steigen wir aus der Wanne, hüllen uns wieder in einen Bademantel, legen uns nieder und decken uns gut mit einer warmen Bettdecke zu.
Falls keine Badewanne vorhanden ist, kann man auch heiß duschen, wobei man auch hier die Temperatur steigern sollte.

Nach dem Schwitzen gönnen wir uns Ruhe und Entspannung, wobei wir darauf achten müssen, ausreichend zu trinken. Danach machen wir wieder einen Spaziergang an der frischen Luft oder führen eine Runde Yoga-Asanas und einige Atemübungen durch. Dabei ist es wichtig, daß wir sowohl den Spaziergang als auch die Yoga-Asanas in einer ruhigen Art ohne Streß und Hetze ausführen.

Gemäß unserer **Dosha-Störung** können wir die **Yoga-Asanas** und die **Atemübungen** zur Reduzierung derselben einsetzen:
Zum Ausgleich von ***Vata*** sind alle Asanas nützlich, die Druck auf das Becken und den Dickdarm ausüben, die wir im Liegen ausführen, die uns entspannen und zu ruhiger, langsamer Atmung führen. Als Beispiele: Lotussitz, Pflug, Heuschrecke, Kobra und Knie zur Bruststellung, Totenstellung mit Tiefenentspannung.
Zum Ausgleich von ***Pitta*** sind alle Asanas nützlich, die Druck auf die Nabelgegend ausüben und den Magen, die Milz und die Leber stärken. Vorteilhaft sind auch Asanas, die wir im Sitzen ausführen. Als Beispiele: Zange, Bogen, Pflug, Variante mit Knie zum Ohr, Fisch, Schulterstand.
Zum Ausgleich von ***Kapha*** sind alle Asanas nützlich, die wir im Stehen ausführen und die Druck auf Magen, Brust und Kopf ausüben sowie Asanas, die Bewegung erfordern und Beweglichkeit fördern. Als Beispiele: Sonnengruß, Drehsitz, Boot, Löwe, Rumpfbeuge im Sitzen, Baum und Tadasana.

Kapha wird durch die *Kaphalabhati* und *Bastrika* sowie die *Surya Bheda*-Atmung reduziert. Bei der *Surya Bheda*-Atmung wird *Kapha* durch Erhöhung des *Pitta* ausgeglichen.
Pitta wird durch die kühlende *Sitali*-Atmung reduziert bzw. ausgeglichen.
Vata wird durch die Wechselatmung *Analoma Viloma* ausgeglichen und beruhigt.
Die Technik der Atemübungen ist in diesem Kapitel unter „Reduzierung gestörter *Doshas* durch Atemübungen..." beschrieben.
Wir können die Zeit der Kur auch nutzen, uns mit angenehmer Musik, einem guten Buch oder einfach nur mit Ruhe und Entspannung zu verwöhnen.

Abends: Den Tag beschließen wir wieder mit den Reinigungsübungen (4 *Yoga-Kriyas* und *Gandusha*).
Bevor wir zu Bett gehen, setzen wir uns für eine Weile ganz ruhig hin und meditieren. Falls wir ein Meditationsmantra haben, so führen wir unsere gewohnte Meditationstechnik durch. Anderenfalls versuchen wir den Tag noch einmal vor unserem geistigen Auge ablaufen zu lassen oder versuchen, uns Ziele des Lebens bewußt zu machen.
Damit können wir uns daran gewöhnen, in Zukunft jeden Abend vor dem Zubettgehen eine Weile der inneren Besinnung und geistigen Überprüfung des Tages zu widmen. Auch ein Dankgebet für die angenehmen Dinge des Tages kann uns helfen, die richtige Einstellung zum Leben zu finden.
Wir versuchen, wieder um 22 Uhr einzuschlafen.

3. Tag morgens
Wir stehen wieder um 6 Uhr früh auf, führen die Reinigungsübungen durch (4 *Yoga-Kriyas*, *Gandusha*) und bereiten uns heißes Wasser zu, das wir über den Tag verteilt trinken.
Besteht eine **Pitta-Störung**, z. B. in Form von **Rötungen und Entzündungen**, führen wir eine milde Abführung mit wenig Glauber- oder Bittersalz durch, und zwar an **drei Tagen** hintereinander. *Pitta*-Störungen erkennen wir an der Zunge, am Stuhl und Urin und an der Haut.
Bei Entzündung des Magens und des Darmbereichs darf diese Darmreinigung nicht durchgeführt werden! Die Durchführung dieser **milden Darmreinigung** ist in diesem Kapitel unter „Reduzierung gestörter *Doshas* durch Yogakriyas" beschrieben.

Falls die Zunge keinen Belag zeigt und sich im Körper eine gewisse Leichtigkeit eingestellt hat (Zeichen für Freiheit von *Ama*), können wir an diesem Tag unser **erstes *Abhyanga*** (**Ölmassage**) durchführen. Ölmassagen gleichen generell **alle Vata-Störungen** aus, helfen aber auch dem Körper, sich zu regenerieren und zu stabilisieren.

Wir ölen den Körper mit zügigen, aber weichen Bewegungen von der Schädeldecke bis zu den Füßen mit warmem Sesamöl ein (falls vorhanden, können wir auch ein therapeutisches *Vata*-Öl verwenden). Die Durchführung der Ölmassage wurde ja bereits in diesem Kapitel unter „Ölmassagen zur Reduzierung der *Doshas*" beschrieben.
Pro Massage benötigen Sie ca. 100 ml, d.h., wenn Sie die Massagen 7 – 10 Tage durchführen, benötigen Sie in etwa 1 Liter Massage-Öl. Tipps für nützliche Utensilien zur Ölmassage finden Sie im Kapitel „Wellness-Kur zu Hause".

Nach der Ölmassage gönnen wir uns mindestens 1/2 Stunde Ruhe, in der das Öl über die Haut einziehen kann. Dann duschen wir uns und genießen die innere Ruhe, die sich nach dem Einölen einstellt. Wir können die Zeit nach dem Duschen auch nutzen, um zu meditieren oder einen Spaziergang an der frischen Luft und in der Natur zu genießen, einfach „die Seele baumeln" zu lassen.

Mittags führen wir wieder eine Runde *Yoga-Asanas* und einige Atemübungen durch. Danach entspannen wir wieder und lassen es sich gutgehen (Musik, Bücher, Träumen, Visualisierung, entspannende Hobbys wie Malen etc.). Den Tag beschließen wir wieder mit den Reinigungsübungen, Meditation oder Gebet. Heute dürfte es uns nicht schwerfallen, um 22 Uhr ruhig einzuschlafen.

Der 4. bis 6. Tag
gleicht dem vorherigen mit frühem Aufstehen, Reinigungsübungen, Trinken von Heilwasser, Ölmassage, Ruhe, Spaziergang, Yoga-Asanas, Atemübungen, Meditation und Entspannung.

Am 7. Tag
behalten wir unsere gewohnte Routine bei, allerdings beginnen wir das **Fasten** mit leichter Nahrung zu **brechen.**
Dazu bereiten wir uns **morgens** eine Tasse warme (rohe) Vorzugs-Milch mit Safran (3 - 4 Safranfäden pro Tasse) und Ingwerpulver, die wir zur Hälfte mit Wasser verdünnen und nach Bedarf mit etwas Rohrzucker (für *Kapha* Honig) süßen. Wir können auch mit frischen, süßen mit Wasser verdünnten Fruchtsäften oder einer Reis- oder Hafersuppe das Fasten brechen.
An den nächsten Tagen sollten wir uns angewöhnen, ein **leichtes Frühstück** zu uns zu nehmen. Ideal sind eine Tasse warme (nicht gekochte) Vorzugs-Milch mit oben genannten Gewürzen, Malzkaffee, Kräutertee oder ein wenig frischer, mit Wasser verdünnter Fruchtsaft, Hafersuppe oder Müsli aus Getreideflocken mit gedünstetem Obst.
Zur Abwechslung können wir aber auch eine Dinkelsemmel mit Butter und dazu gedünstetes Obst essen. Wer es pikant liebt, macht sich zu den Semmeln etwas Hüttenkäse oder Quark (Topfen) mit Gewürzen oder nimmt einen Kräuteraufstrich. Dazu passend sind auch wertvolle Sauermilcharten.

Mittags bereiten wir uns eine leichtverdauliche, aber nährende ayurvedische Speise – *Kitchari* – zu, die ideal dazu geeignet ist, das Fasten zu brechen. Diese Nahrung können wir auch für einige Tage noch als Mittagsmahlzeit beibehalten, wobei wir allerdings dem *Kitchari* noch etwas kleingeschnittenes Gemüse beim Kochen hinzufügen können.
Zubereitung: Hierzu kochen wir Basmati-Reis mit der gleichen Menge von Mung-Dal-Bohnen oder kleinen, gelben Linsen, würzen dieses leicht mit Salz, Kreuzkümmel, Ingwer und etwas Koriander. Mung-Dal Bohnen und Linsen sind wertvolle Eiweißspender. Hiervon essen wir eine kleine Portion.

Am **Abend** essen wir entweder eine weitere Portion Kitchari oder wir bereiten uns eine leichte, basische Gemüsesuppe zu.
Diese Gemüsesuppe können wir aus Fenchel, Kartoffeln, gelben Rüben, Zuchini und Sellerie, gewürzt mit Wacholder, Lorbeerblatt, Petersilie, Muskatnuß und Meer- oder Himalaya-Salz, zubereiten. Dazu zerkleinern wir 1/3 Gemüse und setzen es mit 2/3 Wasser kalt an und lassen es bis zum Garwerden leicht kochen.

Die Suppe sollte abgegossen und als **klare Gemüse-Bouillon** getrunken werden. So ist sie ideal zur Gewichtsreduktion. **Nach** der Kur kann man die Gemüsesuppe auch mit Butter, Nudeln oder Reis anreichern und wie üblich mit allen Zutaten essen. Durch ihren Basenreichtum schützt sie vor Übersäuerung und hilft dem Körper zu nachhaltiger Gesundheit. Sie eignet sich sehr gut als leichte Abendmahlzeit.
Wichtig ist, daß wir abends unbedingt **vor 19 Uhr** das Abendmahl beendet haben sollten.

Nach dem Fastenbrechen:
Vorzuziehen sind in der ersten Zeit das leichtverdauliche, aber nährende *Kitchari*, die oben genannte Gemüsesuppe, gedünstetes Gemüse oder Pellkartoffel mit Beilage von magerem Kräuteraufstrich- oder Hüttenkäse, und dann soll erst ein **langsamer** Übergang zu normaler Kost erfolgen.
Um den Verdauungstrakt nach dem Fasten zu schonen, sollten erst ganz zum Schluß, ca. 3 bis 4 Wochen nach dem Fasten, Rohkost, rohes Obst sowie schwerverdauliche, fette oder gebratene Speisen zum Speiseplan dazukommen (z.B. Vollkornprodukte, Kohlgemüse, Torten, in Fett Gebackenes). Zum Ausbacken und Braten sind wertvolle Fette und Öle vorzuzuziehen (*Ghee* oder Olivenöl). Kaltgepreßtes Olivenöl aus der Erstpressung sollte nur zu Salaten verwendet werden. Wenn es erhitzt wird, entstehen giftige Substanzen.

Die **nächsten Tage** können wir mit der üblichen Kur-Routine und den Ölmassagen fortfahren und nach Belieben die Kur auf zwei Wochen ausdehnen.

Der Körper beginnt nach ein paar Tagen der Ölmassagen, sich auf die Ausscheidung umzustellen. Das werden wir am intensiveren Schwitzen nach der Ölmassage und an den schärferen, ätzenden Ausscheidungen bemerken. Im Laufe der Kur kann es auch zu einem kurzen Aufflammen von alten Beschwerden, Schmerzen und Unwohlsein kommen, zur sogenannten „Erstverschlechterung". Im Körper laufen jetzt Reinigungs- und Heilungsprozesse ab. Wir dürfen uns davon nicht irritieren lassen, sondern müssen einfach mit der Kur fortfahren. Diese „Heilkrise" wird dann so schnell wieder verschwinden wie sie aufgetreten ist.
Für die effektive Unterstützung der Reinigung und Entschlackung des Körpers empfehle ich nun besonders die entgiftenden Reinigungsbäder, welche bei der Wellness-Kur zu Hause beschrieben sind. Spazierengehen, Atemübungen und viel Heilwasser trinken sind jetzt sehr **wichtig** zur schnelleren Ausscheidung der Schlacken und helfen über Heilkrisen hinweg. So unterstützen wir den Heilungsprozeß.
Jene, die z. B. unter hohem Blutdruck oder Diabetes zu leiden haben, werden feststellen können, daß ihre Werte sich bereits während der Kur (besonders beim Fasten) merklich bessern. Sie werden eine weniger hohe Medikamente-Dosis benötigen. Deshalb sind regelmäßige Blutdruck- und Blutzucker-Kontrollen notwendig, damit der Arzt die Medikamentengabe darauf abstimmen kann und Überdosierungen vermieden werden können!

Wenn wir uns spürbar erholter, leichter und beschwerdefreier fühlen, können wir die Kur abschließen. Der Körper wird dann keine Anzeichen von *Dosha*-Störungen mehr aufweisen, die Zunge und die Ausscheidungen werden normal sein. Den Kurerfolg werden wir auch äußerlich an der reinen, schönen und feinen Haut und an den geschmeidigen Haaren und Nägeln bemerken.

ॐ

Am Tag nach der Kur kehren wir wieder zur normalen Lebensroutine zurück.
Um Ama vorzubeugen, sollte das Abendessen in Zukunft weiterhin nur leichtverdaulich sein und vor 19 Uhr eingenommen werden.
Um die Verdauung nicht zu überfordern und den Körper nicht gleich wieder zu verschlacken, sollten wir mit schwerverdaulichen, fetten, süßen und gebratenen Speisen vorsichtig sein und lieber generell auf gesunde, basenreiche, leicht verdauliche Kost mit Heilgewürzen nach Ayurveda-Art umstellen.

Pellkartoffel, die obige basische Gemüsesuppe, Obst und Gemüse, Vorzugs-Milch und Milchprodukte (keinesfalls H-Milch-Produkte) und Mandeln sind gute Basenspender.

Die Ernährung sollte typengerecht sein:
Kapha-Naturen sollten im Allgemeinen Nahrung mit leichten, trockenen und wärmenden Eigenschaften bevorzugen. Dazu gehören Trockenfrüchte, Getreideflocken, Blattsalate, Hülsenfrüchte, Trauben, Beerenobst, Kirschen, gedünstetes Gemüse mit wenig Getreide und Früchte und Gemüse mit roter Farbe.
Erhitzende, stoffwechselanregende, scharfe Gewürze, z. B. Senf, Ingwer, Pfeffer, Chilli, Nelken, Zimt, Wacholder sowie bittere, scharfe Geschmacksrichtungen vermindern *Kapha*, ebenso Obst mit herbem Beigeschmack und Honig. Warme Getränke und Heilwasser sind vorziehen.

Pitta-Naturen sollten im Allgemeinen Nahrung mit schweren, befeuchtenden und kühlenden Eigenschaften bevorzugen. Dazu gehören Kartoffeln, Getreide, Wurzelgemüse, Milch und Milchprodukte von guter Qualität und frisch, süße Früchte und Gemüse mit blauer und dunkler Farbe. Süße, herbe und bittere Geschmacksrichtungen sowie *Ghee* (Butterschmalz) vermindern *Pitta*.
Zum Ausgleich brauchen sie kühlende Gewürze, wie Koriander, Kurkuma (Gelbwurz), ebenso Ingwer. Ingwer regt die Verdauung an, verstärkt aber nicht das *Pitta*-Temperament. Kühlende Getränke und kühles (aber nicht eiskaltes) Wasser sind vorzuziehen.

Vata-Naturen sollten im Allgemeinen Nahrung mit schweren, ölig/feuchten und erhitzenden Eigenschaften bevorzugen. Dazu gehören Kartoffeln, Wurzelgemüse, Getreide, Milch und Milchprodukte, Butter, Sahne von guter Qualität und frisch und Öle (Sesamöl, Olivenöl), Nüsse, saftiges Obst, rotes Gemüse und Früchte, Fruchtsäfte und Tees.
Geschmacksrichtungen süß, sauer und salzig und erhitzende Gewürze, Senf, Knoblauch, Zimt, Muskat, Kardamon, Kümmel, Kreuzkümmel vermindern *Vata*. Wärmende Getränke und warmes Heilwasser sind vorzuziehen.
Wenn nach den Entschlackungs- und Reinigungsmaßnahmen dieser Ayurveda-Reinigungs-Kur die *Shrotas*, alle Körperkanäle bis zu den feinsten Kapillaren, wieder gereinigt und durchlässig sind, können die Gewebe wieder viel besser Aufbaustoffe (*Rasayana*) und Vitamine aufnehmen.
Wertvoll und aufbauend für den Körper sind reife Bananen, unpräparierte Feigen, Mohrrüben, Äpfel, Orangen, reife Zitronen, Nüsse, vor allem Mandeln, Kichererbsen, Butter, Olivenöl, Datteln, Avocado, Weintrauben, frische Milch und Sahne (keine H-Produkte), Vollkornbrot, z. B. mit Dinkel, Vollkorn-Müsli aus frisch gemahlenem Getreide oder Müsli mit Haferflocken.

Allein durch gute Nahrung gedeiht der Mensch;
schlechte Ernährung hingegen
ruft Krankheit hervor.

Zitat aus der Caraka Samhita 1.25.31

NACHWORT

Wir hoffen, Ihnen mit diesem Buch einige wertvolle Hinweise, Informationen und Tipps für eine erfolgreiche Ayurveda-Kur – entweder in der Ayurveda-Klinik oder im Kurhotel oder zu Hause – gegeben zu haben und wünschen Ihnen Wohlbefinden und Freude dabei, vor allem, daß Sie sich gut regenerieren können.

Einige Anregungen für die Zeit nach der Kur:
Wenn Sie sich **nach den Kurtagen** so richtig leicht, beschwingt und wohlfühlen, werden Sie vielleicht den Wunsch verspüren, einiges von der täglichen Routine der Kur beizubehalten, z. B. die Ölmassage der Ohren bei der morgendlichen Pflege und Atemübungen. Oder Sie werden sich immer wieder selbst eine wohltuende Ölmassage gönnen wollen.
Vielleicht haben Sie auch die Freude an der täglichen Bewegung beim Spazierengehen oder bei den Yoga-Übungen gewonnen oder die wohltuende Wirkung der täglichen Meditation entdeckt. Oder Sie haben während des Kuraufenthaltes Geschmack an der schmackhaften, ayurvedischen Küche mit ihren Heil-Gewürzen bekommen und nehmen einige Rezepte in Ihren Speiseplan auf. Damit können Sie den Erfolg Ihrer Kur nachhaltig unterstützen.

Jetzt haben Sie den Schwung und Sie können sich gute Lebensgewohnheiten aneignen. Diese neuen Gewohnheiten werden Ihnen für Ihr weiteres Wohlbefinden sehr nützen und für Sie eine optimale Gesundheitsvorsorge darstellen. Sie werden mehr Lebensqualität, Vitalität und Freude gewinnen!
Wenn wir Sie mit unserem Buch dazu anregen und motivieren konnten, würden wir uns freuen. Die Gesundheit ist unser höchstes Gut und muß sorgsam gepflegt werden. Zum Abschluß möchten wir Ihnen noch einen Leitspruch mit auf den Weg geben:

Der Körper ist das Fahrzeug der Seele für dieses Leben.
Deshalb ist es eine unserer wichtigsten Aufgaben, gut für diesen Körper zu sorgen.

Reiner und Monika Schacker

ॐ

ANHANG

DIE AUTOREN

Reiner Schacker, geb. 1948, erste Indienreise 1969, es folgten weitere, längere Aufenthalte in Indien. 1983 absolvierte er eine 6-monatige Yoga-Ausbildung in Rishikesh/Indien und 1986 schloß er seine Ausbildung zum Dipl. Yogalehrer bei der Shivananda Yoga-Vedanta-Society ab.
Bei der ersten Indienreise Jahre 1969 kam er mit Ayurveda in Berührung. Nachfolgend vertiefte er sein Wissen durch Selbststudium und mehrere Ayurveda-Seminare, u.a. bei David Frawley. Er absolvierte die Ausbildung zum Dipl. Ayurveda-Therapeuten (CAT) mit Praktikum in Pune/Indien und anschließend zum Ayurveda-Spezialisten (CAS) bei der SEVA-Akademie, München, welche er im Jahre 1997 erfolgreich mit dem Diplom des International Council for Ayurveda & Allied Medical Sciences abschloß.

Durch seine mehrmaligen, längeren Aufenthalte in Indien ist er Kenner der indischen Philosophie und Kultur. Er hat langjährige Erfahrung in der Leitung von Yoga-, Atem- und Reikikursen, u.a. bei Volkshochschulen. Er hält Vorträge und führt Ayurveda-Grundlagen- und Fortgeschrittenen-Seminare, ayurvedische Kochseminare durch und macht individuelle, ayurvedische Lebens-, Gesundheits- und Ernährungsberatung bezogen auf die Konstitution. In dieser Eigenschaft ist er auch in einem Ayurveda-Kurhotel tätig.
Für die Veden-Akademie „Burg Schöna" bei Dresden leitet er seit drei Jahren seinen Ayurveda-Fernkurs zur Ausbildung zum Ayurveda-Gesundheitsberater mit Grund- und Hauptstudium sowie anschließender Praxiswoche. Dabei wird den Studierenden das Basiswissen eines Ayurveda- Therapeuten vermittelt.

Als Buchautor schrieb er sein erstes Buch, „Das Ayurveda Lebensbuch", welches im Jahre 2000 im Buchhandel erschien. Es ist ein praktischer Ratgeber für eine gesunde und ganzheitliche Lebensführung mit zahlreichen wertvollen Anregungen zur Gestaltung der Tages-, Jahres- und Lebenszeiten. Es umfaßt alle Lebensbereiche wie Ernährung, Kleidung, Körperpflege, Schönheit, Yoga, Partnerschaft, Beruf, Spiritualität usw.
Seit 2004 unterrichtet er an der SEVA-Akademie in München.

Monika Schacker befaßt sich seit über 30 Jahren mit indischer Philosophie, Yoga und Meditation, seit sie 1969 die „Autobiographie eines Yogi" von Paramahansa Yogananda las.
Sie interessierte sich sehr für Heilwissen und Heilmethoden. Das führte dazu, daß sie von ihrem Mann Reiner Schacker Reiki, die Kunst des Handauflegens, erlernte und seit 1994 als Reikimeisterin arbeitet und dies mit der Bachblüten-Therapie verbindet.

Bei Prof. Tepperwein absolvierte sie 1995 eine Ausbildung zum Dipl. Intuitions-Trainer und 2001 zum Dipl. Partnerschafts- und Eheberater. Zusammen mit ihrem Mann absolvierte sie in den letzten Jahren auch Ayurveda-Ausbildungs-Seminare und begleitete ihn 1996 auf einer Ayurveda-Studienreise nach Indien. Sie arbeitete auch am „Ayurveda Lebensbuch" und am Ayurveda-Fernlehrgang ihres Mannes fachlich und gestalterisch mit. In diesem Buch über die Ayurveda-Kuren verfaßte sie den Komplex Wellness-Kuren.
Sie bildete sich in den letzten Jahren ständig weiter, u.a. in Metaphysik-Seminaren. Um ihre Heilarbeit zu vertiefen, absolvierte sie in den Jahren 2001 bis 2003 Ausbildungen in Geistheilung. Im Jahre 2002 besuchte sie einen sechsteiligen Ausbildungszyklus für Aura- und Energiearbeit, der auch Channeling und Heilungsarbeit mit Tönen beinhaltete.

Seither befaßt sie sich mit der Heilung der Aura, der Mental-, Emotional- und Prana-Schicht des Astralkörpers. Sie ist jetzt als spirituelle Lebensberaterin tätig, wobei sie Channeling beratend einsetzt.

LITERATURVERZEICHNIS UND QUELLENHINWEIS

Ayurveda – Wesen und Methodik. SUBHASH RANADE, Haug-Verlag, Heidelberg; 1994.

Gesund, jung und lebensfroh mit Ayurveda. HANS H. RHYNER, BLV-Verlagsgesellschaft mbH., München; 1992.

Das Praxis Handbuch Ayurveda. HANS H. RHYNER, Urania Verlags AG., Neuhausen am Rheinfall, 1997.

Einführung in Ayurveda. R.R. DESHPANDE, Skriptum, Pune/Indien, 1993.

Heilpflanzen der Ayurvedischen Medizin. ANDREA ZOLLER / HELLMUT NORDWIG, K.F. Haug Verlag, Heidelberg, 1997.

Charaka Samhita. R.K.SHARMA BHAGAVAM DASH, Chowkhamba Sanskrit Series, Benares, 1988.

Astanga Hrdayam. K.R. SRIKANTHA MURTHY, Krishnadas Academy, Benares, 1994.

Ayur-Veda. CH. G. THAKKUR, Hermann Bauer-Verlag KG, Freiburg i. Br., 1977.

Die Körperseele. DEEPAK CHOPRA, Knaur-Verlag, München, 1993.

Das Ayurveda Heilbuch. VASANT LAD, Windpferd Verlags-GmbH, Aitrang, 1990.

Die Ayuveda Pflanzen-Heilkunde. VASANT LAD/Dr. DAVID FRAWLEY, Edition Schangrila, 1987.

Pancha-Karma and Ayurvedic Massage. AVINASH LELE/Prof.Dr. SUBHAS RANADE / ABBAS QUTAB, International Academy of Ayurved, Pune, 1997.

Das große Lexikon der Heilsteine, Düfte und Kräuter. Edition Methusalem, Neu-Ulm, 1996.

Ayurveda. Der Weg des gesunden Lebens, Dr. VINOD VERMA, O.W. Barth-Verlag, München, 1992.

Secrets of Marma. AVINASH LELE / SUBHAS RANADE / DAVID FRAWLEY, International Academy of Ayurveda, Pune, India, 2000.

Das Ayurveda Lebensbuch. REINHART SCHACKER, Iris Verlag, Amsterdam, 2000.

Ayurweda natürlich schön und gesund. MELANIE SACHS, Windpferd Verlags-GmbH, Aitrang, 1995.

Autobiographie eines Yogi. PARAMAHANSA YOGANANDA, O. W. Barth Verlag, München, 1974.

LITERATUREMPFEHLUNGEN

Das Ayurweda Kochbuch. HARISH JOHARI, Windpferd Verlags-GesmbH., Aitrang, 1997.

Wasser – die gesunde Lösung. F. BATMANGHELIDJ, VAK Verlags GmbH., Kirchzarten bei Freiburg, 2001.

Gesundheit für Körper und Seele. LOUISE L. HAY, Heyne-Verlag, München, 1984.

Jungbrunnen Entsäuerung. KURT TEPPERWEIN, Goldmann Verlag, München, 2001.

12 Salze, 12 Typen. GEORG KELLER, ULRIKE NOVOTNY, MARKUS WIESENAUER, Midena Verlag, München, 2002.

Essenz des Urmeeres, Himalaya-Kristallsalz. JÜRGEN WEIHOFEN, Sanoform-Verlag, 53840 Troisdorf, 2002.

Das geheime Leben der Pflanzen. PETER TOMPKINS, Fischer Verlag, 2002.

Die Botschaft des Wassers. MASARU EMOTO, deutsche Ausgabe: Koha-Verlags GmH, Burgrein, 1999.

BEZUGSADRESSEN FÜR AYURVEDA-PRODUKTE

SEVA-Akademie, Ayurveda International, Ayurveda SEVA Produkte,
Zweigstraße 10, D-80336 München, Tel. 089 / 79 04 68-0 – Fax -19

Ayurveda-Fach-Versand, Waldschulstraße 30, D-63633 Birstein, Tel. 065054 / 61 64, Fax 040 / 36 03 26 01 49

„Natürlich Leben", Govinda Versand, Groß- und & Einzelhandel, Doris Maiwald,
Waldstraße 18, D-55767 Abentheuer, Tel. 06782 / 98 90 01, Fax 06782 / 98 90 02

Für diejenigen, die sich für Yoga-Asanas – insbesondere den Sonnengruß – und die im Buch erwähnten Qi Gong Übungen (die „ Acht Brokatübungen" oder „Acht Schätze") interessieren, besteht die Möglichkeit, eine Videokassette zu erwerben. Der Verfasser hat für seinen Ayurveda-Fern-Kurs Video-Aufnahmen mit der Demonstration der Übungen an der Veden Akademie „Burg Schöna" gemacht.

Die Videokassette lautet „PRAKTISCHE EINFÜHRUNG IN YOGA" und ist zu beziehen bei der Veden Akademie „Burg Schöna", Hirschgrund 94, D-01814 Schöna bei Dresden.
Tel. 035028 / 85 85 5, Fax 035028 / 85 85 1.

HINWEIS DES AUTORS

Der Verfasser übernimmt keinerlei Haftung für unsachgemäße Anwendung von Heilpflanzen und speziellen Yoga-Reinigungstechniken. Jeder einzelne Anwender handelt selbstverantwortlich und sollte im speziellen Fall fachlichen Rat einholen.
Das Buch kann keine ärztliche Behandlung ersetzen. Allerdings sollen die angeführten Tipps und Hinweise Menschen helfen, ihre Gesundheit durch eine gute Ayurveda-Kur zu stabilisieren bzw. bei kleineren *Dosha*-Störungen von vornherein harmonisierend einzugreifen, damit sich Krankheiten erst gar nicht manifestieren können.

AYURVEDA-FERNKURS ZUR AUSBILDUNG ZUM „AYURVEDA GESUNDHEITSBERATER"

mit Diplom der Veden Akademie „Burg Schöna" bei Dresden:
(Leiter Reiner Schacker)

Als klinischer Ayurveda-Spezialist (CAS) und Dipl. Yogalehrer bin ich für die Veden Akademie „Burg Schöna" bei Dresden als Ausbildungsleiter für das Ayurveda-Fernstudium zum „Ayurveda-Gesundheitsberater" tätig. Dabei wird den Studierenden das gesamte **Basiswissen eines Ayurveda- Therapeuten** vermittelt.
Die Veden Akademie ist bekannt durch ihren Gründer Marcus Schmieke. Er ist Buchautor und Ausbildungsleiter über *Vasati* (*Vastu*) – der vedischen Bau- und Wohnkunst und über die vedische Astrologie.
Das Ayurveda-Fernstudium, das ich ausgearbeitet habe, umfaßt Grund- und Hauptstudium mit jeweils 6 Lektionen sowie eine Praxiswoche. Das Studienmaterial beinhaltet mein „Ayurveda Lebensbuch" sowie ausführliche Skripte für jede Lektion und anschauliche Lehrvideos.
Das **Grundstudium** vermittelt u.a. die Grundlagen von Ayurveda: Geschichte und Philosophie, Physiologie, Bioenergien – *Doshas*, Chakren, Konstitutionslehre – *Prakriti*, geistige Konstitution – *Triguna*, Entstehung und Ursachen von Krankheiten, Lebensweise nach Ayurveda, Hygiene und Körperpflege, Reinigungstechniken – *Kriyas*, einfache Ölmasssage – *Abhyanga*, Yoga und ayurvedische Ernährungslehre.
Der **Hauptteil** umfaßt Anamnese und Diagnostik, Pflanzenheilkunde, Pancha Karma-Therapie, Ölkunde und Herstellung eigener Öle, Beschreibung der *Shrotas*, *Marma*-Lehre, *Marma*-Therapie, Therapien für mentale Gesundheit sowie spirituelle Entwicklung.

In der Praxiswoche werden die Themen des Studiums durch Praxisübungen vertieft. Das Studium wird mit einer schriftlichen Diplomarbeit abgeschlossen.

Die Studierenden werden von mir betreut, indem sie mir die schriftlichen Aufgaben der jeweiligen Lektionen einsenden, die ich dann korrigiere und an sie zurücksende. So kann ich mich vergewissern, daß der Lerninhalt auch wirklich verstanden worden ist.
Angeschlossen an die Lektionen sind Projektübungen, die den Studierenden praktisch in die Lage versetzen, selbstständig mit Klienten Beratungsgespräche zu führen, ayurvedische Kräuter und Öle und Therapien zu empfehlen.

So bietet sich die Möglichkeit für Studierende zu Hause, das grundlegende Wissen über die ayurvedische Medizin zu erarbeiten. Der Kurs ist konzipiert für die Dauer eines Jahres, wobei den Teilnehmern jedoch ein zeitlicher Spielraum geboten wird.

Dieses Studium eignet sich für alle, welche ihr Wissen von Ayurveda vertiefen und beratend tätig sein möchten bzw. für bereits arbeitende Ayurveda-Heilmasseure, denen aber Kenntnisse über die theoretischen Grundlagen von Ayurveda fehlen.

Anmeldungen für das Ayurveda Fernstudium richten Sie bitte an:
Veden Akademie „Burg Schöna", Hirschgrund 94, D-01814 Schöna bei Dresden.
Tel. 035028 / 85 85 5, Fax 035028 / 85 85 1.
Von dort aus findet die Auslieferung des Kursmaterials und die Verrechnung statt.